·光明文丛系列·
光明文丛
Guangming Wencong series

1.贵州省教育科学规划课题:“课程思政”视域下高校专业课教师教学胜任力评价机制及提升对策研究(编号:2023B058)
2.贵州省教学内容与课程体系改革项目:“三全育人”视域下理工科“课程思政”建设关键点与创新点实践研究”(编号:2023199)

学科思维培养视域下教师胜任力研究

白易 ◎著

光明日报出版社

图书在版编目（CIP）数据

学科思维培养视域下教师胜任力研究 / 白易著.
北京：光明日报出版社, 2025. 8. -- ISBN 978-7-5194
8847-5

Ⅰ. G451.2

中国国家版本馆CIP数据核字第2025UT0635号

学科思维培养视域下教师胜任力研究

XUEKE SIWEI PEIYANG SHIYU XIA JIAOSHI SHENGRENLI YANJIU

著　　者： 白　易

责任编辑： 王　娟　　**责任校对：** 徐　蔚　慧　眼
封面设计： 李　阳　　**责任印制：** 曹　诤

出版发行： 光明日报出版社
地　　址： 北京市西城区永安路106号，100050
电　　话： 010-63169890（咨询），010-63131930（邮购）
传　　真： 010-63131930
网　　址： http：// book. gmw. cn
E-mail： gmrbcbs@gmw. cn
法律顾问： 北京兰台律师事务所龚柳方律师

印　　刷： 北京建宏印刷有限公司
装　　订： 北京建宏印刷有限公司
本书如有破损、缺页、装订错误，请与本社联系调换，电话：010-63131930

开　　本： 170mm × 240mm　　**印　　张：** 18
字　　数： 300千字
版　　次： 2025年8月第1版　　**印　　次：** 2025年8月第1次印刷
书　　号： ISBN 978-7-5194-8847-5

定　　价： 78.00元

序

教育的本质，在于点燃学生内心的求知火焰，培养学生独立思考以及解决问题的能力。在教育的浪潮中，教师胜任力是关乎教育质量与人才培养的关键要素。随着时代的发展，学科思维的培养逐渐成为教育领域的重要议题，作为学科知识的传递者与学生思维的引导者，教师的胜任力与学科思维培养之间的关联越发紧密。正是基于此，笔者萌生了撰写《学科思维培养视域下教师胜任力研究》一书的想法，以探索如何在学科教学的深度与广度中，构建并提升教师的胜任力，以期为更好地促进学生学科思维的发展提供理论支持与实践指导。

在长期的教育观察与教学实践中，笔者深刻体会到学科思维对于学生学习与发展的重要性。学科思维不仅是学生掌握学科知识的关键，更是其形成独立思考、解决问题能力的基础。然而，在现实的教育场景中，教师在培养学科思维方面面临诸多挑战，如教学理念的滞后、教学方法的单一、对学科思维本质理解的模糊等，这些挑战在较大程度上制约了学生学科思维的发展。与此同时，教师胜任力的评价与提升体系也未能充分契合学科思维培养的需求，缺乏针对性与实效性。这一现状促使笔者做了如下思考：教师胜任力在学科思维培养视域下应具备怎样的特质？如何构建并提升教师胜任力以促进学科思维培养？带着这些问题，笔者开启了本书的撰写之旅。

本书的形成，是一个从理论到实践、再由实践反馈理论的螺旋式上升过程。起初，笔者广泛查阅了国内外关于教师胜任力、学科思维培养的研究成果，试图在浩瀚的文献海洋中勾勒出两者之间的内在联系。在这一过程中，笔者深刻意识到，尽管已有研究不乏真知灼见，但针对特定学科背景下教师胜任力如何具体作用于学科思维培养的实证研究仍显不足。为了解决这些问题，笔者带领团队从一线教学出发，采用课堂观察、反思改进等，试图通过量化分析与质性描述的双重路径，揭示教师胜任力的构成要素，提出发展路径，促进学生学科思维提升。

团队运用现代思维科学、教育学、心理学等多学科的理论与方法，对教师胜任力在学科思维培养视域下的构成要素进行了系统剖析，构建了相应的理论模型，并通过实证研究对其进行了验证与完善。这些实证研究包括但不限于团队参加地理科学类课程建设、全国高校青年教师教学竞赛、全国高校教师教学创新大赛、国家级大学生创新创业训练计划等在教学改革、教学竞赛、指导学生中积累的经验。与此同时，笔者还增加了对教师胜任力中思政教学的分析与实践。这一过程充满了挑战与艰辛，但每一次的突破都让笔者对教师胜任力与学科思维培养的关系有了更深刻的理解，也更加坚定了笔者完成本书的决心。

笔者深信，教育的力量在于激发潜能，而教师的胜任力则是这股力量的核心驱动力。通过本书的探讨，期望能够激发更多教育工作者对学科思维培养与教师胜任力之间关系的深入思考。通过对教师胜任力在学科思维培养视域下的深入研究，揭示教师胜任力的内涵与构成要素，为教师专业发展提供明确的目标与方向；同时，提出切实可行的教师胜任力提升策略与路径，助力教师在学科思维培养实践中发挥更大的作用，提升教育质量与人才培养水平。

本书受到贵州省“金师（教学名师）”、贵州省“金课（一流课程）”——土地法学、贵州省教育科学规划课题——“课程思政”视域下高校专业课教师教学胜任力评价机制及提升对策研究（编号 2023B058）、贵州省高等学校教学内容和课程体系改革项目——“三全育人”视域下理工科“课程思政”建设关键点与创新点实践研究（编号 2023199）等项目的资助，在此一并感谢！

在教育的道路上，关于教师胜任力和学科思维培养的研究是一个永无止境的议题。本书呈现的是笔者在此领域初步探索的成果，未来笔者还将持续致力于深化和拓展相关研究，探索新的理论和实践方法，并与教育界的同人共同努力，共同为培养更多具有创新思维与实践能力的人才而努力奋斗。

由于笔者水平有限，书中难免会出现错误和不足，恳请读者谅解，同时欢迎各位读者提出宝贵的批评意见。

白易

2025 年 2 月

于贵州师范学院

目 录
CONTENTS

前　言

新时代背景下，教育的发展正处于一个前所未有的历史节点，教育既面临着复杂多变的挑战，也孕育着前所未有的机遇。科技的日新月异和社会的急剧变迁，如同一股强大的驱动力，推动着教育体系进行全面而深刻的革新。这种革新不仅是对传统教育模式的超越，更是对新时代教育需求的积极响应，教育改革成为全球范围内备受瞩目的共同课题。在这一波澜壮阔的教育变革浪潮中，加快推进教育现代化是核心，要求我们不仅仅要在教育理念上实现跨越，更要在教学方法、技术手段以及教育资源配置等多个维度上进行系统性的革新与升级。

教育现代化不仅意味着教育技术的智能化、教育资源的均衡化，更代表着教育观念的现代化，即我们要尊重每个学生的个性化发展，鼓励学生形成创新思维和批判性思维，强调终身学习的重要性。教育观念的现代化，不仅关乎学生个体的全面发展与成才之路，更直接关联国家未来的核心竞争力与社会的持续繁荣进步。

教育现代化的实现要具体落实到高质量的教育体系上。一个高质量的教育体系，能够为国家培养出更多具备创新精神和实践能力的人才，为经济社会的持续发展提供坚实的人才支撑和智力保障。而要提高教育质量，就需要高度重视学科思维的培养。学科思维不同于单纯的知识记忆和机械重复，它是包括理解力、分析力和应用力在内的综合能力。在面对复杂多变的问题时，学生能够迅速调动所学知识，进行逻辑推理、批判性分析和创新性思考。这种能力的培养，不仅能够帮助学生更好地掌握学科知识，更能够激发他们的创造潜能。

尤为重要的是，学科思维的培养是对新时代人才需求的积极响应。在快速变化的环境中，复合型人才和创新型人才日益成为推动社会进步和产业升级的关键力量。具备扎实学科基础和敏锐思维能力的学生，将更有可能成为引领时代潮流的创新者，为社会的持续发展和国家的竞争力提升贡献自己的力量。所以，新时代背景下的教育改革应当把学科思维的培养置于更加突出的位置，通过优化课程设置、创新教学方法、强化实践教学等多种途径，全面提升学生的学科素养和思维能力。

学科思维这一概念，在基础教育领域的课程标准制定、教学研究以及教育实践中频繁出现，引起了广泛的关注与讨论。在特定学科领域内，学习者通过揭示该学科认识对象的本质属性、内在联系及其背后的学科思想，形成了独特的认识活动。可见，学科思维是一种思维方式和方法论，是学生在学习过程中逐步构建起来的一种综合素养。学科思维能够帮助学生多角度、多层次理解学科知识，提升学生分析问题、解决问题的能力，进而培养出具有深厚学科底蕴和广阔视野的未来人才。

在高等教育阶段，学科思维的培养同样占据着举足轻重的地位。高等教育不仅要传授专业知识与技能，更要注重培养学生的综合素质，包括批判性思维、创新能力、团队合作等，而这一切都离不开学科思维的滋养。学科思维不仅仅是对知识的简单记忆和重复，而是能够综合运用知识进行深层次思考的素养和解决问题的能力，是高等教育培养学生的重要目的之一。

大学学科思维的培养，意味着要引导学生通过深入学习各学科的知识体系，掌握其特有的思维方式和方法，同时注重培养学生的素养功能、情感态度和实践能力。学科思维具有开放性、多元性和批判性等特点，这些特性能够极大地激发学生的创新思维和想象力，鼓励他们敢于质疑、勇于探索。在学习过程中，学生需要不断思考、尝试、反思，通过实践来深化理解，这一过程对于培养创新意识、创新能力和实践能力至关重要，它超越了传统教育中单纯的知识传授，强调了学生运用知识进行深层次思考、解决实际问题的能力，是实现教育现代化、培养未来社会所需人才的关键所在。

通过有效的学科思维训练，学生能够更加深刻地掌握学科的核心概念、基本原理和基本技能，形成解决复杂问题的能力，这不仅为他们未来的职业生涯奠定了坚实的基础，也为终身学习提供了强大的动力。可见，学科思维的培养不仅是提升教育质量的内在要求，更是培养学生综合素质、创新能力和社会适应能力的重要途径。新时代的高等教育发展需要高度重视学科思维的培养，这不仅能够提高学生的综合素质和创新能力，还能够为社会和经济的可持续发展提供有力的人才支撑。

在这一过程中，学科思维培养与教师胜任力这两个概念的关系尤为紧密。作为教师个人职业素养的综合体现，教师胜任力是衡量其教学质量和职业发展潜力的重要标尺。它涵盖了与工作直接相关的专业知识、教学技能以及更为深层的人格特点、价值观和职业态度。教师胜任力是指教师在教育教学工作中所表现出的专业能力、职业素养以及适应教育改革和学生需求变化的能力。一个具备较高教师胜任力的教师，不仅能够设计出富有创意和实效的教学活动，还能够在教学过程中进行有效的反思和调整，以促进学生的学科思维发展。这种胜任力的体现，不仅限于教师个人的专业知识和技能，还包括其对教育的热情、对学生的理解和对教学内容的深刻把握。

教师胜任力的核心不仅仅是精准掌握学科知识及灵活应用教学技巧，更重要的是具备开放包容的教学心态、积极向上的专业价值观以及独特的人格魅力。这些特质能够激发学生的探索兴趣，引导他们在学习中树立正确的人生观和学习观，成为教学活动中至关重要的因素。这些能力、技能和行为特点直接影响着教学效果的优化以及学生学习成果的增强。

在高等教育这一人才培育的高级阶段，教师的胜任力已然变成提升教学品质与学生学科思维水平的关键要素，这对教师的胜任力也提出了更高的要求。新时代的教师，不但要充当知识的传递者，还需成为智慧的启发者，借由规划具有挑战性的学习任务，引领学生展开深度的思索与探寻，激起他们的好奇心理与求知欲望，培育其深入思考以及终身学习的能力。在此种情形下，教师的胜任力不再单单局限于传统的只是传授本领，而是进一步延伸至对学生批判性思维、创新思维以及问题解决能力的培育方面，这就要求教师必须持续学习新的知识、新的技能，提高自身的教学技能与人文关怀，以契合新时代教育发展的要求。

综上所述，教师胜任力的提升与学科思维的培养是相辅相成的，教师胜任力是有效进行学科思维培养的基础，而学科思维培养的实践又反过来推动教师胜任力的提升，两者共同推动着教育事业的持续进步与发展。学科思维的培养要求教师不仅要传授知识，还要重构学科模式，引导学生主动学习和探究。这就要求教师具备创新教学方法、促进学生主动学习、评估和反思教学实践等能力。本书旨在探讨学科思维培养视域下教师胜任力的内涵、构成要素及其提升路径和保障体系，以期为教师尤其是高校教师的胜任力发展提供理论支持和实践指导。

第一章

理论基础

“理论”就像灯塔一样指引着学术研究的方向，为学术研究提供清晰的概念框架和分析工具。所以我们在深入探索“学科思维培养视域下教师胜任力研究”这一课题时，首先要剖析其理论基础。本研究与现代思维科学体系、胜任力理论、教育目标分类理论、认知发展理论、学习理论五个理论之间存在紧密的关联。这些理论为教师胜任力的培养提供了重要的理论支撑和方法论指导，有助于提升教师的教育教学水平和学生的学科思维能力。

现代思维科学体系关注人类思维活动的规律和方法，它涉及逻辑思维、形象思维、创造性思维等多种思维方式的研究。在“学科思维培养视域下教师胜任力研究”中，教师需要具备引导和培养学生各种思维能力的能力。这不仅要求教师理解并掌握现代思维科学的基本原理和方法，还需要他们能够在教学中灵活运用这些原理和方法，从而有效提升学生的学科思维能力。所以说现代思维科学体系为教师胜任力的培养提供了重要的理论支撑和方法论指导。

胜任力理论是人力资源管理中的重要理论，该理论关注个体在特定工作中所表现出的知识、技能、态度和价值观等综合能力。在学科思维培养视域下，我们可以借助胜任力理论来构建教师胜任力模型，剖析教师要具备的能力和素质，既包括教师教学技能，也包括课程实践、职业态度、个人素养等多方面的综合能力。构建胜任力模型可以指导教师培训和发展，提升教师教育教学水平，更好地实现学科思维培养的目标。

教育目标分类理论侧重于对教育过程中预期学习成果的分类与描述。布卢姆、加涅等教育心理学家构建出了不同的教育目标分类体系，这些体系包含了知识、技能、态度以及价值观等诸多维度。在“学科思维培养视域下教师胜任力研究”的范畴中，教育目标分类理论帮助教师明晰教学目标架构，有益于教师依照学科特性以及学生思维发展的需求，拟定具有针对性的教学策略与评估办法。与此同时，该理论也为教师胜任力的测评供应了参照依据，助力教师明确自身的发展空间。

认知发展理论聚焦于个体在不同年龄阶段认知能力的发展与变动。皮亚杰等心理学家提出了认知发展理论，指出了儿童认知发展的普遍规律与特点。在学科思维培养视域下，教师需知悉学生的认知发展层级，从而依据学生的认知特性展开教学设计与调整。认知发展理论也为教师提供了怎样引导学生思考、推理以及解决问题的相关策略与方法，有利于提升教师的教育教学水平以及学生的学科思维能力。

学习理论着眼于个体学习过程的规律与办法。行为主义、认知主义、建构主义等不同的学习理论提出了各异的学习观与教学观。在学科思维培养视域下，教师需要了解并掌握各种学习理论的基本原理与办法，以便依据学生的学习特点与需求选用适宜的教学策略。学习理论也为教师提供了关于如何激发学生的学习动力、推动学生的学习迁移以及自主学习等方面的方法，有助于提高教师的教育教学水平以及学生的学科思维能力。

本章对这五个理论体系分别从理论的提出、发展、主要流派等角度进行详细分析。

一、现代思维科学体系

（一）现代思维科学体系的提出

思维科学，这一探索人类心智运作奥秘的学科，其实拥有着悠久的历史根基，堪称一门古老的科学。在中国古代，智慧的先贤们就已涉足这一领域，他们的经典著作如《周易》与《道德经》，虽非直接以“思维科学”命名，却深刻蕴含了对思维本质、认知过程及宇宙万物运行规律的哲学思考，为后世理解人类思维提供了宝贵的思想资源。与此同时，在遥远的古希腊，哲学家亚里士多德的《工具论》等著作，同样展现了古人对逻辑推理、概念形成等思维活动的系统探讨，这些作品无疑也是思维科学早期发展的重要里程碑。

尽管先贤们早就重视思维科学，但是，“思维科学”这一专用名词的正式提出却相对较晚，可以追溯到大约100年前，由德国思想家弗里德里希·恩格斯首次明确提出。恩格斯在其著作中深刻阐述道：“关于思维的科学，与其他任何科学一样，是一种历史的科学，关于人的思维的历史发展的科学。”这一论断不仅为思维科学确立了学科地位，也指明了其研究的方向与深度。

在恩格斯提出这一概念后的很长一段时间里，特别是在19世纪末，思维科学的发展并不顺畅。它犹如一株幼苗，艰难地在哲学与心理学的交叉地带寻找生存空间，既受到哲学的深刻影响，又试图与心理学的实证研究相融合，却尚未能完全独立于这两大学科之外，形成自己独特而系统的理论框架与研究方法。因此可以说，在那个时代思维科学尚处在一种萌芽状态，等待着未来的学者与研究者们进一步挖掘其潜力，推动其逐步成长为一门真正独立且蓬勃发展的学科。

钱学森院士被誉为“中国航天之父”“火箭之王”和“导弹之父”，他开创了工程控制论、物理力学两门新兴学科。他以马克思主义哲学为指导，继承并发展了恩格斯的思维科学思想，创建了现代思维科学体系。在现代科学技术体系总体框架的探索中，他对思维科学有着深入且独到的思考。钱学森为人类科学事业的发展做出了重要贡献。

钱学森认为现代思维科学应成为研究中国智能机的理论基础，成为人们创意、创造、创新的思想武器。20世纪80年代，钱学森已届古稀之年，但他在致力于军工与航天事业的同时，仍不遗余力地挤出时间，撰写众多文章与书信，积极倡导开展思维科学研究并强调要进行相关的教育。

钱学森说：“我们要从迎接新技术革命，或迎接人类社会第五次产业革命的角度来认识这个问题。所以，我觉得研究思维科学确实是当务之急。”“思维科学的研究将孕育一场新的科学革命，（它会）把人的知识、智力提高到前所未有的高度，这肯定又将是一场技术革命。”

思维科学属于现代科学技术体系里的一个关键部分，探究的是思维的规律与办法。在钱学森的观点中，思维科学同其他科学技术一样，均是人类认识客观世界、改造客观世界的知识体系的一部分。这一观点彰显了钱学森对思维科学在现代科学技术体系中地位的认可。

钱学森深切洞察到思维科学在现代科学技术体系中的核心价值与不可替代性，他将其视作探索人类智慧奥秘、推进科技进步的关键力量。他认为，思维科学不但研究思维的规律与方法，为我们揭示了思维活动的内在逻辑与机制，而且其作为一套知识体系，与自然科学、社会科学、数学科学、系统科学、人体科学等并驾齐驱，一同构建成了人类认识与改造客观世界的强大武器库。

思维是有规律的，这实际上早就是辩证唯物主义的结论之一。研究这部分客观规律的学问，思维科学是可以成立的，无论是什么类型的思维都不例外。这一认识不仅彰显了钱学森对思维科学独立地位的坚定信念，也凸显了其在促进科学技术整体进步中的桥梁作用。

在钱学森构建的思维科学层次结构中，思维科学作为基础研究层面，不仅涵盖了抽象（逻辑）思维学、形象（直感）思维学和灵感（顿悟）思维学三大分支，而且每一分支都深入探索了特定类型思维的运作原理与特征，为理解人类思维的多样性与复杂性提供了科学依据。这一精细的层次划分，不仅为思维科学的研究奠定了坚实的基础，也为跨学科合作与交叉研究开辟了新的路径。

钱学森还强调，思维科学与其他学科之间的界限并非不可逾越，而是相互渗透、相互促进的。系统科学的方法论为思维科学提供了全新的研究视角，帮助科学家从整体上把握思维的复杂性与动态性。同时，思维科学的研究成果也为其他领域带来了新理论、新工具，推动了科学研究的范式转变与技术革新。这种跨学科融合，不仅拓宽了思维科学的研究视野，也增强了其解决实际问题的能力。

在钱学森对科学技术体系的宏观布局中，他将思维科学放在和其他基础科学同等重要的位置，这不仅仅认可了思维科学的独立性，更明确了思维科学在促进科学技术交叉融合、加速知识创新方面的作用。思维科学不仅是连接自然科学与人文社会科学的纽带，也是推动人工智能技术、计算机科学等新兴领域发展的关键驱动力。思维科学的研究成果为人类提供了更为高效、精准的认知工具与方法，不仅提升了我们对自然现象和社会现象的理解深度，也激发了前所未有的创新活力。

由上面的分析可知，钱学森对思维科学有着深刻见解与独到贡献，他不仅为我们揭示了思维科学的独特魅力与广阔前景，更为思维科学的未来发展指明了方向。在钱学森思想的引领下，思维科学将继续在探索人类智慧奥秘、推动科学技术创新的道路上砥砺前行，为人类社会的进步贡献智慧与力量。

（二）现代思维科学体系的层次结构和特点

钱学森院士明确指出了现代思维科学体系具备复杂而精细的体系结构。这一结构不仅揭示了思维科学与其他学科之间的紧密关联，还清晰地描绘了其内部各学科之间的逻辑关系。他提出的现代思维科学体系，主要可以归纳为以下几个层次，这些层次共同构成了思维科学研究的体系结构。

1. 基础学科层次

作为思维科学的理论基石，这一层次也可被命名为思维学。它主要由四门基础学科构成，每一门都专注于探索特定类型的思维规律。

（1）抽象思维学

抽象思维学通过判断和推理来对客观事物进行本质理解。抽象思维学关注的是理性思考的力量，它以概念为逻辑起点来进行思维活动，旨在揭示抽象思维的逻辑严谨性和深刻性。

（2）形象思维学

形象思维学是一种通过聚焦直观形象和表象来解决问题的思维方式。它研究的是如何运用联想、想象等手法，以直观形象为逻辑起点来进行思维活动，强调直观性和创造性在思维过程中的作用。

（3）灵感（创造）思维学

灵感（创造）思维学探索在创造性活动中突然涌现的、具有高度创新性的思维状态。灵感思维以其突发性、偶然性和创造性为特征，揭示了创造性思维活动的非逻辑性和直觉性。

（4）社会思维学

社会思维学研究人们在社会环境中形成的共同思维方式和习惯。它关注的是社会历史、文化传统等因素对思维模式的塑造，揭示思维活动的社会性和历史性。

2. 技术科学层次

技术科学层次是连接思维学与应用技术的桥梁。技术科学层次涵盖了模式识别、结构语言学、数理语言学、情报学、科学方法论等多个领域。这些领域为思维科学的应用提供了理论和技术支持，促进了思维科学理论成果向实际应用的转化。

3. 工程技术层次

工程技术层次是理论的直接应用，也是实践的前沿阵地。工程技术层次包括人工智能、计算机模拟技术、文字学、情报资料库技术、计算机软件工程和密码技术等。这些技术不仅推动了思维科学研究的深入发展，还广泛应用于社会生活的各个领域，提高了人类解决复杂问题的能力。

相应地，现代思维科学体系具备以下特点。

（1）开放性

钱学森院士强调，现代思维科学体系是一个不断发展和完善的开放系统。

随着科学技术的进步和人们认知能力的提升，新的思维规律将不断被发现和认识。所以研究思维规律应保持开放的心态，勇于探索未知领域。

（2）系统性

现代思维科学体系注重各学科之间的内在联系和相互作用，强调从整体上理解和分析思维现象。它不仅仅关注单一思维类型的规律，而是致力于构建一个涵盖多种思维类型和层次的完整理论体系。

（3）创新性

作为推动科技进步和社会发展的重要动力，创新思维和创新方法在现代思维科学体系中占据核心地位。这鼓励人们打破传统思维模式的束缚，勇于尝试新的思维方式和方法，以应对日益复杂的挑战和问题。

（三）现代思维科学体系的发展和应用

钱学森院士所提出的现代思维科学体系是一个全方位、深层次且具有开放性的架构。它给人们带来了科学的思维方式与手段，有益于推进思维科学的学科建设、人才培育以及社会发展。在钱学森之后，诸多学者对现代思维理论展开了深入的研讨与阐释，其中极具代表性的当数郭俊义教授。

郭俊义教授是我国思维科学领域的知名学者。1985 年，郭俊义经钱学森院士举荐，参与思维科学的开创工作当中，为现代思维科学体系的发展做出了显著贡献。

郭俊义对现代思维科学的研究主要涵盖人工智能、计算机模拟、人工智能思维等层面。他在《思维机器与机器思维》一书中探讨了人工智能与思维科学的关联。他把人工智能视作现代思维科学的关键构成部分，强调了机器模拟人类思维的重要意义。

思维科学的跨学科属性是郭俊义尤为重视的内容。他认为，思维科学不只是计算机科学或人工智能的一个分支学科，还涉及心理学、认知科学和神经科学等学科。郭俊义的研究并不局限于理论层次，还关注到了企业管理、发展战略等实践范畴中思维科学的运用。郭俊义强调了思维科学的关键意义是以解决实际问题为目的，他在企业经营、发展战略、战略管理、战略经营等实践的范畴中进行了研究。郭俊义在现代思维科学领域的研究成果颇多，具有较强的创新性，他提出了全新的观点和理论，如“广义的量化”理论和“易算”的方法等。这些成果不仅使现代思维科学的理论体系更加丰富，而且为现代思维科学的实际应用提供了强有力的支持。

郭俊义对培养人才、传承学术非常重视。他曾在多所大学及科研单位担任教授、硕士研究生导师等职务，培养了一批学术上的杰出人才。这些人才为现代思维科学领域的学科发展注入了新活力。郭俊义出版过多部专著、论文，致力于现代思维科学的学术研究与发展。特别值得一提的是，通过培养学生的创新思维和解决问题的能力，郭俊义教授认为思维科学对教育领域具有重要意义，可以有效地促进教育质量的提高。

具体到现代思维科学的应用范畴上，郭俊义认为，这涉及众多行业和领域。例如，在人工智能领域，现代思维科学为智能系统的设计和开发提供了理论基础与技术支持。在计算机科学领域，现代思维科学为算法设计、软件开发等提供了新的思路和方法。在管理学领域，现代思维科学为组织决策、创新思维等提供了有力支撑。在教育学领域，通过将思维科学融入教育实践，可以显著提升学生的创新思维和问题解决能力，进而推动教育质量的整体提升。

由此可见，现代思维科学体系是一个多维度、跨学科的综合性体系，它通过现代科学技术手段来探索和提升人类的思维能力，它不但关注理论的构建，也注重实践的应用，其中包括在教育学领域的实践。因此可以说，现代思维科学体系为本研究提供了重要的理论支撑。

二、胜任力理论

和现代思维科学体系一样，胜任力理论也是本研究的核心理论基础。该理论认为，胜任力是指将某一工作（组织、文化）中有卓越成就者与表现平平者区分开来的个人的深层次特征。这些特征可以是动机、特质、自我概念、态度或价值观、某领域的知识、认知或行为技能等。

教师胜任力是指教师在完成教育教学工作中所应该具备的基本的知识、技能和人格特点以及相应的特征和属性。对教师而言，胜任力体现在其人格特征、知识和在不同教学背景下所需要的教学技巧及教学态度上。这一理论为我们具体地评估和提升教师胜任力提供了重要的框架和工具。

（一）素质冰山模型

胜任力理论起源于麦克利兰（David C. McClelland）于1973年提出的素质冰山模型，该模型强调了胜任力的多维度特征，包括知识、技能、能力、特质或动机，用于描述和分析人员个体素质的不同表现形式。该模型将人的素质划分为两部分：表面的“冰山以上部分”和深藏的“冰山以下部分”。

1. 冰山以上部分

主要指知识与技能。这是外在表现，容易了解与测量，也相对容易通过培训来改变和发展。如外在形象、技术能力、各种技能等，大部分可以通过学历、职业证书证明。

（1）知识

知识意味着个人在某特定范畴所拥有的事实型与经验型信息。例如，在互联网领域内，这或许涵盖编程语言知识、网络协议知识、市场营销知识等。知识乃是形成技能的基石，凭借持续的积累与学习，个体能够不断地提升自身的知识层级。

（2）技能

技能指的是有条理地运用知识去达成某项具体工作的能力，也就是对某特定领域所需技术与知识的掌握状况。例如，在互联网行业中，这可能包含编程能力、数据分析能力、用户研究能力等。技能是知识与实践的融合，是个体在实际工作里展现出来的能力水准。通过不断地操练与实践，个体可以提高自己的技能层次。

2. 冰山以下部分

（1）社会角色

指一个人基于态度和价值观的行为方式与风格。

（2）自我概念

指一个人通过反映评价、社会比较和自我感觉等方式对自身在生理状态、心理状态、人际关系和社会角色等方面的认知。

（3）特质

指一个人可表现于许多环境的、相对持久的、一致而稳定的思想、情感和动作的特点。

（4）动机

指在一个特定领域的自然而持续的想法和偏好，它们将驱动、引导和决定一个人的外在行动。

冰山以下部分是人内在的、难以测量的部分，不太容易通过外界的影响而得到改变，却对人员的行为与表现起着关键性的作用。

（二）胜任力理论的内涵及构建步骤

胜任力模型也被称为胜任力素质模型或 Competency Model，是一种用于描述和衡量个体在特定工作岗位上所需具备的知识、技能、态度、价值观等特征的理论框架。

1. 定义与内涵

胜任力即一个人达成工作所必备的能力与素质的总和，这些能力和素质不但包含具体的知识和技能，还涉及态度、动机以及价值观等多方面的要素。胜任力理论突出个体在特定工作环境中的综合表现，是评判员工绩效与潜力的关键依据。

2. 理论基础与构成要素

胜任力理论的理论基础涵盖需求层次理论、双因素理论以及成就动机理论等。这些理论为胜任力模型的构建给予了重要的理论支撑，助力人们更深入地评判员工在工作中的行为与表现。胜任力通常由一系列关键要素构成，这些要素共同组成了员工在特定职位上成功所需的能力和素质。

（1）技能要求

技能要求是指员工在特定岗位上必须具备的专业知识和技能。

（2）能力要求

能力要求是诸如技术能力、管理能力和人际交往能力等，这些能力对员工在岗位上的表现极其重要。

（3）态度和价值观

指的是员工在工作中呈现出的态度和价值观，这些往往体现了企业文化的要求。

（4）自我形象

自我形象是员工对自身的看法与评价，包含自信、自尊以及自我效能感等方面。

（5）社会角色

社会角色是员工在社会和工作中的角色定位，以及与之相关的行为规范与期望。

（6）动机

这是指驱动员工行为的内在因素，具体涵盖了成就动机、权力动机和亲和动机三方面，具体来说就是人内在的“动机”。

3. 胜任力理论模型构建

构建胜任力模型是一个复杂而又关键的过程，一般包含以下六个步骤。

一是明确岗位需求，对包括职责、任务、技能和知识在内的岗位具体需求有深入的洞察。

二是要确定胜任力的要素，相关胜任力要素要根据职位需求来确定，要展开深入的分析和界定。

三是制定胜任力标准，为每个胜任力要素拟定具体的标准或指标，以便客观地衡量员工的表现。

四是选取评估方法，按照胜任力标准选取适宜的评估方法，如面试、问卷调查、360 度反馈等。

五是建立模型，将上述步骤的结果综合起来，形成一个完整的胜任力模型。

六是验证模型，在实际运用中验证模型的稳定性与可靠性，并根据反馈进行调整与优化。

（三）胜任力理论在教师成长发展中的具体运用

胜任力理论给教师胜任力的研究提供了理论基石和科学根据。教师胜任力指的是教师在达成教育教学工作时所理应具备的基础的知识、技能以及人格特质，等等。

教师胜任力是教师专业素养的呈现，也是教师职业进步的关键标志，包含知识、技能、态度以及价值观等诸多方面的内容。凭借系统的培训与具体的实践，教师能够持续提升自身的胜任力，更好地应对教育实践里的各类挑战，推动学生的全面进步。

1. 教师胜任力的冰山模型

（1）显性要素

涵盖知识、技能、行为等，这些属于可观察与测量的外在表现。

（2）隐性要素

包含动机、态度、价值观、自我认知等，这些是内在的、难以观察与测量的特质。

2. 教师胜任力的构成要素

（1）学科知识与能力

教师需掌控扎实的学科知识，并能将其和学生的学习需求加以结合。教师要了解学科的最新发展态势，掌握教学方式与技巧，能够有效地传递知识并协助学生理解与运用。

（2）教育理论与实践能力

教师需熟知教育学的基本理论，了解教育学的研究成果与教学改革的方向。教师还需具备教育实践的能力，能够设计并施行有效的教学活动，激发学生的学习兴趣与积极性。

（3）学生发展与关怀能力

教师要关注学生的全面发展，能依据学生的个体差异与需求，向学生提供个性化的教育。教师要了解学生的心理特征与成长规律，能够协助学生处理问题和挖掘潜能，并关心学生的身心健康与学习动态。

（4）教学组织与管理能力

教师要具备有效的教学组织与管理能力，在有限的时间与资源状况下，合理规划教学内容与活动，并能够管理好课堂秩序，维护优良的教学环境。

（5）沟通能力

教师需拥有良好的沟通能力，能够和学生、家长以及同事进行有效的交流与合作。

（6）信息通信技术能力

教师需掌握现代信息技术，能够利用多媒体与网络资源展开教学，提升教学成效。

（7）情感能力

教师需具备良好的情感能力，能够理解与管理自身的情绪，与学生、与同事构建积极的情感联系。

3. 教师胜任力的测评

测评教师胜任力需运用科学的方式与标准。

常见的测评手段有问卷调查、访谈、课堂观测、教学案例剖析等。这些方式可以全方位、多角度地客观获取教师的相关信息。就测评标准来说，应当全面考量教师的教学水平、管理水平、实践水平、创新水平以及职业素养等诸多方面的能力，并且需要结合学生的评判、同事的反馈以及学校的考核等多层面来进行。

从上面的分析可以看出，提高教师胜任力是提升教育质量的核心要素。拥有较高胜任力的教师能够更高效地传授知识。能够唤起学生的学习热情，推动学生的全面进步。教师持续提升自身的胜任力，也能够达成自我价值的最大化。提升教师胜任力是一个持续的进程，需要教师本人、学校以及社会各界的协同努力。

三、教育目标分类理论

教育目标分类理论涉及对教育目标进行系统性的分类，以对教学实践予以引导，对评价提供参照。教育目标分类理论作为教育学领域的重要理论框架，意在将繁杂多样的教育目标予以系统化、层次化的归类，从而方便引导教学实践以及评价学生的学习成果。具有代表性的包括布卢姆的教育目标分类理论、加涅的学习结果分类、马扎诺的教育目标分类学等。

（一）布卢姆的教育目标分类理论

20 世纪 50 年代，美国心理学家布卢姆（Bloom）提出教育目标分类理论。该理论将教育目标分为认知、情感和动作技能三个领域。在认知领域，布卢姆进一步将目标细分为六个层次，从低到高依次为：知识、领会、应用、分析、综合和评价。情感领域和动作技能领域的目标分类则分别依据价值内化的程度和动作技能的复杂性进行划分。布卢姆的教育目标分类理论是一个具有广泛影响力的教育理论，该理论将教育目标分为三个主要领域：认知领域、情感领域和心智肌体活动领域。

1. 认知领域

在《教育目标分类学》第一分册《认知领域》一书中，布卢姆等人提出了认知领域的教育目标分类系统。该系统将认知目标从简单到复杂、从低级到高级分为六个层次。

知识，记住所学材料，包括对具体事实、方法、过程等的回忆。例如，记住地球的物理表面的概念。**领会**，领悟物理表面的意义，但不一定将其与其他事物相联系。例如，了解地球体的数学表面。**运用**，将所学概念、规则等运用于情景中的能力。例如，演示能量守恒定律在生活中的应用。**分析**，将整体材料分解成其构成成分并理解其组织结构。例如，让学生将高程测量的原理分解出来。**综合**，将所学的零碎知识整合为知识体系，强调创造能力，需要产生新的模式或结构。例如，让学生设计出科学试验程序。**评价**，对内容进行评判的能力，包括按材料内在标准或外在标准进行评判。例如，评价GNSS全球卫星导航系统的卫星数量。

2. 情感领域

在《教育目标分类学：情感领域》一书中，布卢姆等人也提出了情感领域的教育目标分类系统。该系统将情感目标分为五个层次：**接受**，对环境中正在发生的事情的低水平觉知；**反应**，由经验引起的新的行为反应，由学生自己主动参与；**价值化**，学生将特殊对象、现象或行为与一定的价值标准相联系；**组织**，纳入新的价值观，形成自己的价值系统；**价值体系个性化**，表现出与新价值观一致的行为。

3. 心智肌体活动领域（动作技能领域）

虽然布卢姆本人并未完全提出该领域的分类，但后续的研究者如辛普森（E.J.Simpson）等对其进行了补充和发展。

辛普森等人认为心智肌体活动领域（动作技能领域）的教育目标通常包括以下几个层次：知觉，定向，有指导的反应，机械动作，复杂的外显反应，适应和创新，等等。

4. 教育目标分类理论对教育的影响

布卢姆的教育目标分类理论对教育产生了深远的影响，主要体现在以下几方面。

（1）教学目标的明确与细化

布卢姆的教育目标分类理论将教育目标细化为认知、情感和动作技能三个领域，每个领域又进一步细分为多个层次。这种分类方式使得教师的教学目标更加明确、更加具体，有助于教师更好地理解和把握教学目标，以及制订更加科学、更加合理的教学计划。

（2）教学设计的优化

按照布卢姆教育目标分类理论，教师可针对不同领域、不同层次的教学目标，有针对性地设计教学活动和教学方略。

在认知领域里，教师能引导学生通过做题、讨论、分析案例来对所学知识有一个深刻的认识，从而培养学生分析、综合、评价的能力；在情感领域里，教师可以激发学生的情感共鸣，培养学生的价值观和组织能力，如情感引导、角色扮演等；在动作技能领域，教师对学生动作技能和创新能力的提高可以通过示范、练习和反馈来实现。

（3）教学评价的改进

布卢姆的教育目标分类理论为教学评价提供了一个关键的参考，其依据是：教师可根据教学目标的不同层次、不同水平来设计相应的评价标准及评价办法。

在认知领域，教师可采用选做题、填空题、论述类等做题类型，对学生所学知识的掌握程度及理解能力进行评价；在情感领域，教师可通过观察学生的行为表现、情绪反应来评定学生的价值观和组织能力；教师对学生动作技能、创新能力等的评估可以通过实际操作、技能展示等形式来考核。

这是一种比较客观的评价方式，对教师更好地了解学生的学习情况是有帮助的。通过这样的方式，教师可以有针对性地调整后面的教学行为和教学方式。

（4）教育理念的更新

布卢姆的教育目标分类理论，有助于教师从以传授知识为主转变为以培养能力、全面发展学生为主的教育理念。这种理论强调分层递进的教育，也即教学要循序渐进地提高学生的思维能力和综合素质，要根据学生的认知水平和能力发展情况而定。

（5）教育实践的指导

布卢姆的教育目标分类理论为教育实践提供了具备重要意义的指导。教师可以根据教育目标分类理论制定教学目标、设计教学活动、选择教学方法和评价方式等，从而更加科学、有效地开展教学工作。

从以上分析可以看出，布卢姆的教育目标分类理论对教育产生了深远而积极的影响，它更加明确了教学目标，优化了教学设计，改进了教学评价方式，更新了教育理念，并为教育实践提供了重要的指导。这些影响有助于推动教育的改革和发展，提高教育质量。

（二）加涅有关学习结果的分类

加涅（Gagne）提出的学习结果分类理论是教育心理学的一项关键理论。他指明了有五类学习成果，涵盖言语信息、智慧技能、认知策略、运动技能以及态度。

这些学习成果体现出不同类别的认知能力，其中，智慧技能与认知策略属于加涅理论的核心构成，智慧技能涉及运用符号和环境相互作用的能力，而认知策略则为学习者提供对自身学习进程进行调节的技能。

1. 言语信息

言语信息指的是学习者能够借助言语（或语言）来表述的知识。这些知识包含事物的名称、符号、地点、时间、定义，以及针对事物的描述等具体的事实情况。

学习者在完成学习后，应当能够记住这些信息，并且在有需要时可以精确地表达出来。例如，在数学课上学到的公式、定理，还有语文课上学到的诗词、文章等，都隶属于言语信息的学习成果。

2. 智慧技能

智慧技能指的是学习者要运用概念和规则去处理事务的能力，即运用符号或概念与环境交互的能力。这种能力需要历经一定的学习和训练方可获得，涵盖辨别、概念、规则、高级规则等不同层级。

例如，在数学课上，学生需要掌控加减乘除等基本运算规则，并且能够运用这些规则去解决实际问题，这便是智慧技能的学习成果。

3. 认知策略

认知策略是指学习者凭借以对他们自己的关注、学习、记忆以及思维等内部过程进行调节的技能。它是学习者自我掌控与调节的能力，是应对内部世界的能力。

例如，在阅读进程中，学生可以运用 SQ3R（Survey、Question、Read、Recite、Review）等阅读策略来提升阅读效率与理解能力，这就属于认知策略的学习成果。

4. 运动技能

运动技能是通过身体动作质量的持续提升而形成整体动作模式的能力。其最为显著的特征是能够通过练习得以改进。

例如，在体育课上，学生通过反复练习能够熟练掌握某种运动技能，如篮球的投篮技巧、乒乓球的发球技巧等，这些均为动作技能的学习成果。

5. 态度

态度是指对个体针对人、事、物采取行动产生影响的内部状态。学习会促成影响个体行为选择的内部状态的构建，这种学习成果即为态度。

例如，学生对于学习的态度、对教师的态度、对同学的态度等，都属于态度的学习成果。

加涅的学习结果分类理论给教育实践提供了重要的指引。它有助于教师明确教学目标，依照学生的学习成果来制定相应的教学策略和评价办法。同时，该理论也强调了学习结果的多样性和层次性，提醒教师在教学过程中要注重对学生综合能力的培养，而不只是单纯地传授知识。

（三）马扎诺的教育目标分类学

美国心理学家马扎诺（Marzano）在其著作《设计一种新的教育目标分类学》里初次提出了马扎诺教育目标分类学，并在《教育目标的新分类学（第2版）》中最终确定为二维模型。

马扎诺的教育目标分类学是一种全新的教育目标分类体系，构建起了一个以知识范畴和思维系统做基础的二维教育目标架构。其中，知识领域通常与学科内容相关，而思维系统则被分为认知系统、元认知系统和自我系统。

1. 知识领域

知识领域一般和学科内容相联系，指的是学生在学习进程中需要把控的具体知识与技能。教师能够凭借教学活动与评估助力学生达成这些目标。比如，在数学课上，学生须掌握基本的运算和解题途径。

2. 思维系统

（1）认知系统

认知系统关系着学生的思辨水平、解决问题的水准以及学习策略的施行。在马扎诺看来，借由对学生认知系统的培育，能够推动学生思维的进步与成熟。

认知系统聚焦在学生的认知流程和思维模式中。例如，在进行学术辩论时，学生需要运用逻辑思维和证据分析来支撑自身的观点。所以在教学活动当中，教师要着重培养学生的认知水平，来提升学生的思维层级。

（2）元认知系统

元认知系统聚焦学生在承接新任务后的目标设定、策略选定以及监控反思流程。这一流程跟探究实践的过程紧密相接，通过对学生元认知能力的培育，可以增强其自主学习能力与问题解决能力。

（3）自我系统

在马扎诺的教育目标分类学中，自我系统也是一个重要的组成部分。自我系统重在学生的情绪、价值观的塑造和行为规范、行为习惯的养成。学生的道德素养、人际关系和自律能力都可以通过培养学生的自我系统而得到提升。比如，学生在班级活动中要学会尊重别人，学会配合，学会分享。学生上课要遵守纪律，功课要按时完成，等等。

马扎诺的教育目标分类学理论突出以学生为核心，着眼于学生的特点和需要，可以高效促进学生的学习和发展。这项理论注重学生的思维拓展，通过培养学生的认知系统、元认知系统和自我系统，可以增强他们的思维水平，提高解决问题的能力。

通过以上分析我们可以发现，马扎诺的教育目标分类学理论可以在各个学科领域的教学实践中加以运用，有利于教师制定科学恰当的教学目标与方法、提高教学效果和学生的学习质量，具备广泛的应用意义。

四、认知发展理论

认知发展理论属于心理学范畴的关键分支。认知发展理论重视个体在不同年龄层次认知能力的转变与发展，所以重点在于阐释从出生到成年时期，个体认知能力的变化与进步。

认知发展理论的主要流派有皮亚杰的认知发展理论、维果斯基的社会文化理论以及新兴的神经建构主义和联结主义模型等。

认知发展理论和学科思维教育之间存在着紧密的联系。认知发展理论为学科思维教育提供了理论基础和指导原则，而学科思维教育则是认知发展理论在教育实践中的具体应用和体现。通过结合这两者的优势，教育者可以更有效地促进学生的认知发展和学科思维能力的提升。

（一）皮亚杰的认知发展理论

作为认知发展理论的标志性人物，皮亚杰（Jean Piaget）对心理学和教育领域产生了深远的影响。他提出的认知发展理论，不仅揭示了儿童认知发展的阶段性特征，而且为理解儿童如何通过与环境的互动来构建和精炼认知结构提供了独特的视角。

皮亚杰将儿童的认知发展精心划分为四个阶段。

首先是感知运动阶段，在这个阶段，儿童主要通过感官和动作来探索世界，形成对物体和事件的初步理解；其次是前运算阶段，儿童开始使用符号和语言，但他们的思维仍然受到直觉和具体经验的限制；再次是具体运算阶段，儿童能够处理具体的、逻辑的问题，但他们的思维仍然依赖于具体的物体或情境；最后是形式运算阶段，儿童能够处理抽象的概念和假设，进行逻辑推理和问题解决。

皮亚杰的理论深受康德先验范畴理论的影响，但他对其进行了创造性的改造，提出了遗传的“图式”概念。这些“图式”是儿童与生俱来的认知结构，它们随着儿童与环境的互动而不断发展和变化。皮亚杰强调，认知结构既不是简单地形成于物理客体中，也不是先验地存在于主体自身中，而是通过与环境的互动，在主体与客体的相互作用中逐渐构建起来的。

皮亚杰认为，儿童智力的发展乃是先天因素与后天因素共同产生作用所导致的结果。他借助数理逻辑里的运算、对称、可逆等理念，深度探究了儿童思维的发展进程，阐明了儿童怎样由具体的操作逐步向抽象的思考转变。此类研究不但使我们对儿童认知发展的认知得以深化，还为教育实践给予了珍贵的指引。

另外，皮亚杰也赞同格式塔心理学的整体论观念——“心理现象是一个不能分割的整体”。不过，他批判格式塔心理学所探讨的认识结构属于“未发生的结构”，即这些结构是静止的、恒定的。皮亚杰着重强调认知结构的动态性及发展性，觉得它们是经由儿童和环境的交互作用而持续构建和提炼的。

总的来说，皮亚杰的认知发展理论不但揭示出了儿童认知发展的阶段性特点以及内在机制，还为教育实践提供了科学的引导。他的理论突出了儿童与环境的互动、认知结构的动态性和发展性，以及先天因素与后天因素的共同效用。这些观点到现在依然具备理论价值和实践价值。

（二）维果斯基的社会文化理论

社会文化理论是由苏联心理学家列夫·维果斯基（Lev Vygotsky）提出的一种理论。维果斯基将人的心理机能区分为低级心理机能和高级心理机能两类，社会文化理论强调社会和文化对个体心理发展的重要作用。低级心理机能的发展受个体的生物成熟所制约，高级心理机能的发展则受社会文化—历史所制约。人的心理实质上是社会文化历史通过语言符号的中介而不断内化的结果。

在维果斯基看来，人具有动物所不具备的高级心理机能。这些高级心理机能包括概念思维、理性想象、有意注意、逻辑记忆等，其核心特点是以语言和符号作为工具。人的高级心理机能是各种活动和交往形式不断内化的结果。所谓内化，就是把存在于社会中的文化变成自己的一部分，从而有意识地指引自己的各种心理活动。

维果斯基说，一切文明的东西都是社会的东西，所以行为的文化发展来自社会的发展。维果斯基强调，学习通过对活动的参与来实现。他认为，学习是通过与他人的互动和合作来完成的，而不是单纯的个体行为。维果斯基认为，社会交互作用，尤其是与更有知识的社会成员的对话，是儿童习得符合所在社会文化的思维和行为的必要途径。成人和更老练的同伴能帮助儿童娴熟地从事具有文化意义的活动，所以他们之间的交流就成为儿童思维的一部分。一旦儿童把这些对话的本质特征加以内化，他们就能应用那些人的语言来指导自己的思想、行为，并学习新技能。

维果斯基理论中指出最卓越、最重要的“心智工具”就是语言，他认为，语言是社会维度认知的载体，是影响个人思想和行为的主要方式。语言是一个文化团体的社会历史产物，是社会成员共同努力所创造出来的社会生活方式的结果。在生命的第二年，人的自然发展会逐渐与社会的发展线开始融合。心理发展就是人从较低层次的自然产生的知觉、记忆、注意力以及学习的过程逐渐转移到通过符号、语言来运作的高层次的心智过程。形成高层次心智功能的这个过程，就是符号内化的过程。

可见，维果斯基的理论包含更多的文化视角，强调互动在认知发展过程中的关键作用。维果斯基的社会文化理论对教育学、心理学和社会学等领域产生了深远的影响，强调了社会和文化在个体发展中的重要作用。

（三）新兴的神经建构主义和联结主义模型

神经建构主义与联结主义模型属于认知科学范畴内的两种新兴理论模型，二者均有着独有的特性及应用价值。神经建构主义借助对神经活动类型的生物制约进行剖析，以此阐释认知发展变化的机理，突出了神经结构和神经活动类型的关键地位。

联结主义模型继承了早期模型利用神经网络诠释认知发展的传统，且在简单循环网络基础上增添了互动激活网络。神经建构主义重点应用在生理学教学实践以及认知科学研究方面；而联结主义则在人工智能领域中诸如图像识别、语音识别、自然语言处理等方面有着广泛运用。

1. 神经建构主义模型

神经建构主义学习模型是在生理学教学实践中，根据神经科学领域研究进展，整合行为主义与建构主义学习观而提出的一种新的学习模型。该模型旨在解释和指导个体如何通过神经系统的活动来构建和精炼认知结构。

神经建构主义模型包括四个维度。**单突触的形成与稳定**。这是认知构建的基础，涉及神经元之间突触连接的建立和稳定。**多突触网络的认知建构**。强调所有知识由个体内在构建，新的知识在图式的顺应与内化中习得。新知识形成的突触与原有图式形成的突触之间形成网络化联系，从而巩固和加强知识的记忆。**结合情景的多层级多突触网络情景认知建构**。形成局部小空间网络结构，使认知更加具体和情境化。**学生的主观态度、情感对前三个层次的调控**。形成多个局部空间网络的结构，并组合成大环路认知建构，体现了个体主观因素对认知构建的影响。

神经建构主义模型突出个体在认知构建时的主动性与创造性，以及神经系统在认知进程中的基础性作用。神经建构主义模型为我们理解个体“如何通过与环境的互动来构建认知结构”提供了新的视角和启示。所以神经建构主义模型在生理学教学实践与认知科学探究中有着较为广泛的运用。

2. 联结主义模型

联结主义模型是对人类大脑神经网络予以模拟的一种计算模型。该模型凭借大量简易的处理单元（如神经元等）间的连接来模拟人类的认知进程。该模型以人工神经网络为基础，属于人工智能领域的关键流派之一。

联结主义模型的核心要素包括：单元、激活状态、联结的模式、节点的激活规则和学习规则。**单元**又称为节点、认知单元或处理单元。它与神经元相似，但不是神经元本身。这些单元呈现某种水平的激活状态，分为输入单元、输出单元和隐单元。**激活状态**表示单元在处理信息时的活跃程度。**联结**

的模式用于决定一个单元通过输入对其他单元产生的影响。**节点的激活规则和学习规则**决定了单元如何处理输入信息，单元如何调整联结的权重，以实现学习和记忆的目的。

联结主义模型具备内在并行、分布式处理、容错性以及自适应性等特性。这些特性使得联结主义模型在处理非结构化数据与模式识别方面表现出众。在人工智能领域，联结主义模型被广泛应用于图像识别、语音识别、自然语言处理等范畴，并获取了显著成效。此外，联结主义模型也为理解人类认知过程的神经基础提供了全新的视角与方法。

认知发展理论给学科思维教育供应了理论支撑。认知发展阶段理论揭示出儿童于不同年龄阶段认知能力的特性与发展规律，这就为教师规划契合学生认知水平的学科思维教育活动提供了科学根据。根据认知发展理论，教师能够针对不同认知阶段的学生拟定对应的教学策略。教师能够运用事物模型、游戏等可操作的学习材料来助力学生理解新的学科主题，并培养他们的学科思维能力。

认知发展理论还能够用来评估学生的学科思维发展水平。教师能够通过观察、问答、实验等途径来评估学生在不同认知阶段对学科知识的理解与掌握程度，进而为学生提供具有针对性的反馈与指导。

教师以认知发展理论为基础，能够更有效地促进学生思维能力的提升。学生到了形式操作阶段，就开始用逻辑把信息处理好。这时，教师就可以在学科中设计出辅助学生深入理解和掌握抽象概念、开发逻辑推理技能的逻辑基础教学方案。

比如，教师在教学数学学科时，可以从皮亚杰的认知发展理论中进行借鉴。在讲授几何学的过程中，对于进入具体操作阶段的学生，教师通过实际操作让学生熟悉、领会几何图形的特点，在教学过程中，教师能掌握学生的认知进度。而对于形式运算阶段的学生，教师则可以引导学生对几何定理、公式进行运用逻辑推理能力的证明。

认知发展理论经历了从皮亚杰的逻辑发展理论到维果斯基的社会文化理

论，再到新兴的神经建构主义和联结主义模型的演变。这些理论各有优势，但也存在局限性。在具体的学科思维教学中应进一步整合不同理论框架，以更全面地解释学生认知发展的复杂过程。

五、学习理论

学习理论是教育学和心理学研究的核心领域之一。从早期的行为主义发展到现代的建构主义，学习理论一直在不断发展完善，为教育实践活动提供了具有重要意义的理论指导。

学习理论以揭示人类学习的本质和规律为目的，研究个体在特定情境下，通过反复体验而产生的持久的行为或行为潜能的变化。这个过程既涵盖了知识的获取、技能的形成，也涉及很多维度，比如，态度的改变、人格的完善等。

（一）学习理论的发展历程

学习理论简称“学习论”，是说明人和动物学习的性质、过程和影响学习的因素的各种学说。它旨在揭示学习的本质、过程及其影响因素，为教育实践提供科学依据。

学习理论的发展可以追溯到古代哲学家对于知识和学习的思考，但真正系统化的研究始于 20 世纪初。随着心理学、神经科学和认知科学的进步，学习理论逐渐形成了多个流派，包括行为主义、认知主义、建构主义和人本主义等。这些流派共同推动了学习理论的丰富和完善。

1. 行为主义学习理论

行为主义起源于 20 世纪初，以俄国心理学家伊凡 · 巴甫洛夫和美国心理学家约翰 · B . 华生为代表。行为主义认为学习是通过刺激—反应（S–R）联结形成的，强调环境对学习的影响。学习是通过观察和分析可观察的行为来实现的，而不是依赖内在的思维过程或情感。它强调反复练习和强化记忆的重要性。然而，行为主义忽视了人的主观能动性和内部心理过程。

代表人物和典型观点如下。

（1）桑代克

提出了联结学说和试误说，认为学习是刺激与反应之间联结的建立或习惯的形成，并提出了准备律、练习律和效果律三条主要的学习定律。

（2）巴甫洛夫

提出了条件反射理论，包括保持与消退、分化与泛化等概念。

（3）斯金纳

提出了操作性条件反射理论，强调了刺激与反应之间的主动性关系，以及行为的强化和频率增加之间的关系。

2. 认知主义学习理论

认知主义在 20 世纪 50 年代兴起，以布鲁纳和奥苏贝尔为代表。该理论的起源可以追溯到格式塔学派，特别是德国格式塔心理学派的完形理论。布鲁纳、奥苏贝尔等提出了关于知识学习的下位、上位和并列结合三种类型，以及有意义接受学习等观点。

认知主义认为学习是信息处理的过程，强调个体对知识的主动加工和建构。其核心观点在于学习是主动构建知识结构和认知框架的过程。它强调学习者内部的心理过程和认知结构在学习中的作用。认知主义关注学习者的认知结构、思维方式和问题解决能力，为教育提供了更为全面的理论视角。

3. 建构主义学习理论

20 世纪 80 年代后建构主义学习理论逐渐受到重视，该领域的代表人物是皮亚杰和维果斯基。

建构主义认为，学习是学习者在已有知识经验的基础上，通过与环境的互动主动建构新知识的过程。建构主义强调学习的情境性、社会性和个体差异性，为现代教学改革提供了重要启示。

该理论的核心观点是知识不是通过教师传授得到，而是学习者在一定的情境即社会文化背景下，借助其他人（包括教师和学习伙伴）的帮助，利用必要的学习资料，通过意义建构的方式而获得。它强调学习者在知识建构过程中的主动性和创造性。

4. 人本主义学习理论

人本主义学习理论由美国心理学家 A.H. 马斯洛创立。核心观点是学习是个人潜能的充分发展，是人格和自我的完善过程。它强调学习者的整体发展和内在动力。

代表人物有马斯洛和罗杰斯。马斯洛提出了人类基本需求的层次理论，将人的需求分为生理需求、安全需求、爱与归属的需求、尊重的需求、认识需求、自我实现需求。罗杰斯则倡导了“患者中心疗法”的心理治疗方法，强调人类有一种天生的“自我实现”的动机。

（二）学习理论的主要流派

1. 掌握学习理论

掌握学习理论由美国教育心理学家布卢姆提出。该理论基于“任何教师实际上都能帮助他的所有学生获得优异成绩”的假设，认为只要给予足够的时间和适当的帮助，绝大多数学生都能掌握学习任务。

掌握学习理论强调教学目标的具体性、教学过程的诊断性和反馈的及时性，为大面积提高教学质量提供了有效途径。掌握学习理论以班级教学为基础，辅之以经常的、及时的反馈与矫正环节。它强调为学生提供充足的学习时间和个别帮助，使学生掌握一个单元的内容后，再进行下一单元较高层次的学习。

掌握学习理论的核心要素有以下四点。

（1）学习时间

确保每个学生有足够多的学习时间，以便他们能够充分理解和掌握所学知识。

（2）影响学业达成度的变量

其一是认知的前提特征。学生在学习新知时所需的前期知识准备情况，在学习中占 50% 的作用。其二是情感的前提特征。学生对所学内容的动机、情意、态度、兴趣等，在学习中起 25% 的作用。最后是教学质量。教学与学习者程度的适切性，占 25% 的作用。

（3）教育者的任务

教育者的中心任务不是控制学生，而是控制学习。关键是让学生能够明确学习目标。

（4）反馈与矫正系统

这是掌握学习的核心。提倡把教学和评价结合起来，形成新型的反馈教学。通过及时的评价和矫正，帮助学生查漏补缺，使大多数学生掌握每一项学习任务。掌握学习理论的实施步骤包括定向、新授、评价、矫正、再次形成性评价、进入下一单元的学习。

定向（教学目标）是指教师先将教材内容分解成一系列较小的学习单元，并为每个单元设定明确的教学目标。**新授**是指按照学习顺序组织教学内容，进行群体教学。**评价**是在每个小单元结束时进行形成性评价，以确定学生是否已经掌握单元目标。若尚未掌握，则需进行矫正学习。**矫正**是指给予未达标的学生以必要的补偿性的矫正学习，目的在于给那些群体学习中速度较慢的学生以额外的学习时间。同时，先期达标的学生可以自主深入学习或辅导未达标者。**再次形成性评价**则是在矫正学习后进行再次评价，以确认学生是否已经达到掌握标准。**进入下一单元的学习**是指当学生掌握当前单元的内容后，再进入下一单元的学习。

可见，掌握学习理论是一种以学生为中心、注重反馈与矫正的教学方法。通过明确的教学目标、充足的学习时间、及时的评价与矫正以及个别化的帮助，大多数学生都能够达到课程目标所规定的标准。掌握学习理论博采众长，具有易操作、易为教师理解和运用的特点。它为解决集体教学与因材施教的矛盾、正确认识教师期待与学生成绩影响的关系、将教学评价引入教学过程的必要性研究等方面提供了成功的范例。强调反馈与矫正的重要性，有助于提高学生的学业成绩。

掌握学习理论特别注重个别化教学、关注学生的个体差异。掌握学习理论的不足之处是需要频繁的评价与矫正，耗时较多。除此之外该理论在强调巩固知识的同时可能忽视了对学生能力的培养。

2. 认知负荷理论

1988 年认知心理学家斯威勒（Sweller）首次提出了认知负荷理论。认知负荷理论是关于人类信息加工中对认知资源进行分配的理论。该理论认为，人的工作记忆容量有限，教学设计应尽量减少无关信息的干扰、优化信息呈现方式，以减轻学生的认知负荷、提高学习效率。

认知负荷理论假设人类的认知结构由工作记忆和长时记忆组成。人类的工作记忆容量有限，一次只能存储和处理有限的信息量（通常为 59 条基本信息或信息块，且一次只能处理 23 条信息）。而长时记忆的容量却几乎是无限的，可以存储大量的、复杂的信息。

认知负荷代表占用工作记忆容量的内容，主要包括以下三种类型。

（1）内部认知负荷（内在负荷）

来源于学习内容的本质，由学习材料的难度、复杂度和学习者的专业知识水平决定。对知识技能水平不同的学习者来说，同一学习任务所产生的内在认知负荷不同。

（2）外部认知负荷（外在负荷）

来源于学习材料的组织和呈现方式，不恰当的编排会给学习者带来额外负担。这通常是由于教学设计不当或信息呈现方式复杂而导致的。

（3）相关认知负荷

使学习者的认知资源用于和学习直接相关的加工活动，有助于长时记忆和知识迁移。它是学习者在处理信息时，为了构建图式或自动化认知过程而投入的认知资源。

认知负荷理论通过众多实证研究的验证，深入揭示了学习过程中的认知机制，为教学设计提供了有力的科学依据和实践指导，广泛应用于各类学科教学中。

该理论强调要避免使用复杂或混乱的教学资料和展示方式，教学中要尽量减少学生外在的认知负担。教师要精心挑选合适的教学材料，调控学生内部认知负荷，要根据学生的实际学习水平和专业知识背景综合考虑教学内容。教师要通过构建知识框架，优化认知过程，促进对知识的深入理解和长期记忆，鼓励学生积极参与学习活动，促进学生相关认知负荷的提升。

在教学设计中，认知负荷理论也起到了启示性的作用，教师要有的放矢地设计教学方案，结合学生的学习需要和认知能力进行教学。对教学内容来说，教师要保证具有挑战性又不能太复杂。所以我们需要继续针对不同的学科和不同的教学情境，在具体的教学设计上进一步探索认知负荷理论，这样对学生的学习和发展能够起到更好的促进作用。

3. 情境学习理论

20 世纪 90 年代初，加利福尼亚大学伯克利分校的让·莱夫（Jean Lave）教授和研究合作者爱丁纳·温格（Etienne Wenger）提出了情境学习理论。该理论通过对传统学校学习方式的反思与批判而逐步发展起来。该理论旨在解决传统学校学习中存在的去自我、去情境等问题。情境学习理论注重学习环境的真实性、复杂性和互动性，它强调学习者在实际情境中通过参与和观察进行学习，从而获取更深入的理解和更长久的知识。

情境学习理论认为，在具体的情境下学习就能发生。学习者要不断地建构和丰富自己的知识经验，这是通过与环境的互动而产生的。情境学习理论为教学模式提供了理论基础，如情境教学、项目式学习等。

在情境学习理论中，学习不仅仅是一个个体性的意义建构的心理过程，更是一个社会性的、实践性的过程。学习者通过与他人的互动和协作，共同建构知识的意义。知识的意义、学习者自身的意识、学习者的角色都是在学习者和学习情境的互动中生成的。所以学习情境的创设至关重要。情境学习理论致力于将学习者的身份和角色意识、完整的生活经验以及认知性任务重新回归到真实的、融合的状态。

情境学习强调在知识实际应用的真实情境中呈现知识，把学与用结合起来。学习者应像专家或“师父”一样进行思考和实践，通过实际操作和体验来深化对知识的理解。所以情境学习理论引入了“学徒制”的概念，即采用师父带徒弟的方式进行实践与学习。在这种模式下重点是要在真实工作或学习环境中，徒弟通过观察并模仿师父的行为和技巧逐渐学到所需的知识与技能。

在教育中情境学习理论的应用策略丰富多样，如进行情境设计、角色扮演以及实地考察等。如在大学计算机类课程中，教师通过设计仿真的计算机网络环境，可让学生在这种环境中练习协议配置、发送与接收数据包的操作。该方法使学生对网络协议的作用及工作原理有较深的了解。在商务交流课程中，学生分组扮演不同的商务角色，在模拟的商务环境中进行谈判演练，该方法能使学生增强商务谈判的实践经验。

从上面的探讨中我们可以发现，情境学习理论通过突出学习的情境性、社会性和实践性，能够为教育改革注入新的活力。它强调学习者在实际或模拟的情境中，学习者对经验的体会、对实际操作的重视。情境学习理论重视学习者的主体地位和主动性，它将学习与日常生活、工作相融合，打破了传统学习的界限。这对于我们改进教学方式、促进学习者的全面发展以及提升教育质量具有深远的意义。

（三）学习理论在教育实践中的应用

学习理论在教育实践活动中应用价值广泛。掌握学习理论认为教育要重在个别教学，教师需要关注学生的个体差异性。在认知负荷理论的指导下教师要有针对性地设计教学方案，要与学生的学习需求和认知能力相结合。情境学习则是强调把知识呈现在实际运用知识的情境之中，寓学于用。所以，在实际教学过程中，教师应当灵活运用多种教学策略，结合学生的特定认知特点和能力水平进行教学。

这些学习理论既是心理学的重要内容，又为教育实践提供了丰富的教育学方面的理论指导。学习理论以科学的依据、有效的指导，为教育实践活动揭示学习的本质和规律。教师对不同的学习理论有了深入的理解再加以运用，就能更好地设定教学目标、优化教学过程、创设富有成效的学习情境，从而促进教师教学效果和学生学习质量的提高。

随着教育技术的不断进步、教育理念的不断更新，在今后的教育改革与发展中，学习理论必将在未来的教育改革和发展中发挥更为重要的支撑作用。

六、本章小结

本章深入探讨了教师胜任力培养在学科思维视域下的五大理论基石，包括现代思维科学体系、胜任力理论、教育目标分类理论、认知发展理论和学习理论。这些理论为提升教师的教育教学水平及培养学生的学科思维能力提供了坚实的理论基础和指引。

（一）现代思维科学体系概述

现代思维科学体系是研究人类思维活动规律与方法的学科领域，其涵盖了逻辑思维、形象思维、创造性思维等多种思维方式。钱学森院士在此领域做出了显著贡献，他提出了该体系的层次结构，包括基础学科、技术科学和工程技术三个层次。这一开放、系统且富有创新性的体系，强调思维科学与其他学科的交叉融合，为人工智能、计算机科学等新兴领域的发展提供了推动力。教师可通过掌握现代思维科学体系，灵活运用于教学实际中，从而有效提升学生的学科思维能力。

（二）胜任力理论

胜任力理论起源于麦克利兰的素质冰山模型，强调个体在特定工作中所表现出的知识、技能、态度和价值观等综合能力。教师胜任力是指教师在完成教育教学工作中所应具备的基本知识、技能和人格特点。胜任力理论对于教师胜任力的培养与评估提供了一个关键的指导框架，明确了教师需要具备的能力和素质标准。构建胜任力模型有助于引导教师的培训与发展，提升其教育教学水平，从而更有效地实现学科思维培养的目标。这一理论框架不仅能够帮助教师自我定位，还能够为教育机构和政策制定者提供重要的参考依据。通过优化胜任力模型，我们可以更好地满足教育教学的实际需求，促进教师队伍的专业成长。

（三）教育目标分类理论

教育目标分类理论是教育学领域中重要的理论体系，其目的在于把众多复杂的教育目标进行系统化、层次化的分类。其中，布卢姆的教育目标分类理论、加涅的学习结果分类以及马扎诺的教育目标分类学是最有代表性的理论。布卢姆将教育目标分为三个领域，即认知、情感和动作技能领域，并且对每个领域进行了细致的分层。加涅提出了包括态度、运动技能、言语信息、智慧技能和认知策略在内的五种学习结果分类。马扎诺的教育目标分类学则建立了一个基于知识领域和思维系统的二维教育目标框架。这些理论对教师来说具有重要的指导意义，为教师提供了明确的教学目标框架，有助于教师根据学科特点和学生思维发展的需要，制定有针对性的教学策略和评估方法。

（四）认知发展理论

认知发展理论关注个体在不同年龄阶段的认知能力的变化和发展。认知发展理论的主要流派包括皮亚杰的认知发展理论、维果斯基的社会文化理论以及新兴的神经建构主义和联结主义模型。皮亚杰将儿童的认知发展划分为感知运动阶段、前运算阶段、具体运算阶段和形式运算阶段，揭示了儿童认知发展的阶段性特征。维果斯基强调社会和文化对个体心理发展的重要作用，提出了“最近发展区”的概念。神经建构主义和联结主义模型则从神经科学的角度解释了认知发展的机制。认知发展理论为学科思维教育提供了理论基础，帮助教育者设计适合学生认知水平的教学活动，促进学生的学科思维能力发展。

（五）学习理论

学习理论是探讨个体在特定情境下如何通过经验积累改变行为或潜能的持久性变化的学科，它融合了教育学与心理学的精髓。历经多年的发展，学习理论涵盖了行为主义、认知主义、建构主义及人本主义等多元化的流派。其中，行为主义注重环境对学习的塑造作用，认知主义则聚焦于学习者的内在认知结构和思维过程。建构主义理念认为，学习是学习者主动建构知识的过程，而人本主义更加重视学习者的全面发展和内在驱动力。这些学习理论不仅为教育实践提供了坚实的理论支撑，还指导教师根据学生的认知特点和能力水平，选择恰当的教学策略，进而提高教学效果和学习质量。

在本章中，我们深入研究了以上五大理论体系，揭示了这些理论在提升教师胜任力方面所起的作用。这些理论体系为教师提供了科学的理论、严密的思考模式以及有效的操作工具，为教师制订教学计划和策略、进行教学评价等都提供了有价值的指导思想和方法。在这些理论的指导下，教师可以更有效地提高教育教学质量。这些理论体系为本书的理论研究和实践应用提供了重要的参考和借鉴。

第二章

学科思维培养的内涵

学科思维是指在特定学科领域内，通过学习和实践形成的独特的思考方式、问题解决策略以及知识应用方法。它是解决学科问题的一种高阶认识活动。学科思维体现了某一学科特有的知识体系和思维方式，如数学的逻辑严谨性、文学的审美敏感性等。学科思维强调知识的整体性和内在联系，帮助学生构建完整的知识框架。它不仅仅是对学科知识的简单记忆与复现，更是一种深层次的逻辑思考、问题解决与创新能力。它能够帮助学生在面对复杂多变的问题时，灵活运用所学知识，创造性地提出解决方案。

学科思维和学生的发展联系紧密，意义深远。学科思维不仅塑造了学生的学习方式，而且对学生的个人成长、择业以及今后的社会发展都有着重要的影响。

第一，学科思维对学生掌握有效的学习策略、提高学习效率有很大的帮助。学科思维鼓励学生运用已有知识对未知领域进行探索，培养思辨能力、探索能力和创新思维。学生通过学科独特的思维方式，对新知识的理解和应用会更快、更深入。

第二，学生在培养学科思维的过程中，需要不断地挑战自我，攻克学习难关，这也能增强学生的自信心和坚忍不拔的精神。在攻克难关的过程中，学科思维也可以培养学生的团队合作精神和沟通能力。

第三，学科思维使学生对自己所学学科的优势有更多的认识。在求职过程中，有较好学科思维的学生往往比较有竞争力，对职场环境的适应也比较快。

此外，鼓励学生从不同角度对问题进行学科思维的思考，并提出新颖的解决办法，也能促进社会的创新与发展。不同学科思维在跨学科合作中的碰撞，可以为社会的发展注入新的生命力，产生新的灵感和创造力。

所以对学科思维内涵进行探讨具有重要的意义，既有助于我们对学科本质、学科特点进行更深层次的认识，又可以促进学科的交叉与融合，培养学生创新思维与批判性思维，以及进一步指导教师开展教学实践与课程改革。我们有必要对学科思维的培养加以重视，并进行深入探讨。

本章主要从内容、特点、培养策略等角度探讨学科思维的内涵。

一、学科思维的形成与特点

（一）学科思维的分类

第一章“现代思维科学体系”中，我们指出了钱学森提出的在基础学科层次，思维包括抽象思维学、形象思维学、灵感（创造）思维学、社会思维学。在技术科学层次，思维涵盖了模式识别、结构语言学、数理语言学、情报学、科学方法论等多个领域。在工程技术层次包括了人工智能、计算机模拟技术、文字学、情报资料库技术、计算机软件工程、密码技术等。它们为思维科学的应用提供了理论和技术支持，促进了思维科学成果向实际应用的转化。

不同学科的思维模式虽然各有特点，但它们之间也存在一些共性。

（1）抽象与具体相结合

不同学科的思维模式都涉及从具体现象中抽象出一般规律的能力。例如，数学中的抽象思维使用已知的概念进行判断和推理，而科学学科中的抽象思维则依赖于数据统计和实证来推理和论证。

（2）逻辑推理能力

逻辑推理能力是科学研究和数学证明中不可缺少的组成部分。它是一项基本的思维能力，能够促使个体从已知信息中推导出新的结论。

（3）批判性思维

批判性思维指个人对思维过程能够加以分析、评价和完善的能力。这种思维定式要求个体既要接受信息，又要对信息的真实有效提出疑问和验证。

（4）创造性思维

创造性思维是产生新颖、有价值的观念的能力。创造性思维是促进艺术、文学、科学、工程等各个领域创新与发现的要素。

（5）问题解决能力

不同学科的思维模式都强调解决问题的能力。这就涉及了对问题的识别和研究，对解决方案的提出，以及对这些方案的实施过程。

此外还有模型构建能力、跨学科整合能力、元认知能力、情感参与和态度、持续学习和适应性等。模型构建是一种常见的思维模式。构建模型可以帮助我们理解复杂系统，预测未来趋势，并在科学和工程等领域中进行实验和模拟。随着学科间的界限变得越来越模糊，跨学科整合能力变得日益重要。这种能力使个体能够将不同学科的知识和方法结合起来，以解决复杂的、跨领域的问题。元认知是指个体对自己认知过程的认识和调控。这种能力使个体能够反思自己的思维过程，并根据需要调整思考策略。不同学科的思维模式也都强调情感参与和积极的态度。学生需要投入自己的情感，从兴趣发展到志趣志向，需要一个漫长的培养过程。在快速变化的世界中，持续学习和适应性也是不同学科思维模式的共性。个体需要不断地更新知识和技能，以适应新的挑战和机遇。

从上面的探讨中我们看到，不同学科的思维模式虽然各有侧重，但它们都强调了共性特征。这些共性特征不仅有助于个体在特定学科领域内的发展，也促进了跨学科的应用和创新能力的提升。

本研究所指的是教育中的学科思维，是在对现代思维科学体系分析的基础上，针对不同学科领域中的共性的思维方式和方法进行的研究和探讨。综观各类研究，可以将学科思维定义为：在特定学科领域中，运用学科知识进行思考、分析和解决问题的能力，它包含了学科知识的内化、学科方法的掌握以及学科思维模式的形成。

不同学科由于其研究对象和研究方法的不同，又形成了各具特色的学科思维方式。从学科分类的角度可以归纳为以下几方面。

1. 自然科学思维

自然科学包括物理学、化学、生物学、天文学、地球科学基础科学和医学、农学、气象学、材料学等应用科学，它是人类改造自然的实践经验即生产斗争经验的总结。它们以理性思维（抽象思维）为主体。这种思维模式强调对事物的客观分析、逻辑推理和实验验证。通过观察、实验和测量等手段，可以收集和分析客观数据，进而揭示自然现象的内在规律和本质联系。自然科学思维注重精确性和客观性，有助于推动自然科学的发展和进步。

比如，物理思维是指通过对物理现象、物理事实、物理过程等在大脑中形成清晰的物理图景，并反复加工、合理改造、去粗取精，把感性认识上升为理性认识的过程。物理思维具有模型化、多级性、多向性、表述的多样性、思维的转换、假设与验证、等效思维和实践性等特点。

比如，化学思维方法主要有结构决定性质、条件分析和量分析法、对比法、比较法等。化学思维需要运用归纳统计、抽象概括等方法来揭示化学反应的本质和规律。化学实验是化学思维的实践基础，通过实验操作、观察现象、分析数据等过程，可以培养学生的化学思维能力和科学素养，等等。

2. 社会科学思维

社会科学——如社会学、心理学、经济学等——是以社会思维为主体的。社会科学思维强调对人类社会现象、行为和心理状态的深入分析和理解。比如，人性思维是社会科学的最高有序态，其关注人的本质、需求和动机，以及这些因素如何影响社会现象和行为。

社会科学思维注重对社会现象和人类行为的研究和分析。其运用多种方法和理论，探讨社会结构、社会变迁和人类行为等方面的问题。社会科学思维强调人文性和社会性，有助于人们深入理解社会现象和人类行为的本质和规律。

3. 数学思维

数学思维是针对数学活动而言的，包括对数学问题的提出、分析、解决、应用等一系列的思维方式。数学思维具有高度的抽象性、逻辑的严谨性和广泛的实用性，同时还具有表现方式的多样性、问题的概括性和相似性以及思维的创造性等特征。

数学思维强调抽象和逻辑推理。它运用符号、公式和定理等手段，对数量关系和空间结构进行精确的描述和分析。数学思维注重严谨性和逻辑性，有助于人们解决数学问题并推动数学的发展。

4. 文学艺术思维

文学艺术思维强调想象力和创造性。它运用语言、形象和符号等手段，表达情感和思想，创造艺术形象和艺术境界。文学艺术思维注重审美性和情感性，有助于人们欣赏和创造文学艺术作品。

例如，在高等教育中，文学艺术思维的培养主要属于人文学科，如文学、历史、哲学等，主要以感性思维（形象思维）为主体。这种思维模式强调对事物的直观感受、情感体验和审美判断。

在人文学科中，创新思维是最高序态，它依赖于丰富的想象力和对事物的深刻理解。例如，在文学创作中，作家通过感性思维来描绘人物形象、营造情境氛围，并借助创新思维来构思独特的情节和故事。

（二）学科思维的形成

通过对第一章教育目标分类理论、认知发展理论、学习理论等心理学、教育学理论的分析，可以发现，要形成学科思维需要经过学科知识的内化、学科方法的掌握、学科思维模式的构建三方面。

1. 学科知识的内化

学科知识的内化是学科思维培养的基础。学生需要系统地学习并掌握特定学科的基本概念、原理、理论和技能。这些知识构成了学生思考问题和解决问题的框架，是形成学科思维的基础。

就拿基本概念来说，构成学科知识体系的基础就是学科中的基本概念。如地理现象的认识和地理分析的基础，是地理学中的“经度”“纬度”“地形”等概念。学科中的核心基本原理是解释学科现象、预测学科发展。比如，解释物体运动规律的基本原理是物理学中的“牛顿运动定律”。学科中的基础理论是总结和概括学科中的现象、规律。例如，解释市场价格波动的基本理论是经济学中的“供求关系理论”。运用学科知识实际操作的能力是学科中的基本技能。如运用计算机科学知识解决实际问题的能力，这就是计算机科学中的“编程技能”。

2. 学科方法的掌握

学科方法是运用学科知识进行研究和解决问题的科学、系统的方法。掌握学科方法是培养学生学科思维的关键。常见的学科方法可以归纳为查阅文献、数据分析、实验设计、案例分析等几大类。

（1）查阅文献是开展研究的基础

学生需要学习利用图书馆、数据库、期刊报纸等资源对有关文献进行查找、筛选，从而广泛了解学科前沿及研究动态。

（2）资料分析是运用统计手段处理分析所收集的资料的能力

学生需要掌握均值、方差、相关性分析等统计基本分析方法，以及SPSS、R 等常用的统计软件。

（3）实验设计也是一项重要的能力

学生要学会设计实验方案，对实验资料进行收集分析，选择合适的实验材料和方法，推导得出实验结论。

（4）案例分析

是指通过具体案例来理解和应用学科知识。学生需要学会选择和剖析典型案例，提取案例中的关键信息，运用学科知识进行解释和推理。

3. 学科思维模式的构建

学科思维模式是学生在特定学科领域中形成的思考问题和解决问题的模式。它体现了学生对学科知识的理解和应用，是学科思维培养的核心。在学科知识的内化、学科方法的掌握等基础上，逐步形成批判性思维、创造性思维、系统性思维和跨学科思维。

批判性思维是对信息和观点进行分析、评估、推理和判断的能力。学生要学会质疑现有知识和观点，提出自己的见解，并且要进行合理的论证和解释。

创造性思维是产生新颖、独特、有价值的观点以及提出解决方案的能力。学生运用创新思维方法，需要学会从不同角度思考问题。如进行头脑风暴、逆向思维等，提出创造性的想法和方案。

系统性思维就是把问题看成一个整体，对各部分之间的相互作用、相互关系进行分析。学生需要学会将复杂的问题分解成若干个小问题，并对小问题之间的关系进行分析，提出系统性的解决思路。

跨学科思维是把不同学科的知识和方法整合在一起形成新的思维模式。学生需要学会运用跨学科的知识，在不同的学科之间建立联系，思考问题、解决问题。

（三）学科思维的特点

1. 自然科学思维的特点：批判、逻辑、实证与推理

自然科学思维中的批判性思维、逻辑思维、实证思维与推理思维是推动科学发展的关键要素。

在前文，我们指出了批判性思维是一种对现有观点、理论、证据等进行质疑、分析和评估的思维方式。在自然科学中，批判性思维促使研究者不盲

目接受权威或传统观念，而是以理性、客观的态度审视科学知识。

例如，对经典物理学理论在特定条件下的适用性进行质疑，从而推动相对论和量子力学等新理论的诞生。这种思维具有独立性、客观性和全面性，能帮助科学家发现现有理论的不足，为科学创新提供动力。

逻辑思维是自然科学思维的核心。它要求研究人员在进行问题分析、理论构建、实验设计、结果解释等工作时，思维要保持逻辑性和连贯性。例如，通过逻辑推理，从已知的物理规律入手对特定条件下物体的运动状态进行剖析。逻辑思维具有确定性、一致性和可验证性的特征，所以能确保科学理论的可靠性和有效性。可以说，逻辑思维是科学知识体系构建的基石。

自然科学区别于其他学科的重要特征是实证思维。实证思维是以事实和证据为基础进行思考和判断的。实证思维依据客观的实验数据和观察现象来对科学理论和假设进行验证。比如，新药的疗效就是通过大量的临床试验数据来进行验证的。实证思维是科学发展的根本保证，它具有客观性、反复性和可检验性的特点。

推理思维是从已知前提或信息出发，通过逻辑推理得出新结论或预测的思维方式，包括演绎推理和归纳推理。演绎推理从一般到特殊，如根据牛顿第二定律推导特定物体的加速度；归纳推理从特殊到一般，如从大量燃烧实验归纳出燃烧的氧化学说。推理思维具有严密性、系统性和预测性，帮助科学家探索未知、拓展认知边界，为科学研究和技术创新提供理论支持和方向指引。

2. 社会科学思维的特点：批判、分析与综合

社会科学思维的特点主要体现在批判、分析与综合三方面，这些特点共同构成了社会科学研究的基本方法和框架。

在社会科学领域，批判性思维指的是对已有的理论、观点、资料、信息，进行深刻的反思与评估。这既是对已有知识的质疑，又是以理性、逻辑、证据为基础，以揭示潜在问题、偏见或不足。批判性思维促使社会研究者对研

究主题保持开放和审慎的态度，对现有的理论及观点进行不断的挑战和检验，从而促进社会科学知识的更新与发展。

在社会科学研究中，分析性思维强调把社会复杂现象拆解成各个组成部分，进而深入剖析社会复杂现象的内在机理、运行方式。研究者们可以通过对社会现象之间的因果、相互影响以及潜在的模式和趋势的细致分析来揭示其内在的机理和运行方式。分析性思维不仅可以从微观层面揭示社会现象，而且可以为认识社会变迁的宏观层面提供依据。

综合性思维要求研究人员将各个部分重新组合为一个整体。综合性具有完整性和连贯性，所以它是社会科学研究的又一重要特点。在社会科学中，许多现象是交织在一起的，是相互影响的，因而其复杂性很难通过单一的分析方法进行综合的认识。综合性思维促使研究人员为了形成更全面、更深入的认识，将不同的理论、观点和资料整合在一起。这种方式有助于揭示社会现象的多样性和复杂性，也有助于揭示社会现象之间的内在联系和相互影响。

3. 数学思维的特点：抽象、逻辑与模式识别

数学思维是数学领域中用于探索、发现和解释数学现象的一种思维方式。它包含多种重要的思维品质，如抽象思维、逻辑思维和模式识别等。

数学思维的核心是抽象思维，指把本质的数学概念和结构从具体的事物和现象中提取出来，忽略掉细枝末节。抽象思维使数学家可以更有效地分析和解决现实世界中出现的问题，并把它转化为数学模型。比如，把速度、加速度等概念从实际的物理运动中抽象出来，或者把基本的元素如点、线、面等从几何图形中抽象出来。所以抽象思维具备概括性、简洁性、广泛性的特点。

根据逻辑规则来进行思考和推理，是数学思想中另一个重要的组成部分，又被称为逻辑思维。在数学中，逻辑思维保证了数学证明的严谨性与正确性。数学家从已知的公理、定理和性质出发，通过逻辑推理推导出新的结论和定理。例如，数学家从欧几里得几何的公理出发，可以推导出各种几何定理。

逻辑思维具有确定性、一致性和可验证性，它是数学知识体系构建的基石。

模式识别也是数学思维的重要组成部分，是指对数学对象（或现象）中的规律和模式进行识别、发现的能力。模式识别能力使数学家能够发现隐藏在复杂数据和结构中的规律，从而提出新的数学猜想和定理，在数学学科的研究和教学中具有很强的针对性。比如，具体的规律是从数列中识别出来的，或者从几何图形中找出对称性。模式识别既在数学学习中起着重要作用，又能在数学问题的解决和数学知识的运用上起到重要作用，具有观察性、洞察性和创造性的特点。

抽象思维提供了对数学高度概括、广泛性强的概念和结构，逻辑思维保证了数学知识的严谨性和正确性，模式识别则提供了数学发现和创新的重要途径。三者相互关联、相互促进，在数学思维中构成了强大的动力，共同推动着数学的探索与发展。

4. 文学艺术思维的特点：创造、想象与表达

文学艺术思维是文学艺术创作与欣赏中所运用的一种独特思维方式。它包含创意、想象与表达等多种重要思维特质。

（1）创意

创意是文学艺术思维的灵魂，指的是在创作过程中产生新的、独特的、有价值的观念和想法，这是文学艺术思维的灵魂所在。创意让文艺作品突破常规，彰显与众不同的韵味。如别开生面的故事情节，别出心裁的艺术表现手法，或寓意深刻的主旨构思。创意能激发观众兴趣、引发思考，赋予文艺作品生命力和影响力的原创性和新颖性，并使其更有价值。

（2）想象

想象是文学艺术思维的羽翼，是指将已有的记忆表象加工、转化、重组于脑海中，创造出新的意象、新的景象。丰富的想象力可以使创作者在文艺创作中构建出一个个奇幻的天地，一个个鲜活的人物，一个个动人的故事情节。比如，奇幻小说里构筑的魔幻世界、科幻电影里展现的未来宇宙景象等，

这些都是想象力的产物。想象能够超越现实的局限，拓展创作的空间，给文艺作品带来无限可能的自由、创意。

（3）表达

表达是指通过语言、文字、色彩、线条、声音等艺术形式，向观众传达创意和想象的文学艺术思维的外在呈现。在文艺中，表达既包括内容的传达，也包括情感的抒发，更包括观念的传达。如诗人的情感和哲思通过诗歌中优美的语言和韵律表现出来，画家的视觉感受和艺术理念通过画作中的色彩和构图表现出来。表达既准确、生动，又富有感染力，能让观众感受到作品的神韵，产生共鸣，从而体会到文艺作品的可贵之处。

创意为文学艺术作品提供了独特的构思和价值，想象为作品构建了丰富的形象和场景，而表达将这些内在的思维成果呈现在观众面前，从而达到作品与观众的交流与沟通。三种思维的运用，使文学艺术作品在人类的文化宝库中能够成为触动人心的、激发情感的、传递思想的瑰宝。

二、学科思维的培养策略和教学方法

课程设置通常是围绕不同学科的知识体系来构建的，所以课程教学可以促使学生形成学科思维。大学的每门学科都有其基本概念和原理，用于解释学科现象和解决问题。例如，物理学中的“力”“加速度”等，学生在学习过程中深入理解这些概念和原理，这是学科思维的基础。在数学中，像“函数”“极限”等概念的学习也是如此，通过对概念的精确把握，构建起学科思维的基石。

教学活动和科研活动也涉及各学科特有的研究方法。以实验方法为例，理工科如物理、化学等学科经常要运用实验方法，学生要学会设计实验、操作实验仪器、记录和分析实验数据等。在物理实验中，通过控制变量法来研究物理量之间的关系，这是物理学科思维在研究方法上的体现。这些基于实验的思维方式是学科思维的重要内容。再以理论分析方法为例，文科和理工科中理论性较强的学科非常注重理论分析方法。如数学学科的推理证明方法，经济学中的模型构建与分析方法等。学生接受这些方法的训练，就能够运用特定的理论分析方法去解决学科问题，对学科进行深入的探究，逐步形成学科思维模式。

那么，该如何培养学科思维呢？接下来，将从大学学科思维的培养策略、学科思维培养的教学方法两方面展开讨论。

（一）学科思维的培养策略

大学阶段是学生思维发展的重要时期，学科思维的培养对于学生的学术成长和未来职业发展具有深远意义。

1. 需要明确学科思维培养目标

（1）深入研究学科特点

各学科都有自己独特的思维方式和知识体系。例如，自然科学强调实证与逻辑推理，人文学科注重批判性与历史脉络分析。高校应组织学科专家深入剖析学科核心思维要素，如数学的抽象与建模思维、文学的审美与创意表达思维等，为设定培养目标提供依据。

（2）与专业人才培养方案有机结合

需要依据不同专业的培养方向和学生未来职业需求，细化学科思维培养目标。比如，理工科专业侧重培养学生的创新思维与解决复杂工程问题的能力，文科专业则着重提升学生的文化传承与批判性思考能力，确保学科思维培养与专业教育深度融合。

2. 优化课程体系与教学内容

（1）要构建层次化课程体系

基础课程着重夯实学科基本概念与思维方式，如高等数学课程培养学生的抽象思维与逻辑运算能力。专业核心课程深入拓展学科思维应用，以物理学专业为例，“量子力学”课程引导学生运用批判性思维审视经典物理局限。跨学科选修课程则激发学生跨领域思维碰撞，如“艺术与科学”课程让学生领略不同学科思维融合之美。

（2）更新教学内容与案例

紧跟学科前沿动态，及时将最新研究成果、实际应用案例融入教学。比如，在计算机科学教学中引入人工智能最新算法案例，让学生在学习过程中接触前沿思维与技术。在经济学课程中分析当下热门经济事件，培养学生的经济分析思维与决策能力，使教学内容更具时代性和实践性。

3. 创新教学方法与手段

采用问题导向教学法，教师围绕学科关键问题设计教学情境，引导学生主动探索。比如，在化学教学中提出“如何提高化学反应速率”问题，学生通过查阅资料、小组讨论、实验验证等环节，运用化学思维分析影响因素，培养解决问题的思维能力。

实施项目式学习，可组织学生团队开展跨学期的学科项目，如环境科学专业学生开展“校园水质监测与改善方案”项目，从项目规划、数据采集分析到方案制订实施，全程运用环境科学思维，提升综合实践与思维运用能力。

利用信息技术辅助教学，借助虚拟仿真实验、在线学习平台等信息技术，为学生创造沉浸式学习环境。比如，医学专业学生通过虚拟人体解剖软件，直观感受人体结构，培养空间思维与医学诊断思维；计算机专业学生利用在线编程平台，实时编写代码、调试程序，锻炼编程思维与逻辑能力。

4. 强化实践教学环节

（1）增加实验实训课程比重

在理工科专业，确保实验课程学时充足，让学生在动手操作中验证理论、培养实证思维。比如，电子工程专业学生通过电路搭建实验，深入理解电路原理。在文科专业，开展社会调研、田野考察等实践教学，比如，社会学专业学生深入社区调研，运用社会学思维分析社会现象。

（2）搭建学科竞赛与科研平台

鼓励学生参与学科竞赛，如数学建模竞赛、创新创业大赛等，激发学生思维潜能与团队协作能力。同时，为学生提供科研项目机会，让他们参与导师的科研课题，体验科研全过程，培养科研思维与创新能力。

5. 营造学科思维培养氛围

学校或教育教学管理部门可以举办学术讲座与交流活动，定期邀请学科领域专家学者举办讲座，分享前沿思维与研究成果。学校组织学术沙龙、读书分享会等活动，促进师生、生生之间的思维碰撞，拓宽学生的学术视野，营造浓厚的学术氛围。学校利用校园网站、公众号等平台，宣传学科思维培养成果与优秀案例，增强学生对学科文化的认同感与归属感，等等。

（二）学科思维培养的教学方法

根据前面学科思维策略分析，需要借助具体的教学方法，才能使学科思维培养具体落地。

1. 问题导向教学法：激发动力、深化学科思维

问题导向教学法在课程设计上具有显著的学科思维培养应用价值。

（1）问题导向教学法是把复杂的、高级的问题作为学习的出发点和动力

这些问题一般都是从现实生活中或学科领域中产生的，具有复杂性、开放性和现实性等特点。通过这些问题导向，能够激发学生主动探索、主动思考、主动解决问题。这样的教学方式有助于学生好奇心和求知欲的培养，进而促使学生在学科领域中不断深入。

（2）具体教学时，学生以问题为导向，以分组合作的形式进行问题的解决

在解决问题的过程中，涉及学科思维的运用和加深，学生需要运用学科

知识分析问题，提出假设、设计实验或调查方案，收集资料、论证结果。学生通过对学科基本方法的逐步掌握、不断实践、反思与调整，使学科知识形成比较系统、比较完整和深入的体系。

（3）问题导向的授课方式促使跨学科的学习和研究不断深入

学生在解题过程中，可能需要从其他学科中借鉴知识、方法，对提高综合分析问题、解决问题的能力有一定的帮助。学生通过跨学科的研究，对学科知识的理解和运用更加全面，从而在学科上形成一种较为开放和包容的思维。

（4）问题导向教学要求学生对自己所提出的解决方案，要不断地质疑、反省与评价

这种具有批判性的思维对学生而言是有很大的帮助的。学生通过对自身的反思，逐步学会怎样进行自我完善，从而使学科思维培养的精确性、可靠性得到进一步提高。

（5）问题导向教学法还强调学生的自主性和创造性

学生在解决问题的过程当中，需要不断地对新的途径、策略加以尝试，寻求更有效、更精准的办法来解决。这种具有创造性的思维方式有助于学生突破传统观念的束缚。学生通过对问题的不断尝试，逐步培养出创新精神和创造力，为以后的学习和工作打下扎实基础。

通过上面的分析，我们可以发现，实施问题教学法可以有效地激发学生的学习兴趣和动力，强化批判性思维的培养、激发创新精神和创造力的发展，促进学生学科思维的形成与发展。

2. 项目式学习：促进深度学习与思维发展

项目式学习对于学科思维的深度学习和培养有显著的促进作用。

（1）项目式学习对深入学习有有效的推动作用。项目式学习以项目统整课程模式，打破了学科的逻辑结构，实现了学科知识的有机整合。通过项目式的学习，避免了学科知识的碎片化教学，学生可以围绕一个中心主题掌握

学科的核心知识。

（2）项目式学习通过提供具有挑战性的学习任务，激发学生的学习兴趣和内在动力，使学生在学习中更加主动地投入。学生通过自主、合作、探究等多种方式，参与到项目的策划、实施、评价等各个环节，从而对学科核心知识进行深入掌握。

（3）项目式学习提供真实或模拟的情景。学生在解决实际问题的过程中，需要不断地思考、探索和推理，加深对学科知识的理解和运用。通过这样的过程，学生能够得到包括批判性思维、创新思维、解决问题能力等在内的高阶思维的培养。

（4）项目式学习强调在实践中理解知识概念，在实践中形成专家思维。学生通过项目的规划与实施，对方案不断地进行思考、设计与完善，从而在设计思想、专业性、创造性方面得到了很好的培养。

（5）项目式学习涉及的学科知识与方法很多，要求学生要对所学知识进行综合运用。这为学生跨学科思维的培养、综合素养的提高寻求了更有效、更准确的解决之道。学生的创新思维、问题解决能力也得到了进一步的锻炼。

（6）项目式学习还特别重视同学之间的相互协作、相互交流。学生们通过小组讨论、分工等来解决问题，能培养学生的社会适应能力和团队合作精神。这种团队协作和沟通是非常有意义的。

通过项目式学习，学生对学科知识的理解和掌握能够更加透彻，同时高阶思维能力和设计思维能力得到锻炼，跨学科的思维能力、团队合作能力都能得到深入发展。

3. 探究式学习：激发好奇心与探索精神

探究式学习，是一种鼓励学生通过主动探索、实践、合作，从而自主发现问题、解决问题的重要教学模式。它是在教师的指导下，由学生获得知识、技能、情感和态度的发展而产生。

（1）探究式学习对学生好奇心、探究精神的激发起着重要的作用。教师要设计出富有挑战性的探究活动，这些探究活动要根据学生的学习状况和兴趣点来进行。这些探究活动要有一定的实践性、可操作性，让学生在动手实践中感受知识的力量与魅力。比如，在物理教学中，教师能对自由落体运动进行实验设计，让学生对下落的速度和距离不同的质量物体进行观察，进而剖析数据，得出结论。

（2）探究式学习强调激发学生对知识的兴趣，创设与学生生活密切相关的问题情境。比如，在地图学教学中，教师能对校园地图的制作进行设计，使学生以小组为单位进行讨论，并对方案进行设计和测算，最后通过比较分析，最终得出最优解法。这种情景式的学习方式，可以增强学生的好奇心，引导学生主动地对问题进行探究，从而达到一种寓教于乐的目的。

（3）科学的探究是复杂的、严谨的，学生需要综合应用多方面的能力：观察、思维、分析、推理等。学生在探究式的学习当中相应地能逐渐培养出各种能力，比如，观察现象，提出问题，设计实验，搜集资料，并对结果加以分析等。通过这种学习方式能促使学生从不同的角度、不同的层次去打破固有思维模式进行新的尝试，从而在探究式学习中养成其创新精神。

（4）通过对现实或仿真的情景创造来展开探究式的学习，能激发学生的好奇心与求知欲，使学生在科学探究过程中进行亲身体验。当学生看到自己提出的问题得到回答，自己设计出来的实验获得成功，就会感到兴奋与自豪，而这种成就感又会使学生们的兴趣爱好和学习动机受到进一步的激发。

（5）探究式学习让学生以一定的主题为对象来自由提出问题。学生不受限制地表达自己所疑所想，教师要对学生提出的疑问有耐心地倾听，并对学生提出的问题有积极的回馈、引导，帮助学生把问题变成一个个具有可探究性的课题。学生通过对问题的梳理、归纳，学会问题归类和整理思路的方法，为后面的持续深入探索奠定基础。

（6）探究式学习以问题本质为主，以思维、实验、观摩为手段，学生在解决问题中得到成长。这样的学习方法促进了学生逻辑思维能力的增强、帮助了学生学科认识和应用能力的提高。例如，学生在数学、物理等学科中对问题的探究和解决，都是需要有逻辑思维的。学生在生物和化学等学科中，都需要通过实验来验证和探究科学规律。在这些过程中小组合作探究式学习是常见的一种学习方式，学生可以通过集体讨论，交流彼此的想法和体会。这种合作的方式对于学生团队剖析、沟通交流的能力有很大帮助。通过实验报告、论文小结、作品展示等学生自身的探究成果，也能使学生对探究式的学习产生兴趣，从而激起他们进一步深入探究的愿望与自信。

4. 翻转课堂：增强自主学习能力

翻转课堂是一种创新的教学模式。

（1）翻转课堂将传统的课堂讲授环节前置到课前环节，在课前，学生通过观看教学视频、阅读教材等方式先自主学习新知识，课堂时间则用于师生开展讨论，学生进行实践和应用。这种模式使学生的参与度和自主学习能力得到了很大的提高，同时也促使教师的教学方式更加个性化和精确化。

（2）课前自主学习阶段，教师为帮助学生自主学习课前新知识，制作或者搜索优质的教学录像、导学案和网上测试等学习资源。学生在自主学习的过程中，要自己对学习时间进行规划，安排学习进度，并积极进行思考和解决问题。这种自主学习的方式，使学生自主学习的习惯得到了很好的培养，学习效果也得到了很大的提高。学生可以在自己的节奏下学习课程内容，通过学习平台充分发挥学生的自主性和探究性，在学习中投入的积极性也会更高一些。同时，教师在课堂上能够对学生的学习情况进行有针对性的辅导和解答，从而让学生对所学的内容有较深入的理解，使学生对教学重难点进行很好的消化。

（3）在课堂互动与应用阶段，教师在课堂上创设问题情境，引导学生进行深入思考和讨论。通过层层递进的问题引导，既能引导学生独立思考，帮助他们逐渐厘清自己的思路，又便于促使他们从不同角度审视思考问题，对所学内容展开批判，进而深化学生的思维深度。教师通过学生的质疑论辩活动，也能发现学生思维的缺点与不足，进而有针对性地引导学生系统全面、深入立体地分析问题，逐步加深学生在学习过程中的理解和反思，推动学生分析能力、概括能力、综合能力等的锻炼。可见，翻转课堂有效“减轻”了教师的课堂讲解任务，使得教师能够拥有更多的时间和精力参与师生互动。学生在课堂上通过小组合作进行讨论和实践，能够培养团队协作能力和沟通能力。

（4）在课后巩固与拓展阶段，教师根据学生在课前和课堂上的表现，提供个性化的辅导和反馈。通过在线平台或面对面的交流，教师可以针对学生的学习难点进行一对一辅导，帮助学生巩固和深化所学知识。课后教师布置拓展任务，鼓励学生在课后进行进一步的探索和研究。在评价与反馈中采用多元化的评价方式，如自我评价、同伴评价、教师评价等，及时反馈学生的学习情况。这种多元评价方式能够有效引导学生多维、立体、辩证地认识问题，不断加深他们思维的厚度。

从以上分析可以看出，翻转课堂通过课前自主学习、课堂互动与应用、课后巩固与拓展三个阶段，有效培养了学生的自主学习能力，激发了学生的学习兴趣和动力，提升了学生的思维深度和强度。这种教学模式不仅提高了学生的学习效果，还为教师提供了更加个性化和精准的教学方式，是学科思维培养的重要手段。

三、学科思维培养的评价体系与反馈机制

（一）自我评价与同伴评价：培养自我反思与批判性思维

在学科思维评价中，自我评价与同伴评价是两种非常重要的评价方式，它们不仅有助于培养学生的自我反思能力，还能有效促进学生批判性思维的发展。

1. 自我评价：培养自我反思能力

自我评价是指学生个体对自己的学习过程、学习成果以及所运用的思维

方法进行的自我评估。在学科思维评价中，自我评价扮演着至关重要的角色，因为它能够帮助学生识别学习中的盲点，增强学生的自我意识、培养学生的自我调控能力。

（1）识别学习中的盲点

通过自我评价这一有效的自我反思机制，学生能够像一名精确的导航员一样，对在哪些知识点或者思维方法方面存在不足做到心中有数。学生通过自评进而有针对性地进行弥补和改进。这一过程不仅是简单的自我检查，而且是一种深层次的自我解剖，促使学生从理论知识的掌握、解题技巧的运用，甚至是思维模式的建构等，都能多角度地审视自己的学习状态。

（2）增强自我意识

自我评价使学生对自己所学的过程、所形成的思维习惯给予了更多的关注，对学生形成积极的自我形象、提高自我效能感也有很大的帮助。学生通过不断地自我评价，从自己身上学会了总结经验、从失败中吸取教训、从成功中总结经验，从而开始对自身的学习过程、思维习惯等给予了更多的关注。学生对自己优缺点的看法更加客观，形成比较全面的自我认知。

（3）培养自我调控能力

在自评过程中，要求学生对学习目标的设定、对学习进度的把握以及对学习策略的调整都能做到，这就要培养学生的自我调控能力。学生需要按照自评的结果来设定一个像灯塔一样指引自己航行于知识海洋的明确的学习目标。同时，学生还需对自己的学习进度进行监控，保证每一步都朝着既定目标前进。当遇到学习瓶颈或思维障碍时，学生需要灵活调整学习策略，或寻求外部帮助，或改变学习方式，而这种自我调节能力的培养恰恰是自主学习的核心。

为了使自评得到有效的实施，教师要指导学生运用评价量表、学习日志等工具，对学习过程、思维方法等进行系统的反思。同时，教师还可以为学生提供具体的考核标准和方法，使学生对自己的学习效果进行更精确的考核。

2. 同伴评价：促进批判性思维发展

同伴评价是由学生之间相互评价学习成果、思维过程以及合作表现等内容。在学科思维评价中，同伴评价具有以下重要作用。

（1）增进相互理解

学生通过对同伴的评价，使自己对别人的学习方法、思维过程有了更深刻的认识，彼此之间相互促进、相互尊重的意识有了新的提高。这不仅是知识层面的沟通，更重要的是感情与认识的深度碰撞。这种相互的深刻认识，促使学生在学习中能够从不同的角度，更加宽容、尊重彼此的差异，从而在学习中营造一种比较和谐及包容的气氛。

（2）培养批判性思维

同伴评价要求学生既要关注他人的长处，又要能客观地指出自己的不足并提出改进意见，这是同伴评价所要求的也是同伴评价所需要的。同伴评价中的每一次探讨都是思想上的碰撞，这能够帮助学生批判性思维能力的培养，激发了学生思考的积极性，培养了学生自主判断的能力。

（3）增强合作精神

在同伴评价过程中，大家需要探讨与沟通，这使学生能学会倾听、尊重及欣赏他人的观点，对学生的合作精神有很大的帮助。在同伴评价的过程中学生还能学会如何在团队中发挥自己的长处，如何与他人协同作战，共同克服困难。

为了落实有效的同伴评价，教师要保证评价过程的公平客观，要为学生提供明确的评价标准和指导。同时，教师为了提高评价的趣味性与有效性，还可以鼓励学生采用小组讨论、角色扮演等多样化的评价方式。将自我评价与同伴评价相结合，能使学生的学习效果、思维方法等得到更全面的测评。学生通过对自我的评价，对自己学习的过程、思想习惯有较深的了解；而且学生通过同伴测评，从别人那里得到反馈、建议，对自己长处和不足的认识就更加客观了。

值得注意的是，教师在实施自我评价或同伴评价两种评价方式的时候都需要关注学生的情感体验和心理健康。自评或同伴评价都有可能造成学生之间发生冲突或造成认识上的误区，从而使学生产生焦虑或自我怀疑的情绪。所以，教师需要提供适当的指导和支持来帮助学生建立积极的评价态度，培养学生自我反思能力和批判性思维。

（二）学科思维评价的标准与方法

学科思维评价是教育过程中不可或缺的一部分，它有助于了解学生在学科思维方面的成长，发现存在的问题并及时进行学习干预，进而促进学生素养水平的提升。

1. 评价标准

（1）教学目标与内容

是否突出核心素养？教学目标和内容在教学评价体系中占重要地位。其中，衡量教学目标成效的一个关键标准就是突出核心素养，即科学思维、思辨思维、创新思维等对学生终身学习和发展至关重要的能力。教学目标要清楚地指向核心素养，这些能力不仅可以帮助学生更好地理解和掌握学科知识，而且可以促使学生学以致用、独立思考，面对复杂问题时能创造性地解决问题。所以教学目标要明确指向核心素养的培养，才能保证学生的综合能力逐渐得到提高。

是否符合学生水平？教学要保证目标的可实现性，目标既不能过高，使学生望而生畏，又不能过低，使学生缺乏挑战和成长空间。所以教学目标要根据学生已有的知识水平和认知能力进行合理规划。只有保证教学目标的可达性，才能在学习的过程中激发学生不断进取的兴趣和动力。这要求教师在制定教学目标时，要深入了解学生的学情，做到因材施教，使教学目标更加贴近学生的实际需求。

是否规划完整恰当？教学内容要有明确的规划，既要符合学科知识的形成规律，又要与学生已有的经验和认知紧紧联系。这就要求教师在设计教学内容时要有明确的教学计划和安排，把学科知识的形成过程涵盖其中，确保学生对学科知识的系统掌握。在教学内容上也要注意与学生已有的经验联系起来，帮助学生更好地理解和吸收新知识。在教学规划中教师要引导学生回顾和联系自己的学习和生活经验，这种联系不但可以提高学生的学习兴趣和参与度，而且对学生形成更完整、更有深度的知识体系也有很好的促进作用。

是否目标落实良好？目标是否得到良好落实是衡量教学目标和教学内容是否有效的最终标准。在教学过程中，教师要对教学目标进行不断的调整和优化。这就要求教师对学生的学习进度和反馈要密切关注，发现问题要及时改进、措施要得当。同时，教师也要通过自主学习、合作学习、探究学习等多种方式，鼓励学生积极参与教学过程，不断自我挑战以增强学科素养和综合能力，最终实现目标的良好落实。

（2）教学过程与方法

有无创设情境？教师要激发出学生的学习兴趣，关键是创造真实、有趣的学习情境。当学生学习时，如果处在与生活实际紧紧联系在一起的情境里，就会比较容易产生学习愿望。因为现实情境可以让学生感受到学习的实用性、趣味性，从而主动地投入学习。

有无引导学生提出问题？好的教学能激发学生的思维火花。所以教师要引导学生带着深度和挑战性去思考问题，要特别注重培养学生提出问题、探讨问题的意识。通过启发式的提问，教师能够从不同的角度引导学生深入思考，比如，在研究历史事件时，教师可以引导学生提出和回答类似这样的问题："这件事情如果出现不同的结果，会对历史造成什么影响？"当学生能提出和回答高质量的问题时，就表明学生的思维已经到了一定的深度。可以说引导学生思考和提问对学生的学习和发展意义重大。

是否鼓励学生自主探究？教师要培养学生自主思考、独立解决问题的能力，所以要鼓励学生自主探究。在自主探究过程中，学生需要自行搜集材料、动手分析问题、想办法解决困难。如在实验课上，教师可给学生一个实验题目，让学生自己设计实验方案，进行实验操作推导出结论。通过这样的自主探究活动，学生能够学会独立思考，能提高解决问题的能力，增强学习的自信心和成就感。

学生是否能够合作交流？ 教师要通过小组合作培养学生的合作能力和沟通能力。在合作学习中，学生需要与同伴一起完成任务，这就要求学生学会倾听他人的意见、表达自己的看法，并与他人协商解决问题。比如，在完成一个小组项目时，每个成员都有自己的分工，要想顺利完成任务，需要彼此之间相互配合、互相支持。学生通过这样的合作与交流，不仅可以学会与人合作，而且可以提高自己的交际和沟通能力，为以后的学习生活打下良好的基础。

是否引导学生进行总结反思？ 教学的另一个重要环节是指导学生总结学习过程，反思学习方法和学习成果。学习结束后教师可以组织学生进行总结和反思，这个阶段学生对自己所学内容进行回顾，明晰哪些方面取得了收获、哪些方面做得比较好、哪些方面又需要加以完善，等等。例如，引导学生写学习日记，将自己的学习心得体会记录下来。通过总结反思为今后的学习提供参考，同时也使学生对自己有较准确的认识，有助于学生对学习方法做出恰当的调整，进一步提高学习效率。

学生是否学会应用迁移？ 教学考核标准要以学生迁移应用能力的考查为重点，即学生能否在新的情景下灵活运用所学知识。对学生的学习发展来说，这种能力的培养必不可少。当学生能将所学知识运用在不同情境中、解决不同的难题时，就说明他已对学科的精髓有了真正的掌握，并能做到举一反三、融会贯通。

（3）学科思维方式的发展水平

能否进行模型建构？ 学科思维方式的发展水平是评价学生学习成果的一个至关重要的维度。这一维度的核心要素之一就是模型建设能力。要求学生能将实际问题转化为学科模型，如物理模型、数学模型等，既考查学生的抽象思维能力，又考查学生在实际情境中运用理论知识的能力。从本质上说，模型建构的过程就是对问题进行抽象、简化、概括的过程，它帮助学生对问题的本质有较好的认识，找到解决问题的关键路径。学生在这个过程中，要结合实际问题运用所学知识进行创造性思考和建构。这种能力对学生科学素养和创新能力的培养是非常有意义的。

能否进行科学推理和论证？科学推理和论证能力也是学科思维方式发展中不可或缺的内容。学生要能运用证据佐证自己的看法，并能进行科学的推理。这就要求学生有搜集、整理、分析资料，以及实验设计、验证运用科学方法的能力。学生在进行科学论证时，要保证论证准确可靠，就需要遵循科学的原则和方法。同时学生也需要学会倾听别人的看法，学会思辨、学会沟通，这样才能使自己的推理和论证过程不断完善。这种能力对培养学生的求实精神和科学素养有很大的帮助。

能否进行质疑创新？学科思维方式的发展，最高境界就是质疑创新。要求学生能对既有观点和已有结论提出疑问，并在思想上有所创新。这种能力既有助于学生思辨创新精神的培养，又可以促进学科的深入发展。学生在对创新提出疑问的过程中，需要有挑战权威的勇气，需要有提出新观点、新理念的能力，还需要有对其可行性进行实验或数据验证的能力。这些能力要求学生做到学科功底深厚、观察力敏锐。同时，学生也需要做到与人合作，共同探讨和解决问题。所以说质疑创新能力对学生综合素质的提高、对社会进步的推动都具有重要意义。

2. 评价方法

（1）课堂表现评价

其一是观察记录。在课堂上，教师对同学们的表达进行密切的关注，包括他们的提问能力、解决问题的能力以及分析思考的能力等。通过对学生思维、能力等各方面发展细致地观察和记录，教师能深入了解学生思维和能力的发展情况。例如，教师认真观察一个学生上课时能否主动提出有深度的问题，或者说在面临难题的时候，能否把所学到的知识和能力进行有效的应用？这种观察记录的办法，能够让教师及时发现学生的优势和不足，从而进一步调整和改进教学。

其二是作业评价。主要指通过批改学生作业的方式来进行评价和做出反馈。教师批改作业要采取过程和结果两手抓的方式，不能只盯着学生作业的最后结果对不对，而是要看学生在解题过程中的表现。因为在解题过程中学生的思维轨迹、能力层次的反映是真实的。比如，学生在解题过程中，虽然最后答错了答案，但解题思路清晰方法独到，无论从思路上还是能力上，都是一样可以通过作业评价反映出来的。这样的作业评价，能够对学生的学习情况有更全面的了解，对学生的思维水平、能力水平能做出更有针对性的反馈与指导。

（2）项目评价

项目评价关注学生参与具体项目的过程与结果，以此衡量其思维和能力的发展。在科研项目、社区服务项目或实践活动中，教师通过观察学生的实际行动，如研究方法的应用、团队协作的表现及问题解决策略等，来评价其分析、创新、合作等多方面能力的提升，多角度反映学生的成长与进步。

（3）小组合作评价

小组合作评价着重考查学生的合作能力、沟通能力和解决问题的能力。在小组合作过程中，学生需要与同伴共同完成任务，这要求学生具备良好的合作意识，能够积极倾听他人意见，有效沟通团队成员，并协调成员不同的观点。教师通过观察学生在小组中的互动，如分工合作的效率、讨论交流的深度以及面对困难时的应对策略，可以全面评价其合作技巧、沟通技巧以及解决实际问题的能力，进一步有针对性地促进学生综合素质的全面发展。

（4）多元评价与反馈

自我评价、同伴评价、教师评价：在教育评价体系的构建中，我们积极倡导采用多元化的评价方式，其中包括自我评价、同伴评价和教师评价等，旨在及时反馈学生的学习情况，促进他们的全面发展。自我评价鼓励学生反思自身学习过程，培养自我认知和自主管理能力；同伴评价则通过同伴间的相互观察和交流，增进彼此了解，共同提升；教师评价则以其专业视角为学生提供指导和建议，帮助他们明确学习方向。这种多元评价方式不仅丰富了评价维度，还能够有效引导学生多维、立体、辩证地认识问题，不断加深他们思维的厚度，培养其批判性和创新性思维。

跨学科思维评价：在教育评价体系的构建中我们还强调建立跨学科人才培养的综合评价体系。例如，可以邀请来自不同学科领域的专家学者为学生提供全面而深入的指导。同时，加强与产业界的合作，将理论知识与实践应用紧密结合，形成多层次、多元化的培养体系。这一评价方式不仅关注学生的学术能力，更重视其跨学科思维和创新能力的发展，旨在培养具有宽广视野和深厚素养的复合型人才，为社会的创新与发展贡献力量。

通过以上评价标准和评价方法的综合应用，我们可以全面、科学地评价学生的学科思维发展水平，为教育改革和学生的学习效果提升提供有力支持。

（三）基于大数据的个性化学习反馈系统

随着教育技术的不断发展，大数据在教育领域的应用日益广泛，特别是在学科思维评价和个性化学习反馈系统中，大数据技术为教师和学生提供了更为精准和有效的支持。

1. 数据收集与预处理

（1）多维度数据采集

多维度数据采集是指，全面采集学生在课堂教学、日常作业、测试、考试等各个教学环节中的多样化数据。这些数据涵盖了学生的学习时长，反映了他们的投入程度；作业成绩和考试成绩则直接体现了学生的学习效果和知识掌握情况；课堂参与度和提问频率则揭示了学生的学习态度和思维活跃度。为了更加精准地捕捉这些关键信息，我们借助智能终端和在线学习平台，实现了数据的伴随式采集。这种实时、全面的数据采集方式，不仅有助于教师及时了解学生的学习状况，还能为教学评估、个性化学习路径规划等提供有力的数据支持。

（2）数据预处理

要确保学习数据的准确性和可用性，重要的一环是对采集到的数据进行清洗、整理和规范处理。这一过程包括：a. 去除异常值，为了避免异常数据对数据分析结果造成干扰，要用数学方法将明显偏离正常范围的异常值数据去除。b. 完善数据，填补遗漏的学习数据以确保采集到的数据集的完整性与连贯性。比如，常见的填补方式有平均数的填补、插值方式的填补等。c. 数据标准化处理，为了消除不同数据之间的影响，使数据能够在同一平台上进行对比分析，也需要对采集到的数据进行标准化的处理。通过这些预处理步骤，为后续大数据的个性化学习资料分析挖掘打下扎实的基础，有效地提高数据分析质量。

2. 学习者画像构建

（1）个性化画像

基于前面统计到的学生学习数据，我们可以为每个学生构建个性化画像。画像不仅能全面涵盖学生的知识结构，清晰勾勒出他们在各学科领域的掌握情况，还能细致描绘学生的能力表现，如问题解决、批判性思维等关键能力的发展水平。同时通过机器学习算法，对学生的数据进行分析，还能生成详细而准确的个性化画像。这不仅有助于教师更好地了解学生的个体差异，也为制定针对性的教学策略和提供个性化的学习资源提供有力支持。

（2）动态更新

当前学习者画像的构建已不再局限于静态描述，而是向着动态、实时更新的方向发展。例如，随着学生在不同学习阶段的表现，画像中的各项指标会相应调整以反映学生最新的学习状态。画像中的各项指标如知识掌握度、能力发展、学习动力等都会相应地进行动态更新，以精准地反映学生当前最新的学习状态。这种动态更新的机制不仅有助于教师及时捕捉学生的学习动态，还能为制定更加贴合学生实际需求的个性化教学策略提供有力的依据，从而推动教学效果的持续优化。

3. 个性化学习路径推荐

（1）协同过滤算法

协同过滤算法以其独特的“相似用户”思想，成为个性化学习推荐的重要工具。该算法深入分析学生的历史学习行为，通过构建“用户—物品”矩阵，细致记录每位学生对每门课程学习内容的完成情况等关键信息。

算法能够智能识别出与当前学生兴趣、学习习惯相似的其他学生群体，并依据这些相似学生的学习轨迹，比如，他们成功完成的学习内容、高度评价的课程信息等，为当前学生推荐个性化的学习路径。这种基于群体智慧的推荐方式不仅提升了推荐的准确性，还能帮助学生发现潜在的学习兴趣，激发学习动力，提升学习效果。

（2）内容推荐算法

基于内容的推荐算法根据学习内容的特征和学生的兴趣进行推荐。例如，推荐与学生当前学习内容相关且难度适中的学习资源。该算法深入剖析学习资源的属性，如主题、难度级别、关联知识点等，结合学生的历史学习偏好和当前学习进度，智能推荐与学生当前学习内容紧密相关且难度适中的学习资源。这种个性化的推荐策略，确保学生能够循序渐进地拓展学习内容，同时保证学习的积极性和成效。

（3）推荐引擎

推荐引擎是根据学习者画像和学习内容库，通过算法推荐个性化的学习路径。这一推荐过程融合了基于协同过滤的推荐算法和基于内容的推荐算法。前者通过分析学生群体间的相似性来推荐学习资源，后者则依据学习内容本身的特征和学生的历史学习记录来匹配最适合的学习材料。“推荐引擎”这种组合推荐策略，具备两者的优点，能够更为精准地满足学生的个性化学习需求，帮助他们以更高效的方式掌握学科思维。

4. 实时反馈与调整

（1）反馈机制

系统通过对学生的学习进度和成绩进行实时反馈，提供个性化的学习建议和改进方案。例如，自动生成学生个性化、可视化、多维度的精准学情分析报告。报告详细记录了学生的学习成效、强项与弱点，以及潜在的学习需求。这些详尽的反馈信息不仅为教师提供了调整教学策略、优化教学内容的宝贵依据，也能够帮助学生清晰认识自己的学习状况，制订更加科学合理的学习计划。

（2）动态调整

根据反馈结果，系统要实时灵活地调整推荐策略和学习路径。比如，一旦发现学生在某个知识点上的掌握程度不佳，系统便会迅速响应，智能推荐更多的相关练习题目和针对性的辅导资源。这种动态调整机制，旨在通过强化练习和精准辅导，帮助学生及时弥补知识短板，巩固学习成果，从而确保学习路径的高效与个性化，推动学生全面而稳健地进步。

5. 智能测评与诊断

（1）模拟仿真测验

人工智能技术的运用正日益广泛，特别是在考查学生的问题解决能力等方面展现出巨大潜力。通过利用先进的算法和模型，我们可以创设出模拟仿真测验和虚拟任务场景，为学生提供贴近现实的学习与挑战环境。

以美国医学考试中心为例，该中心巧妙地运用了动态代理技术，为来自不同背景的学生量身定制个性化的模拟病人。这些模拟病人能够根据学生对病情的诊断和所采取的治疗措施，实时反馈出病情的演变情况，从而让学生在高度仿真的环境中锻炼和提升自身的临床决策与问题解决能力。

（2）智能诊断

全学科的智能测评系统实现了教学全过程的覆盖，能够全面采集学习数据并生成可视化分析报告。该系统内置学情诊断分析功能，通过多维度、全方位的学情分析，为教师提供精准、深入的洞察。这不仅有助于教师及时了解学生的学习状况，还能指导他们采取针对性的干预措施，有效调整教学策略，从而优化学生的学习行为，提升教学质量与效果。

6. 教育评价模型的动态优化

（1）动态更新模型

构建动态更新的教育评价模型，实现从传统简单叠加的指标思维向系统完整模型思维的转变。利用数字技术将专家的深厚理论知识与数据的量化表征相结合，借助先进的数字技术，打造出既具解释力又便于操作的教育评价框架。

（2）智能算法应用

依托人工神经网络、人类反馈强化学习、关联规则学习及生成对抗网络等前沿算法模型，深度挖掘海量数据，提炼出高效的评价规则。这些规则指导我们进行智能精准的指标筛选与权重计算，促使评价模型逐渐摆脱预设框架的束缚，迈向更加灵活、动态的体系，从而提升评价的精准性与时效性。

因此基于大数据的个性化学习反馈系统为学科思维评价提供了强大的支持。通过多维度数据采集、个性化画像构建、个性化学习路径推荐、实时反馈与调整、智能测评与诊断以及动态优化的教育评价模型，教师可以更精准地了解学生的学习情况，提供个性化的学习支持，从而提升学生的学科思维能力和学习效果。

四、学科思维培养的挑战与展望

学科思维的培养是教育的重要目标之一，不仅关系到学生能否对学科知识进行有效的掌握和应用，更重要的是在今后的职业生涯和学术研究中，学生能否有独立思考问题、解决问题的能力。然而，无论是教师还是学生，在培养学科思维的过程中都面临着不小的挑战。

（一）学科思维培养的挑战与对策

1. 挑战

（1）挑战一：学科知识的深度与广度如何增强

随着科技的进步和知识的更新，学科知识的深度和广度都在不断扩展。学生们面临着前所未有的挑战，需要在有限的学习时间内掌握大量且不断更新的专业知识。这种知识量的激增无疑加大了学习的难度，要求学生不仅要具备扎实的基础知识，还要能够迅速吸收和消化新知识，形成自己的知识体系。

与此同时，不同学科之间的交叉与融合也日益频繁，这种趋势使得知识体系变得更加复杂多元，不再局限于单一学科的传统框架内。为了适应这一变化，学生们需要培养跨学科的知识背景和思维方式，学会从多个角度和层面去理解和分析问题，从而更好地把握学科知识的内在联系和本质规律。教师该如何帮助学生增强学科知识的深度和广度？这是值得重点思考的问题之一。

（2）挑战二：学科方法的掌握与应用如何深入

学科方法是学科思维的重要组成部分，它是学生深入理解学科内涵、开展学术研究的关键工具。具体而言，学科方法涵盖了诸多专业技能，如学科特有的研究范式，这为学生提供了一套系统的思考和探索框架；实验设计能力，使学生能够精准地规划实验流程，确保实验结果的有效性；数据分析技能，则帮助学生从海量数据中提炼有价值的信息，为研究结论提供有力支撑。

掌握这些学科方法绝非轻而易举，它首先对学生提出了较高的理论要求，学生必须深入学习学科的基本理论，构建起坚实的知识体系，才能在运用方法时有章可循。同时，实践经验的积累同样不可或缺，只有通过大量的实践操作，学生才能将理论知识转化为实际能力，熟练掌握学科方法的运用技巧。除此之外，不同学科之间的方法差异也为学生的学习带来了不小的挑战。每个学科都有其独特的研究侧重点和方法论，在跨学科学习过程中，学生需要敏锐地察觉到这些差异，并能够迅速在不同的学科方法之间进行切换，以满足不同学科研究的特定需求。

那么，我们该如何促使学生深入掌握并熟练应用学科方法呢？

（3）挑战三：学科思维的模式与习惯怎样养成

学科思维的培养并非一蹴而就，而是需要长期的训练和实践。学生需要逐渐建立起适应学科特点的思维模式。这是他们深入理解学科内容、灵活运用所学知识解决实际问题的基础。然而，传统的教育模式往往过于注重知识的传授与灌输，却忽视了对学生思维模式的培养。在这种模式下，学生往往被动接受知识，缺乏主动思考和探索的机会，导致他们难以形成有效的学科思维，更无从谈起独立思考和解决问题的能力。

那么，学生究竟如何才能养成学科思维的模式与习惯？

（4）挑战四：学生个体差异与兴趣差异如何兼顾

每个学生都有自己独特的个性和兴趣，这些个性和兴趣在学科思维的培养过程中扮演着至关重要的角色。个体差异和兴趣差异直接影响着学生的学习需求和表现形式。然而，在传统的教育模式下，教学方法常常呈现出“一刀切”的特点，往往没能把学生的个体差异、兴趣差别充分考虑进去。这就造成了学生在学科思维培养上很难找到适合自己的方法和路径，在学习过程中可能会产生迷茫、困惑，甚至学习动机逐渐丧失，最终导致学习效果大打折扣。

那么，我们该如何妥善兼顾学生的个体差异与兴趣差异呢？

2. 对策

面对学科知识的深度与广度、学科方法的掌握与应用、学科思维的模式与习惯以及学生个体差异与兴趣差异等挑战，我们需要采取优化课程体系、加强实践训练、培养思维模式、关注个体差异和提升教师的学科素养等对策来应对。

（1）优化课程体系

一方面，要优化课程体系，强化基础知识的教学，以面对学科知识的深度广度所面临的挑战。教师要帮助学生掌握学科内核知识和基本知识技能，精炼授课内容，优化授课结构，加强实践教学。另一方面，还应该重视学科知识整合与融合，以培养学生综合思维能力和创新能力。

（2）加强实践训练

我们需要加强学生的实践训练，以达到帮助学生掌握学科方法、运用学科方法的目的。要通过实验教学、案例分析、课题研究等途径，让学生在实践中学习掌握学科方法。同时还要注意学科方法之间的交叉与融合，指导学生针对不同的问题灵活运用不同的学科方法来解决问题。

教师要注重在实际中运用理论知识，通过设计实验，发现问题，提出新的解决办法，使学生的动手能力和创新能力得到很好的提高。同时，教师自身也要积极参加实践活动，使自己的实践能力得到不断的提高。

（3）培养思维模式

要注重思维训练以达到培养学生学科思维模式的目的。引导学生逐渐建立与学科特点相适应的思维定式，通过启发式的讲授、解题的授课以及批判性的思维训练。同时，还要关注在面对复杂问题的时候能够很快地找到解决问题的方法和途径，以培养学生的独立思考能力和解决问题的能力。

教师还要勇于打破传统的思维定式，尝试从不同角度、不同层面去思考问题。通过跨学科、跨领域的学习和练习，教师可以拓宽自己的思维边界，提升创新思维能力。

（4）关注个体差异

我们需要关注学生个体的不同以及兴趣的不同所带来的学生的个体差异

性。通过个性化教学、自主性学习、兴趣指导来激发学生的学习兴趣及动机。同时，在教学和研究当中也要着重培养学生的自主学习能力。

教师通过对学生的兴趣爱好、学习特点的了解，制订出的教学方案会更有针对性。同时，教师也要关注学生的情感需求和心理状态，积极营造和谐宽松的学习氛围，激发学生的学习热情。

（5）提升教师的学科思维素养

教师的学科思维素养在学科思维的培养上是必不可少的，既有利于教师对学科的更好理解，又可以帮助教师对学生学科学习的指导更加有效。

这就要求教师做到以下两点。

一方面，对于所教学科的特点需要有较深的了解，并对学科具体的要求进行思维能力的界定。例如，人文类以形象思维、逻辑思维、创造性思维的训练为主，而数学学科则以直观想象能力、逻辑推理能力为主。

另一方面，教师要不断地学习，发展自己的专业素养。包括积极参加各类学科培训和学术研讨会，与同行交流经验分享心得，等等。这些活动有助于教师了解最新的教学方法和理念，对自身教学水平有很大的促进作用。教师在教学过程中也需要不断反思自己的教学实践，总结经验教训，并对自己的教学策略进行相应的调整。

随着信息技术的不断发展，现代教育技术工具在教学中的应用越来越广泛。对于多媒体教学软件、网络学习平台等这些工具，教师也要积极学习和运用，提高教学效率和教学质量。教师通过运用现代教育技术工具，可以更加直观地引导学生深入思考和探究学科知识。

通过这些对策的实施，我们可以有效地提升学生的学科思维能力，为他们未来的学习和职业发展打下坚实的基础。

（二）学科思维培养的未来展望

新时代的教育发展需要我们以前所未有的高度重视来推动学科思维的培养。学科思维作为个体认知世界、解决问题和创新发展的重要基石，其培养不仅是教育体系的核心任务，也是适应未来社会变革、推动科技与文明进步的关键。为了实现这一目标，我们必须通过一系列切实可行的教育改革措施来加以推进。改革教学方式意味着，要从传统的填鸭式教学向启发式、探究式学习转变，鼓励学生主动探索、合作学习；加强实践教学，则是让学生在实际操作中体验知识的力量，通过“做中学”来深化理解；推广跨学科学习，旨在打破学科壁垒，促进学生形成更全面、更灵活的知识体系；而培养批判性思维，则是教会学生如何独立思考、理性分析，不盲目接受信息，敢于质疑并提出新见解。这些措施共同作用于学生的学科思维培养，能够有效提升他们的综合素质和创新能力，为社会和经济的可持续发展培养出具有前瞻视野和创新能力的高素质人才。

1. 学科思维的培养能促进终身学习

展望学科思维培养，在终身学习体系中具备深远且持久的影响力，这不仅体现在个人层面，也深刻影响着社会与经济的整体发展。

首先，是个人层面的提升与转型。

（1）增强自主学习能力

学科思维的培养不仅能够激发个体对知识的强烈渴望，还能够促使他们养成良好的自主学习习惯。在如今这个知识爆炸、信息更新迅速的时代，自主学习能力成了每个人不可或缺的核心竞争力。

在终身学习体系中，这种能力显得尤为重要，因为它赋予了个人持续不断地更新知识、适应快速变化的社会环境的能力。通过自主学习，个体可以紧跟时代步伐，不断提升自己的专业素养和综合能力，从而更好地应对各种挑战和机遇。

（2）促进思维方式的多元化

通过学科思维的培养，个体能够逐步掌握从不同角度、不同层面审视和思考问题的能力，进而形成多元化、立体化的思维方式。这种思维方式不仅拓宽了个体的思维视野，还增强了其思维的灵活性和创新性。

当面对复杂多变的问题时，具备多元化思维方式的个体能够迅速识别问题的本质，并能够从多个角度提出解决方案，通过对比分析，找到最优或最佳的解决路径。这不仅提升了个人解决问题的效率，更为其未来的成长和发展奠定坚实的基础。

（3）提升创新能力

学科思维中的批判性思维和创造性思维是构成创新能力的两大核心要素。通过系统地培养这些思维能力，个人能够勇于挑战传统观念，不满足于现状，敢于提出新颖独到的见解和解决方案。

这种不断求索、勇于突破的精神，不仅能够激发个人的创新潜能，还能够为社会的进步和发展注入源源不断的活力。在创新成为推动社会前行的重要动力的当下，批判性思维和创造性思维的培养显得尤为重要，它们为个人和社会的创新提供了坚实的思维基础。

其次，是社会层面的推动与变革。

（1）促进教育公平

学科思维的培养有助于打破传统教育模式的束缚，使更多的人有机会接受高质量、富有启发性的教育。通过培养学科思维，个人的学习能力和创新能力得到提升，不再受限于地域、经济条件等因素，能够更加公平地获取教育资源和机会。

在终身学习体系中，这种教育公平的实现对于缩小社会阶层差距、促进社会和谐具有深远意义。它使每个人都有通过自我完善和自身成长而获得提升个人价值和推动社会进步的机会。

（2）推动产业升级与转型

随着科技的日新月异，各行各业对人才的需求也在不断演变，传统的单一技能型人才已难以满足现代产业的发展需求。学科思维的培养，尤其是跨学科知识和创新能力的强化，成为培养复合型人才的关键。

这类人才不仅具备深厚的专业知识，还能够跨越学科界限，灵活运用多学科知识解决复杂问题，推动技术创新和产业升级。因此，加强学科思维培养，对于满足当前产业升级和转型的需求，推动经济社会高质量发展具有重要意义。

（3）增强社会创新能力

学科思维的培养能够激发整个社会的创新活力，它不仅能够促进科技创新，推动新技术的研发与应用，还能够激发文化创新，丰富社会文化的多样性和内涵。

同时，学科思维的培养还能够带动社会创新，推动社会治理模式、公共服务等方面的革新。这种全方位的创新能力，是现代社会发展不可或缺的重要驱动力，有助于提升国家的整体实力和国际竞争力。

最后，在学科思维培养中，终身教育研究具备独特范式。

（1）跨学科思维

终身教育研究应当充分借鉴和融合其他科学领域的研究范式，如哲学的思辨深度、心理学的个体分析以及历史学的纵向视角等，以此为基础，逐步形成自身独特而全面的研究范式。

通过跨学科思维的引入，教育研究能够跳出传统框架，从多维度、多层次对复杂的教育问题进行深入剖析和全面应对。这种跨学科的整合，不仅丰富了教育研究的理论与方法，也提升了其解决实际问题的能力，为构建更加科学、合理的终身学习体系提供了有力支持。

（2）实践与理论的结合

终身教育研究应当紧密围绕实践现状，深入总结实践经验，敏锐捕捉实践中的问题与挑战，从而构建与我国本土实践紧密相连、具有高度针对性的研究范畴。

这一过程不仅有助于揭示教育实践的内在规律和特点，还能够为实践变革提供科学依据和理论支撑。通过实践与理论的双向互动，终身教育研究能够不断推动理论创新，为我国乃至全球的教育事业发展贡献独特的智慧与力量。

由此可见，学科思维的培养在终身学习制度中的作用是多方面的，既有助于个人层面的改造和完善，又可以促进社会层次的变革和发展，学科思维培养在终身学习体系中的作用也是多方面的。因此，在终身学习体制中要十分重视学科思维训练的地位和作用，在构建一个更加公平、更加创新、更加繁荣的社会中，积极贡献自己的力量。

2. 学科思维培养与人工智能教育的融合

人工智能技术的不断成熟和广泛运用将促使教育领域朝着智能化、个性化的方向发展。在教育领域的发展过程中，人工智能技术的应用领域越来越广泛，应用范围也越来越广。学科思维培养与人工智能教育的融合前景广阔，可能性无限。这种融合不仅体现在教学内容和方法的革新上，而且体现在教育理念和模式的变革上。

在培养学科思维方面，人工智能教育将更集中于智能化与个性化的结合。智能化主要体现在人工智能系统能够为学生提供量身定制的学习资源和教学方案，包括学生的学习进度、兴趣与能力等个性化特征。这种智能教学方法，对激发学生的学习兴趣、提高学习效率及学习成绩都会有很大的帮助。个性化体现在人工智能教育中是可以尊重学生的个性差异，鼓励学生发挥特长。

人工智能教育与学科思维训练相结合将促进跨学科创新思维的培养。人工智能教育通过提供丰富的跨学科学习资源和工具，以及智能的学习支持，有助于学生打破学科壁垒，实现跨学科知识的整合与应用。

未来学科思维培养中的人工智能教育应用，将更多地集中在开放、共享、协同发展上。人工智能教育通过建设开放的教育平台和生态系统，将更好地促进教育资源的共享和优化配置，有助于打破地域与学校、教育资源的均衡分布与优质教育的界限。同时，人工智能教育也将促进教育与教育的协同创新与发展，推动教育事业不断进步。

尽管学科思维培养与人工智能教育的融合具有广阔的前景和无限的可能性，但仍面临一些问题和挑战。例如，数据隐私与安全、技术成熟度与稳定性、教师培训与适应、学生接受度与适应性以及教育公平与资源分配等问题。这些问题都需要关注和解决。所以需要加强数据安全和隐私保护，确保学生的个人信息不被泄露和滥用。不断提高人工智能技术的成熟度和稳定性，确保其在教学中的可靠性和有效性。要加强教师培训，提高他们的技术素养和操作能力，使他们能够更好地适应人工智能教育的变化和要求。要关注教育公平和资源分配问题，确保人工智能教育在教育教学中的普及和均衡发展。

3. 全球化背景下的学科思维培养策略

在全球化背景下，学科思维培养策略需要更加注重跨学科整合思维培养、创新实践能力培养、全球意识与责任感培养以及师资队伍与专业发展。

（1）跨学科整合思维培养

课程设置与内容更新：学校要针对不同的学科积极引入国际关系、全球史、环境科学等跨学科课程，目的是让学生从政治、经济、环境等多维度对全球化现象有深入的了解，提供多样化的学习视角。同时，不断更新的课程内容，与目前全球化趋势、热点问题等密切联系，如气候变化、可持续发展、数字经济、人工智能等，使学生及时掌握全球最新动态，在学习中获得综合素养。培养出与未来社会所需的全球视野和综合素养相适应的人才。

教学方法与手段创新：采用项目式学习、探究式学习等先进教学方法，鼓励学生跨学科整合资源，自主探索和解决问题。同时，充分利用信息技术手段，如虚拟现实技术、在线协作平台等，为学生创造沉浸式学习环境和丰富的互动机会，从而激发学生的学习兴趣，提升他们的团队协作能力和问题解决能力，为培养复合型人才奠定坚实基础。

评价方法技术化：随着智能化技术的发展，作为一种高效的评估工具，计算机/人工智能提供了更加便捷的评价方式。基于大数据的信息评估不仅能够提供海量的数据支持，还能实现快速的数据处理，样本容量越大，评价的结果越具有可靠性。

（2）创新实践能力培养

创新实验室与实践基地建设：学校要开设创新实验室或实践基地，为学生提供与现实相联系相适应的实践锻炼机会与平台。鼓励学生积极参加科研项目和创新实验，为今后在科研、技术或创新领域的发展奠定坚实的基础，同时培养创新思维与实践操作能力。

创业教育与创业支持：学校也要积极开设创业教育课程，鼓励学生将创新思维转化为实际行动。不仅向学生传授创业知识和技能，还要提供专业的创业指导和支持。同时，为学生提供丰富的创业实践机会与资源，与企业、孵化器等机构建立合作关系，共同助力学生踏上创业之路，实现个人价值和社会贡献的双赢。

（3）全球意识与责任感培养

教师要积极引导学生关注全球性问题，如气候变化、贫困、人权等，培养他们的全球视野和责任感。通过组织学生参与全球性议题的研究和讨论，激发他们的思考和创新。鼓励他们提出切实可行的解决方案，并勇于付诸实践，为构建更加公正、和谐的世界贡献力量。

教师还可以引导学生开展模拟联合国等活动，围绕全球性议题展开讨论、协商解决方案。这一过程不仅能培养学生的全球思维，使他们能够从多元视角审视和理解问题，还能锻炼他们的团队协作和沟通能力，为成为具有国际视野和领导力的未来人才奠定了坚实的基础。

（4）师资队伍与专业发展

教师培训与提升：重视教师的国际交流与培训，通过参与国际学术会议、海外研修等项目，拓宽他们的国际视野，提升跨文化交际能力。同时，鼓励教师积极投身跨学科研究与实践，促进学科间的融合与创新，不断提升他们的跨学科整合能力，为培养具有国际竞争力的复合型人才提供有力支撑。

教学研究与教学改革：大力支持教师进行教学研究，鼓励他们探索全球化背景下学科思维培养的教学策略和方法。同时，积极推动教学改革，不断调整和优化教学内容、方法和手段，确保其与全球化趋势紧密相连，为学生搭建通往国际舞台的桥梁，培养具有全球竞争力的未来人才。

从上面的分析中我们可以看到，全球化背景下的学科思维培养策略需要注重跨学科整合、全球意识与责任感以及创新实践能力的培养。同时，加强师资队伍建设与专业发展也是实现这些策略的关键。通过这些策略的实施，可以有效提升学生的学科思维能力，培养具有全球视野和跨文化交流能力的人才，为全球化时代的发展做出贡献。

五、本章小结

本章主要探讨了学科思维培养的内涵、形成与特点、培养策略和教学方法，以及学科思维培养的评价体系与反馈机制。

（一）学科思维的内涵

学科思维是指在特定学科领域内，运用学科知识进行思考、分析和解决问题的能力，它包含了学科知识的内化、学科方法的掌握以及学科思维模式的形成。它不仅仅是知识的记忆与复现，更是一种深层次的逻辑思考、问题解决与创新能力。学科思维与学生发展紧密相关，有助于学生提高学习效率、增强自信心和毅力、明确职业选择，并推动社会创新。

（二）学科思维的形成与特点

学科思维的形成需要经过学科知识的内化、学科方法的掌握和学科思维模式的构建。学科思维的特点因学科而异，比如，自然科学思维的批判性、逻辑性、实证性与推理性；社会科学思维的批判、分析与综合性；数学思维的抽象性、逻辑性与模式识别；文学艺术思维的创造性、想象力与表达力，等等。

（三）学科思维的培养策略和教学方法

培养策略包括明确培养目标、优化课程体系、创新教学方法、强化实践教学、营造学科思维培养氛围等方面的内容。教学方法包括有助于激发学生学习兴趣、培养批判性思维和创新能力的问题导向教学法、项目式学习、探究式学习和翻转课堂等。

（四）学科思维培养的评价体系与反馈机制

评价标准包括教学目标与内容、教学过程与方法、学科思维方式的发展水平等，评价方法包括课堂表现评价、项目评价、小组合作评价和多元评价与反馈。自我评价与同伴评价有助于培养学生的自我反思能力和批判性思维。基于大数据的个性化学习反馈系统能够提供精准的学习支持，帮助学生提升学科思维能力。

（五）学科思维培养的挑战与展望

学科思维培养面临学科知识的深度与广度、学科方法的掌握与应用、学科思维的模式与习惯养成、学生个体差异与兴趣差异等挑战。未来，学科思维培养将更加注重与人工智能教育的融合、全球化背景下的跨学科整合和国际视野拓展，以及终身学习体系中的教师自我更新与发展。

本章通过对学科思维培养的全面探讨，强调了学科思维在学生学习和发展中的重要性，并提出了具体的培养策略和教学方法，为教育工作者提供了理论支持和实践指导，为本研究的后续分析和探讨奠定了理论基础。

第三章

教师胜任力的内涵

教育要发展，要求教师要具备创新意识和改革精神。教师胜任能力既与教师个人的职业发展和教学质量有关，又直接影响学生的学习成果和教育公平，甚至影响到整个教育制度的不断完善。具备高胜任力的教师能够积极探索新的教学理念和教学方法，主动改革教学内容和教学形式，进而提高教学效率和效果。可以说，教师胜任力的提高为教育的发展提供了宝贵的动力。

具有高胜任力的教师，能够设计并实施有效的教学策略，根据学生的不同特色和学习风格来激发学生的学习兴趣、促使学生全面发展。他们对学科思维的理解较为深入，对现代教育技术掌握得较好，对学生的学习进度能够进行准确的评估，并能对教学计划进行及时的调整。

胜任力高的教师还能够平等对待每一位学生，关注学生的个体差异和特殊需求，提供个性化的指导和支持。他们鼓励学生相互尊重、相互理解、相互配合，通过创造宽容的课堂氛围，促进不同背景学生之间的沟通与融合，从而达到维护教育公平和社会和谐的目的。

一名有较高胜任力的教师，在传授知识的同时，也会注重学生批判性思维的培养、创新能力的发展、社会责任意识的培养和良好品德的培养。他们通过师生间的积极互动、鼓励学生探究与表达等方式，为学生奠定终身学习的坚实基础。

可见，教师胜任力对于提高教学质量、促进学生全面发展、推动教育创新与改革、维护教育公平与包容性以及提升教师职业认同感与幸福感等方面都具有重要意义。我们应当高度重视教师胜任力的培养和发展，为教师提供必要的支持和资源，共同推动教育事业的繁荣发展。

本章我们将从教师胜任力的构成要素、评估与测量、培养与提升、面向未来的教师胜任力发展四个角度，探讨、剖析教师胜任力的内涵。

一、教师胜任力的构成要素

教师胜任力是一个多维度的概念，其涵盖了教师在教育教学工作中所需的知识、技能、个人特质和专业态度等多方面的能力。

（一）专业知识素养

1. 学科知识

（1）教师需要具备扎实的学科专业知识

例如，语文教师要熟练运用语言文字，包括古代汉语语法知识和现代汉语语法知识，以及文学作品鉴赏方法等。要会对文言文的词义、句式等进行准确的解释，引导学生对诗歌的意境、情感等进行理解。数学教师要掌握代数、几何、概率论等数学各分支学科的知识，对函数的性质、几何图形的证明方法等数学概念要能讲解清楚，对数学问题要能运用多种方法，做到融会贯通。

（2）教师要对学科发展动态有所了解

以物理学科为例，教师要关注量子力学研究成果、新能源技术在物理原理上的突破等物理学新发现、新技术的应用。这样可以把前沿的知识引入教学，激发学生的学习兴趣，使学生在实践中了解学科知识的运用情况和发展前景。

2. 教育学知识

教师要掌握教育学的基本理论，包括教育的本质、目的、教育与社会发展的关系等内容。例如，了解教育目的的制定依据，知道教育是为了培养德智体美劳全面发展的社会主义建设者和接班人，这有助于教师在教学中树立正确的教育价值观。

要熟悉教育过程中的各种规律，如学生身心发展规律。教师要知道不同年龄段学生在认知、情感、意志等方面的特点。对较小年龄段的学生来说，他们的思维以形象思维为主，教师在教学中要多使用直观教具，如在教授自然课时，利用动植物标本帮助学生理解生物的特征。而高中生和大学生的抽象思维能力逐渐增强，教师可以引导他们进行逻辑推理和理论分析。

3. 心理学知识

教师要掌握教育心理学知识，包括学习动机、学习策略、品德发展等内容；掌握普通心理学知识，了解人的感知、记忆、思维、情绪等心理过程。例如，在教学中，教师可以根据记忆规律，合理安排复习时间。根据遗忘曲线"先快后慢"，教师在教学新知识后应及时组织学生复习。如在教授英语单词后，当天、第二天、一周后等不同时间点安排复习，帮助学生巩固记忆。教师还可以根据心理学原理激发学生的学习动机，如通过设置合理的目标奖励机制，当学生在数学竞赛中取得进步时，给予他们表扬和小奖品，增强他们的学习动力。

同时，教师要了解品德形成的过程，运用榜样示范、情境陶冶等方法培养学生的良好品德，如通过讲述历史英雄人物的故事，引导学生学习他们的爱国精神和高尚品质。

（二）教学技能

1. 课程设计能力

（1）教师要能够根据教学目标、教学内容和学生特点设计教学方案

例如，在设计一节历史课的教学方案时，教师首先要明确教学目标，如让学生了解某个历史时期的重大事件、理解事件背后的原因和影响。然后选

择合适的教学内容，确定重点和难点，如重点讲解事件的关键转折点，难点在于分析事件的复杂因果关系。

（2）对教学环节，教师要有合理的安排

以一节生物实验课为例，教学环节可包括实验前导入（提出问题，激发学生兴趣）、实验操作指导（对实验步骤及注意事项进行详细讲解）、实验过程中的观察与记录（引导学生观察实验现象，记录数据）、实验后的总结与讨论（对实验结果进行分析，得出结论）、实验后的总结与讨论（对实验进行分析总结并考虑如何在有限的课堂时间内安排时间比例进行讲解、练习和互动，如何利用实验室的设备和材料进行实验教学等教学时间和教学资源的分配）。

2. 教学实施能力

（1）教师要有组织好课堂的能力

上课时能维持良好的教学秩序，使学生专心听讲。比如，课堂上学生交头接耳时，教师可以用眼神示意，也可以用敲击讲台的方式对学生进行提醒。同时，为了小组合作学习和师生互动，教师要合理安排学生座位。在分组讨论时，教师对各组进行巡视，对学生提出的问题及时进行解答，引导学生积极参与讨论。

（2）教师要掌握多种教学方法

如讲授法——能够清晰、准确地讲解知识；演示法——通过实物、模型、多媒体等展示知识；讨论法——激发学生的思维碰撞。比如，教师在讲解化学反应原理时，先用讲授法阐述理论，然后通过演示实验（如酸碱中和反应的实验）让学生直观感受化学变化，之后组织学生讨论实验现象产生的原因，加深学生对知识的理解。

（3）教师要精心设计教学内容，确保教学活动既有趣又有挑战性

如果教学内容过于简单，学生可能会觉得无聊而开小差；如果内容过于

复杂，学生又可能因难以理解而失去信心。例如，在教授数学几何知识时，教师可以先通过有趣的几何图形拼图游戏引入新课，激发学生的学习兴趣，然后逐步引导学生学习几何定理和证明方法。同时，教师要合理控制教学节奏，避免课堂前紧后松或前松后紧。在讲解新知识时，可以适当放慢速度，给学生充分思考和消化的时间；在学生练习环节，可以适当加快节奏，让学生在有限的时间内完成更多的练习，提高学习效率。

同时，教师要合理地控制教学节奏，避免出现课堂过松或过紧的现象。在讲解新知识时，可以适当放慢速度，给学生充分思考和消化的时间。在学生的练习环节，可以适当加快节奏，让学生在有限的时间内完成更多的练习，提高学生的学习效率。

教师还要注意学生的个体差异，发现每一位学生的优点和长处，并及时给予肯定和鼓励。注重学生对授课内容、授课方式的反馈，并根据学生实际情况对授课方案进行灵活调整。例如，在教学过程中，如果发现学生对某个知识点掌握不牢固，教师可以适当增加这个知识点的讲解和练习。

3. 教学评价能力

（1）教师要能客观公正地评价学生的学习过程和学习成果

在对学生的学习过程进行评价时，重点从学生的学习态度、学习方式、学习习惯等方面进行评价。如上课时观察学生答题是否积极，作业完成是否认真，小组合作学习是否积极参与等。对于学习成绩的评定，除了传统的考试成绩外，还要综合考虑学生的作业完成情况、课堂表现、实践活动的成果等。

（2）教师要掌握多种评价方式，如形成性评价和终结性评价相结合

形成性评价是在教学过程中进行的，例如，通过平时的课堂小测验、作业批改等方式，及时了解学生的学习情况并给予反馈。终结性评价是在一个教学阶段结束时进行的，如期末考试，终结性评价能对学生的知识掌握程度和能力水平进行全面的检验。同时，教师要能针对评价中学生普遍存在的问

题，对教学内容、教学方式进行调整等，运用评价结果来改进教学。

（三）个人特质

1. 情感智力

教师胜任力中的个人特质之一是情感智力，它在教育教学中起着至关重要的作用。情感智力包括对自己情绪的理解和管理、对学生情绪状态的识别和适应、师生关系的良好建立等。情感智力不仅有助于教师与学生和谐相处，提高教师的教学效能感，对学生的学习投入也会起到促进作用。

（1）情绪知觉能力

教师的情绪知觉能力是指教师对自己和他人情绪状态的准确识别和感知能力。这种能力有利于教师及时发现学生在课堂上的情绪变化，从而采取适当的措施进行处理。例如，教师能判断学生是否感到困惑、焦虑或激动，并能通过观察学生的面部表情、肢体语言和语气等进行课程难度、学生状态等分析。具有较高情绪感知能力的教师，对学生的心理状态通常有较好的了解，能及时调整教学方法，提高教学效果。

（2）情绪理解能力

情绪理解能力是指教师对情绪的性质、来源、变化都能做到心中有数。教师需要了解引发情绪的不同因素，并能阐释情绪的复杂性、多样性等方面的特性。比如，当学生在课堂上表现出愤怒的时候，是由于学习上的压力，还是家庭方面的问题，或者是其他外在的因素？教师要能够做到正确判断，这样可以更有效地与学生沟通，帮助他们处理情绪问题。

（3）情绪表达能力

教师的情绪表达能力是指，教师在鼓励学生抒发情感的同时，能恰当地表达自己情感的能力。教师通过积极的情绪表达，能创造一个开放的课堂环境。例如，教师对学生的支持和关心，可以通过微笑、鼓励的话语、积极的肢体语言表达出来。这种表达不但可以增进师生之间的信任，也有助于学生更好地抒发自己的感受，增进师生之间的情感沟通。

（4）情绪管理能力

情绪管理能力指的是教师对自己和他人的情绪能够进行有效的管理和调节。教师在遇到压力和挑战的时候，能够保持镇定与理智，不被消极情绪左右。比如，教师可以通过深呼吸、自我暗示等方法调节情绪，在课堂上出现混乱或学生行为问题时，能够保持一种镇定的心态。同时，教师还可以通过引导学生调节情绪，帮助学生处理学习、生活中的压力等。

（5）社会情感能力

社会情感能力是指教师在与他人互动中能够建立积极的关系，能负责地做出决策以解决社会生活中各种问题的能力。这包括自我意识、自我管理、社会意识、关系技能和负责任的决策能力五方面。教师需要具备这些能力，以便在教学过程中更好地与学生、家长和同事沟通和合作。例如，教师可以通过倾听学生的意见和建议，建立良好的师生关系；通过与家长保持密切联系，共同促进学生的成长。

（6）情感教育能力

情感教育能力是指，教师在教学过程中，能注意学生的情感需要，并能帮助他们发展情感智力。教师需要具备对学生情感状况的认知能力、对学生情感需求的体察能力、对学生情感发展的引导能力。如教师通过开展主题班会、情感故事分享等情感教育活动，帮助学生认识情绪、管理情绪，培养学生的同理心、责任感，等等。

2. 自我反思与持续改进

教师取得持续进步的关键路径是自我反思和持续改进。教师在不断完善教学的过程中，会感受到自身的成长与进步，从而在教学中更好地应对各种挑战，提升自己的职业成就感。教师不断提高自我的教学能力和专业素养，也有助于自身成长为研究型、创新型的教师。所以说自我反思和持续改进既有利于教学质量的提高，又有利于教师专业成长。

具体包括以下几方面的内容。

（1）自我反思的意识

反思是提升自我的重要手段，教师需要有较强的自我反思意识。这种意识促使教师在教学过程中不断地审视自己的教学行为及教学效果，及时发现问题，寻求解决办法。例如，教师每节课后都对自己的教学进行反思，对教学中成功的方面及不足之处进行思考。

（2）反思的具体方法

课后思考：教师在教学中对各种问题进行自我对话，课后进行自我思考。这种方式虽然简单，但对教师的理论水平和心理状态的调整能力要求很高。

写反思日记：教师每天课后记录教学中的问题和事件，并对原因进行分析，设计出解决问题的对策。比如，教师在上完一节英语课后，就能把学生的学习情况记录下来，分析一些学生为什么学不会，并找到改进的办法。

教学案例分析：教师通过撰写教学案例，对教学过程中发生的具体事件进行详细记录，并对事件发生的背景、产生的原因、解决的途径进行分析。这种方法对教师系统总结经验教训，促进教学水平的提高都有很大的帮助。

（3）持续改进的行动

制订专业发展计划：教师要对个人的专业发展进行详细的规划，对教师的教学能力和职业素养进行有计划的提升，要有明确的目标和措施。比如，教师可以整理一些业务学习笔记，每学期参加一次具体的培训班学习等。

积极参与教研活动：教师要积极参加校内外的教研活动，与同行交流经验，学习先进的教学方法和教学理念。如每学年至少参加一次教研活动，撰写一篇教研论文，撰写一篇好的教案，撰写一篇案例分析，并积极参加各级各类论文、教案的评比活动。

开展课题研究：教师要对教育教学中的实际问题进行深入探讨，通过参与或主持课题研究，促进自身科研能力和教学水平的提高。如主持或参与国家级、省级、市级、校级等各项教学研究课题，撰写教案、调研报告等。

（4）保持学习的态度

教师要树立终身学习的观念，不断更新自己的专业知识和教学技能。通过参加网上课程、参加教育座谈会、与优秀教师交流等多种渠道，使自己的眼界不断开阔，对新的教育理念、教育方法不断吸收。如通过参加各种专业培训、阅读教育类书籍和期刊，提升自己的理论水平和实践能力。

（5）实践与反馈

课堂实践：教师要在课堂上不断尝试新的教学方法和策略，将教学反思的成果应用于实际教学中。例如，根据反思日记中的建议，调整教学内容和教学方法，提升教学效果。

学生反馈：教师要重视学生的反馈，通过问卷调查、课堂观察等方式，了解学生对教学的满意度和建议。教师要根据这些意见及时进行教学策略上的调整。

3. 适应性

适应性是指，教师在面对不断变化的教育环境、学生需求以及教学挑战时，能够灵活调整自己的思维、行为和策略，保持教学创新，以有效应对并持续发展的能力。这种适应性能力是教师专业成长的关键要素之一，它体现在以下几方面。

（1）环境适应性

面对教育政策与改革，教师需紧跟教育政策的变化，理解并适应新的教育理念、课程标准和评价体系，将其融入日常教学。

积极进行技术革新。随着信息技术的快速发展，教师需要不断学习新技术、新工具，如在线教学平台、智能教学系统等，将其有效应用于教学实践中。

教师要适应所在学校的文化、氛围和规章制度，与同事、学生建立良好的关系，共同营造积极向上的学习环境。

（2）面对学生的适应性

鉴于学生学习存在个体差异性，教师需要识别并适应不同学生的学习风格、兴趣和能力水平。为满足学生的个性化学习需求，还要采取差异化教学策略。

对于学生行为的挑战，教师要具有灵活的处理能力。通过有效的沟通和引导，帮助学生建立积极的学习态度和行为习惯。面对学生的情感需求，教师要帮助学生建立自信心以克服困难，关注学生的情感状态，给予必要的支持和鼓励。

（3）教学适应性

课程设计方面，教师要根据教学目标和学生的需要，在保证教学活动有效性和针对性的情况下，对课程内容、教学方式、考核办法等进行灵活的调整。

在教学策略制定上，教师要根据教学实际情况灵活选取，如灵活运用项目式学习、合作学习、翻转课堂等多种教学策略。教师在教学过程中还要注重反馈与调整，要及时收集学生反馈意见，并对教学效果进行分析，对教学策略进行调整，从而达到不断提高的目的。

（四）专业态度

1. 职业道德

职业道德体现了教师在教育教学活动中应遵循的基本行为准则和价值观念。职业道德不仅关乎教师的个人品质，更直接影响到学生的成长、教育公平以及社会的整体道德风貌。教师应当坚守教育伦理，尊重每位学生，敬业爱岗，诚实守信，遵守法律法规与职业操守。

（1）先进的教育理念和正确的价值观

教师要具备先进的教育理念和正确的价值观，具备能够在学科教学中融入思政教育的能力，实现知识传授与价值引领的有机统一。具体包括以下两点。

课程思政意识：教学中融入思政元素，包括学生的社会责任感、家国情怀和人文素养的培养。

价值引领：通过教学活动，引导学生树立正确的世界观、人生观、价值观，培养学生的综合素质。

（2）尊重学生与公正对待

尊重个体差异：教师要尊重每位学生的个性、兴趣、能力和文化背景，切忌偏见、歧视学生，为所有学生提供平等的学习机会。

公正评价：对学生学习成绩进行评价时，教师要避免主观臆断。教师要在客观公正的原则下，确保对学生评价的准确性。

（3）敬业爱岗与责任心

热爱教育事业：教师要具备对教育事业的深厚情感和高度责任感，要全身心地投入教学工作，要在业务水平、教学能力等方面不断提高。

对学生负责：教师要关注学生的全面发展，既要关注学生的学习成绩，又要关心学生的身心健康，关心学生的道德品质发展，关心学生的社会适应能力。

（4）诚实守信与诚信为本

言行一致：教师要以身作则，做到言行一致，通过自己的行为示范，传递诚信、正直的价值观。

学术诚信：在学术研究、教学评估和职称评审等活动中，教师要坚守学术诚信，杜绝抄袭、剽窃等不端行为。

（5）尊重同事与合作精神

团队协作：教师要具备与同事相互尊重、相互支持的团队合作精神，团队一起为提高教学质量和促进学生发展贡献力量。

专业交流：教师要积极参与专业交流活动，与同行分享教学经验、研究成果，从而共同推动教育事业的进步。

（6）遵守法律法规与职业操守

法律意识：教师要具备强烈的法律意识，严格遵守国家法律法规和教育政策，维护教育的公正性和公平性。

职业操守：教师要坚守职业操守，不利用职务之便谋取私利，维护教师的职业尊严和形象。

2. 责任感

责任感，是教师专业素养的重要组成部分。责任感不仅体现在教师对学生的教育和培养上，还体现在对家长、社会和教育事业的全面承诺上。

（1）对学生的责任

关注学生的学习：教师需要关注每个学生的学习进度和成绩，及时发现并解决学生在学习中遇到的问题。例如，通过定期的课堂观察、作业批改和个别辅导，帮助学生提高学习成绩。

关心学生的心理健康：教师对学生的心理健康要重视，对学生的心理问题要及时发现、及时处理。例如，通过开展心理健康教育活动，帮助学生应对学习压力和生活中的困难。

尊重学生的个体差异：教师对每位学生的个性、不同之处都要予以尊重，做到因材施教。例如，为不同学习水平的学生制订个性化的学习计划，帮助他们发挥自己的潜力。

（2）对家长的责任

教师对家长的责任体现在以下几方面。

及时沟通：教师需要与家长保持密切的沟通，定期反馈学生的学习和表现情况。例如，通过家长会、电话、微信等方式，让家长了解学生在学校的表现。

合作教育：教师要与家长合作，共同促进学生的成长。例如，建议家长在家庭环境中为学生创造良好的学习条件，与家长共同解决学生在学习和生活中遇到的问题。

（3）对社会的责任

教师对社会的责任体现在以下几方面。

培养社会公民：教师要帮助学生成为对社会有用的人，通过教育来培养学生的社会责任意识和公民意识。例如，通过开展社会实践活动，让学生了解社会问题，培养他们的社会责任感。

提升教育质量：为社会培养高素质人才，意味着教师要不断提高教学水平和业务水平。例如，通过参加专业培训和教研活动，提高教学效果。

（4）对教育事业的责任

教师的责任感直接关系到教学效果和学生的学习进步，教师在履行责任的过程中，会感受到自己的价值和成就感，从而增强职业满意度和工作积极性。教师对教育事业的责任体现在以下几方面。

持续专业发展：教师要不断地学习，提高自身的业务能力，保持对教育事业的热情和敬业精神。例如，通过阅读教育类书籍、参加学术研讨会等方式，不断提升自己的教育理念和教学方法。

参与教育改革：教师要积极参与教育改革，为教育事业的发展贡献自己的力量。例如，提出创新的教学方法和教育理念，推动教育改革的进程。

3. 领导力

（1）自我领导力

自我领导力是教师持续发展的动力。自我领导力主要包括三方面内容：职业认同、能动性和学习力。

职业认同：教师认可自己的工作意义、工作价值和工作使命。这种职业认同影响着教师的职业发展方向，影响着教师对教育教学的信仰与行为，也影响着教师的职业幸福感。

能动性：教师在教育教学中表现出的积极进取精神和解难能力。能动性不仅体现在专业能力上，更重要的是教师能够把握情境，利用资源和条件展开积极行动。

学习力：教师在业务能力上不断学习和提高，在教育事业上保持热情和奉献精神。

（2）教育领导力

教师的教育领导力体现在对教育教学事务的引领和影响。

教学改革：教师是教育改革的践行者。通过参与和引领教学改革，提升教育质量。教师对课堂问题和学校文化有深刻理解，能够提出有效的解决方案。

专业成长：教师通过专业学习和领导力修炼来提升自身专业素养，促进专业发展。

学生发展：教师通过自身的专业能力和领导力的提升，来引导学生全面发展，培养学生的社会责任感和公民意识。

培养卓越教师：教师领导力是卓越教师的必备素养，这有助于教师在教育事业中脱颖而出，成长为引领教育改革和发展的教育家。

（五）技术应用能力

教师胜任力中的技术应用能力是指，教师在教育教学过程中，有效运用现代信息技术和数字教育资源，以提升教学质量、促进学生学习和个性化发展的能力。这一能力在当今数字化时代尤为重要，它不仅要求教师掌握基本的技术操作技能，还强调教师能够灵活地将技术融入教学设计、实施与评估，实现技术与教育的深度融合。

1. 数字素养

指熟练掌握信息技术工具，如教育软件、在线资源、多媒体教学等，将其融入教学设计，提高教学效率。

（1）基本技术操作技能

熟练掌握常用软件：教师要能熟练操作办公软件（如 Word、Excel、Power Point）、图像处理软件（如 Photoshop）、视频编辑软件（如 Premiere）

等，以及线上教育平台（如学堂在线、超星学习通等）、教育相关的专业软件（如 SMART Notebook 等）。

互联网资源检索与利用：教师要具备高效利用搜索引擎、教育数据库、在线课程平台、知识图谱等资源的能力，以便快速获取教学所需的信息和材料。

（2）数字教育资源整合

数字化教学资源开发：教师能够利用技术手段（如多媒体制作、在线问卷设计）自主开发适合学生需求的数字化教学资源。

资源整合与共享：教师要能够将不同来源的教学资源进行整合，形成系统化和结构化的教学资源库，并乐于分享自己的资源，促进教师间的交流与合作。

（3）信息技术与课程融合

技术融入教学设计：教师能够将信息技术自然地融入教学目标、内容、方法和评价中，设计出富有创意和互动性的教学活动。

混合式学习模式：教师要能够设计并实施混合式学习方案，结合线上和线下教学，满足不同学生的学习风格和需求。

（4）学生个性化学习支持

学习数据分析：教师能利用学习管理系统等工具收集和分析学生学习数据，对学生的学习进度、难点和兴趣做到准确把握。

个性化学习路径设计：教师基于数据分析结果，能够为学生提供量身定制的学习资源，为学生设计个性化的学习路径。

（5）技术伦理与安全意识

技术伦理教育：教师要向学生传授正确的网络使用伦理，引导学生负责任地使用信息技术。

信息安全保护：教师在教授学生如何保护自身网络安全的同时，要了解并遵守信息安全法规，保证学生个人信息及隐私安全。

2. 教育技术创新

创新教学方式，丰富学习资源，主要是指在教学中对虚拟现实、人工智能等新技术的应用进行探索。教师在教育技术创新方面需要的能力如下。

（1）掌握并应用人工智能技术

人工智能技术（AI）在教育领域的应用主要体现在个性化学习、智能辅导、自动评估等方面。AI 能够对学生的学习数据进行剖析，掌握学生的学习习惯、对学科的掌握程度、学习的兴趣偏好等，进而为每位学生提供定制化的学习路径和资源推荐。AI 中的智能辅导系统能够即时解答学生的疑问，提供即时反馈，帮助学生及时纠正错误，巩固知识。

此外，AI 还能辅助教师进行班级管理，如自动批改作业、跟踪学习进度等，减轻教师负担，提高工作效率。

（2）创新教学方法

教师需要勇于尝试新的教学方法，比如，翻转课堂模式，该方法鼓励学生在课前通过视频、在线资源等自主学习，课堂时间则用于讨论、实践和解决问题。这种方法充分利用了网络资源，提高了学习效率。

将项目式学习（PBL）结合 VR 和 AI 技术，使学生能够在虚拟环境中进行实际操作，完成跨学科的项目，培养学生的批判性思维、团队协作能力和解决问题的能力。

（3）利用数据分析优化教学

教师需要利用现代教育技术收集学生的学习数据，如作业完成情况、在线测试成绩等。通过数据分析，教师可以更准确地了解学生的学习情况和需求，从而为他们提供个性化的学习建议和辅导。

（4）持续学习和专业发展

教师需要不断学习和更新自己的教育技术知识和技能，以适应快速发展的教育技术环境。同时，为了提高自身教育技术创新及教学水平，教师还需积极参加培训、研究与学术交流等各种专业发展活动。

从上面的分析中可以看出，教师胜任力的各项构成要素是相互关联、相互促进的，它们共同构成了教师专业发展的基石。提升教师胜任力不仅有助于提高教学质量，还能促进教师的个人成长和职业发展，为学生的全面发展提供有力保障。

二、教师胜任力的测评与测量

（一）胜任力模型的构建与应用

在本书第一章中我们探讨了胜任力及胜任力模型的概念。科学、合理地构建胜任力模型，不仅有助于实现人才测评的科学化、标准化，还能为教师的专业发展提供指导。可见，在教师胜任力的研究中，胜任力模型的构建与应用是关键。教师胜任力模型的构建与应用具备复杂性和系统性，涉及多方面和环节。

1. 教师胜任力模型的构建步骤

教师胜任力模型的构建是一个系统性、科学性的过程。这一过程通常涵盖确定评价要素、收集与分析信息以及形成胜任力模型三个核心环节。

（1）确定评价要素

确定评价要素是构建教师胜任能力模型的首要环节，也是贯穿始终的最基本环节。本步骤的核心在于通过工作分析，找出能够准确体现教师岗位特点、岗位性质的关键要素，并加以筛选。

工作分析是人力资源管理中的一项基础性工作。工作分析是通过对特定岗位的工作内容、职责、环境、要求等进行全面系统的研究，确定岗位所需的知识、技能、能力，等等。工作分析对教师胜任能力模型的构建起到的作用也是至关重要的，它有助于我们对教师岗位的核心职责和期望结果进行整体把握，为后续遴选评价要素提供了科学的依据。

明确了教师岗位的工作特点和要求后，我们需要从中筛选出能够体现这些特点和要求的评价要素。这些要素通常包括见本章第一节所述的“教师胜任能力的构成要素”，具体有知识、技能、能力、态度、价值观等各方面。

比如，在知识面上，我们需要考查教师教育学、心理学等理论功底。在技能方面，可能关注教师教学技巧、课堂管理能力、沟通协作能力等。从能力态度上讲，涉及教师解决问题的能力、创新能力、责任心、耐心等。此外教师对学生的成长表现、价值观培养应给予特别关注，这是因为，学校是培养人才、帮助学生成长的地方。学校引导和促进学生成长的作用，很大程度上体现为教师的胜任能力。

为了更具体、更客观地评价教师的胜任力，我们还需要为每个评价要素设定合适的指标。这些指标应该具有可衡量性、可观察性和可操作性，以便能够准确地反映教师的真实表现。例如，对于教学技能这一要素我们可以设定“课堂互动频率”“学生参与度”等具体指标来加以评价。

（2）收集与分析信息

评价要素确定后，接下来我们要进一步确定教师胜任能力的关键要素，这就需要对相关信息进行收集和分析。

信息的收集可以来自多方面，包括但不限于以下内容。

文献资料：通过查阅相关教育理论、教育心理学、教育政策等文献资料，了解教师胜任力的普遍要求和特点。

专家访谈：通过邀请教育领域内的专家学者、资深教师等进行访谈，了解他们对教师胜任力的看法和建议。

问卷调查：通过设计问卷，对广大教师、学生、家长等群体进行调查、征集意见，了解他们对教师胜任力的期望和评价。

案例研究：通过对优秀教师的成功案例进行分析，提炼其成功的关键因素和主要特质。

搜集到的资料有待系统梳理分析。这包括对数据的清洗、分类、编码等过程，也包括对数据进行深度挖掘的统计方法的使用（如频次分析、关联性分析等）。通过这些分析，可以找出哪些要素是教师胜任能力的关键点，哪些要素在不同情境下重要性不一样。

在对大量信息进行分析后，最能代表教师胜任力的要素就能提炼出来。这些要素要具备普遍性、稳定性和重要性的特点，要能把教师的核心能力、核心素质反映得比较全面。同时，我们还要进一步细化、描述这些要素，使其内涵和要求在实际运用中把握得更加准确。

（3）形成胜任力模型

关键要素确定以后，教师胜任能力模型就开始构建了。将收集到的资料整合成一个系统模型，核心在于该模型要具备系统性、解释性和统一性。

在构建模型时，我们需要遵循以下原则。

系统性：模型应该包含教师胜任力涉及的各方面，要形成一个完整、系统的框架。

解释性：模型应该能够清晰地解释各个要素之间的关系和作用机制。

统一性：模型中的各个要素应该具有一致性和协调性，避免出现相互矛盾或重复的情况。

具体来说，构建教师胜任力模型的方法有多种，常用的包括归纳法、演绎法、案例分析法等。在实际操作中，我们可以根据具体情况选择一种或多种方法相结合的方式进行构建。比如，我们可以把收集到的信息先通过归纳法整理成若干类，再通过演绎法把这些类别进一步细化为具体的胜任力要素；同时，对模型的合理性和有效性进行验证与修正，还可以结合个案分析加以验证。

一个构建完整的教师胜任力模型通常包括以下几方面的内容。

知识：教师所需的专业知识、教育学和心理学基础等。

技能：教师的教学技巧、课堂管理能力、沟通协作能力等。

特质/能力：教师个人特质，教师的技术应用能力、问题解决能力、创新能力、自我发展能力等。

态度：教师的责任心、耐心、敬业精神等。

价值观：教师的教育理念、职业追求等。

每方面的内容都应该包含具体的胜任力要素和相应的指标描述，以便在实际应用中能够更准确地把握和评价教师的胜任力水平。

构建好的教师胜任力模型还需要经过实际应用的验证和优化。这包括将模型应用于教师的选拔、培训、评价和职业发展等各个环节中，观察其实际效果和反馈意见；同时，还需要根据教育环境的变化和教师职业发展的新要求不断调整和完善模型的内容和结构。

2. 教师胜任力模型的应用

教师胜任力模型在人才测评、专业发展指导、教育教学实施、绩效管理与评价等方面都能得到充分应用。

（1）胜任力模型可以作为教师人才测评的依据

在教师选拔与招聘过程中，胜任力模型发挥着至关重要的作用。它如同一面精准的镜子，帮助组织系统地测量和评定教师的各项能力水平，确保选拔出真正符合岗位要求的人才。

胜任力模型为教师人才测评提供了丰富的测评手段。从传统的测评量表、笔试，到现代的面试、试讲，再到综合评价中心，这些技术能够全面而深入地考查教师的知识能力、个性倾向、行为特征以及发展潜能。例如，通过结构化面试，可以直观了解教师的逻辑思维、语言表达及应变能力；而试讲环节则能直观展示其教学技巧、课堂掌控能力及与学生的互动能力。

基于胜任力模型的测评体系，能够确保测评结果的客观性和准确性。这是因为模型中的各项要素都是经过科学论证和实践检验的，能够真实反映教师岗位的核心要求。同时，多样化的测评技术也相互补充，形成了一套完整的测评体系，避免了单一测评手段可能带来的片面性和误差。

胜任力模型的应用还可以大大提高教师选拔的效率。通过明确各项胜任力要素和相应的测评指标，组织可以迅速筛选出符合要求的候选人，避免了传统选拔过程中可能存在的盲目性和低效性。

（2）胜任力模型可以为教师的专业发展提供指导

教师专业发展是教师职业生涯中不可或缺的一环。胜任力模型作为教师自我认知和职业规划的参照系，为教师提供了明确的发展目标和路径。

教师通过对照胜任力模型中的关键要素，可以清晰地了解自己在知识、技能、态度和价值观等方面的优势与不足。这种自我认知是教师专业发展的起点，也是制订个人发展计划的基础。在对自我有清晰认知的基础上，教师可以有针对性地制订个人发展计划。胜任力模型还为教师提供了明确的职业目标，教师可以根据模型中的各项要素，设定自己的短期和长期职业发展目标，并围绕这些目标制订相应的行动计划，包括参加专业培训、进行教学研究、提升学历层次等多方面的内容。通过实施这些个人发展计划，教师可以逐步提升自己的胜任力水平，实现职业生涯的持续发展。

（3）胜任力模型可以作为教育教学过程的优化器

在教育教学过程中，教师可以根据学生的学习特点和需求，创设富有启发性和趣味性的教育环境。这种环境不仅能够激发学生的学习兴趣和积极性，还能够促进他们的全面发展。

胜任力模型还能指导教师向学生提供有针对性的学习资源。这些资源可能包括教材、教辅资料、网络资源、实践活动等多方面。通过整合这些资源，教师可以为学生提供更加丰富、多元的学习体验，满足他们的个性化学习需求。

在教育教学过程中，人际信任是师生关系和谐的基础。胜任力模型指导教师通过真诚沟通、尊重理解、鼓励支持等方式建立与学生之间的人际信任。这种信任关系有助于增强学生的学习动力和学习效果。

此外通过观察学生的行为表现，教师可以判断其成长特征并据此调整教学策略。这种基于胜任力模型进行的教学策略调整，有助于教师更精准地把握学生的学习需求和发展方向，从而向学生提供更加有效的教学支持。

（4）胜任力模型可以用于教师的绩效管理与评价

教师绩效管理与评价是教师管理工作中的重要环节。胜任力模型为这一环节提供了客观、公正的评价标准，确保了评价结果的准确性和有效性。

胜任力模型中的各项要素为教师绩效管理与评价提供了清晰明确的标准。这些标准既涵盖了教师的知识、技能、态度和价值观等各方面内容，又紧扣教师岗位的核心要求。通过对照这些标准，管理部门可以客观地评价教师的工作绩效。

建立在胜任力模型基础上的考核制度可以保证考核结果的公正性。这是由于模型中的所有元素都经过了科学论证和实践检验，能够真实反映教师的工作业绩。同时，多元化的评价方式避免了单一考核办法可能产生的片面和误差，能够形成一整套完整有效的考核体系。

胜任力模型的运用，也给管理决策提供了依据，如教师的晋升、嘉奖等。管理部门通过对比教师在实际工作中的表现和模型中的要求，可以做出比较科学合理的决策。同时这种以胜任能力为基础的管理方式，对激发教师内在动力、促进教师不断追求卓越也有很大的帮助。

要注意的是，尽管从某种程度上说，数据化的测评结果可以反映教师的胜任程度，但是对数据化指标的过分依赖却是要避免的。另外，随着教育环境的改变以及教师队伍的发展，胜任力模型也不是一成不变的，而是要不断更新、不断完善。只有通过持续的评估、反馈与完善，才可以确保模型的准确性和有效性。

（二）评估工具与方法：360度反馈、教学录像分析等

教师胜任力模型的评估是确保教师教学质量和专业发展的重要环节。一些常见的评估工具有量表调查、面谈与访谈、课堂观察、教学录像分析、学生评价问卷、同行评审、360 度反馈等。

量表通常包括封闭式和开放式问题，以收集定量和定性数据。通过设计包含教师胜任力各要素的量表，对教师进行问卷调查。面谈与访谈是同教师

进行面对面的交流，深入了解其教学理念、方法、经验和反思。访谈可以包括结构化问题，以引导教师系统地分享其教学经验和看法。课堂观察是指由同行或专家进入课堂，观察教师的教学实践和学生互动。观察后提供详细的反馈，指出优点和改进空间。教学录像分析是指录制教师的教学过程，并进行后期的录像分析。录像分析应当关注教师的教学行为、学生反应和课堂氛围等方面的内容。

学生评价问卷是通过问卷收集学生对教师教学质量的评价和意见。问卷可以包括学生对教师教学态度、内容、方法和效果的看法等方面的内容；同行评审是由同行教师根据一定的标准对教师进行评价。同行评审通常可以为被评价的教师提供客观的评价和专业的建议。案例分析是指教师针对特定的教学案例进行深入分析，展示教师的事物分析能力和解决问题的能力。案例分析可以关注教师的教学决策、学生互动和教学效果等方面。360 度反馈是指，为了全面了解教师的胜任力水平，要整合来自上级、同事、学生和家长等多方面的反馈。这种反馈方法有助于发现教师在不同角度存在的优势和不足。

教师胜任力模型的评估中，还需根据教师胜任能力模型的内容要素来考虑评价标准的制定，保证评价标准的客观性、可操作性及针对性。为了保证评价的及时性与有效性，还要根据学校实际及教师发展需要，对评价周期及频率进行调整、优化。

根据上面的分析可以看出，对教师胜任力模型进行评估需要综合运用多种工具和方法，以确保评估的全面性和准确性。同时还需要考虑评估标准的制定、评估结果的运用以及评估的周期与频率等因素，以推动教师的专业发展和教学质量的提升。

（三）标准化测试与非标准化评估的结合

在教师胜任力评估中，标准化测试与非标准化评估的结合能够更全面和客观地评价教师的综合能力。

1. 标准化测试

标准化测试是指按照一定的指导语、施测程序、施测说明、计分标准、注意事项等进行施测，有常模可以对照的评估工具。比如，编制《教师胜任力测验》，包括 50 个项目，10 个分量表，如个人特质、关注学生、专业素养等，各分量表中包括的项目数不等，得分越高，表明该教师的胜任力水平越高。

标准化测试具备以下优点。

（1）客观性

严格按照统一的标准和程序进行，能够减少主观因素的干扰，使评估结果具有较高的客观性和公正性，便于不同教师之间横向比较。

（2）信效度高

经过科学设计和反复检验，具有良好的信度和效度，能够准确地测量出教师所具备的特定胜任力，为教师的选拔、培训和晋升等提供可靠的依据。

（3）效率高

可以在较短时间内对大量教师进行评估，节省时间和成本，适用于大规模的教师胜任力调查和研究。

标准化测试的缺点如下。

（1）灵活性差

评估内容和形式相对固定，难以针对不同教师的特点和教学情境进行个性化调整，可能无法全面反映教师在实际教学中的复杂表现。

（2）忽视过程

主要关注教师的最终表现和结果，对教学过程中的动态变化和教师的努力程度等关注不足，不利于教师的自我反思和持续改进。

2. 非标准化评估

非标准化评估是指利用观察、晤谈、家庭访问、事件记录表、录像、录音、图卡、字卡、生态评估、动态评估、档案评估、课程本位评估、检核表、功能性评估、实作评估等方法所进行的评估。比如，检核评估就是非正式评估中的一种方法，把关注的问题加以分析细化，逐项检查核实其性质特点。

非标准化评估的优点如下。

（1）针对性强

可以根据具体的教学目标、内容和情境，设计个性化的评估方案，更贴近教师的实际工作，能够深入挖掘教师在特定领域的优势和不足。

（2）注重过程

不仅关注教师的教学成果，还重视教学过程中的行为表现、教学方法的运用、与学生的互动等，有助于教师及时发现问题并进行调整，促进其专业成长。

（3）形式多样

评估方式灵活多样，可以采用多种手段和方法，如课堂观察、学生访谈、教学案例分析等，能够从不同角度获取教师胜任力的信息，使评估结果更加丰富和全面。

非标准化评估的缺点如下。

（1）主观性强

评估者在实施过程中容易受到个人经验和主观判断的影响，导致评估结果的客观性和一致性较差，不同评估者对同一教师的评价可能存在较大差异。

（2）操作难度大

需要评估者具备较高的专业素养和丰富的实践经验，能够准确地观察、记录和分析教师的行为表现，并且在数据整理和结果解释方面也较为复杂，对评估者的综合能力要求较高。

3. 标准化测试与非标准化评估的结合方法

主要体现在目标融合、内容互补、过程融合和结果综合四方面。

（1）目标融合

在评估前，明确教师胜任力评估的总体目标，将标准化测试和非标准化评估的目标进行有机整合，确保两者在评估过程中相互补充、相互促进，共同服务于教师胜任力的全面评估。

（2）内容互补

根据教师胜任力的不同维度和要素，合理安排标准化测试和非标准化评估的内容。例如，对于教师的专业知识、教学技能等可以通过标准化测试进行量化评估；而对于教师的教学态度、创新意识、课堂管理能力等则更适合采用非标准化评估的方式进行深入了解。

（3）过程融合

在评估过程中，可将标准化测试和非标准化评估相互融合、交替使用。在教师完成标准化测试后，可以通过课堂观察、学生访谈等方式进一步验证和补充测试结果；也可以在非标准化评估的基础上，设计针对性的标准化测试题目，对教师的特定胜任力进行深入挖掘。

（4）结果综合

对标准化测试和非标准化评估的结果进行综合分析和解读，将两者的优势充分发挥出来。可以将标准化测试的量化数据作为基础，结合非标准化评估的质性描述，形成一份全面、客观、准确的教师胜任力评估报告，为教师的专业发展提供有针对性的建议和指导。

（四）评估结果的解释与运用

教师胜任力评估结果的解释与运用，对教师个人发展和学校教学质量的提高意义重大。对考核结果的合理解释和积极运用，有助于促进教师不断提高胜任水平，为学校的教学质量和教育事业的不断发展添砖加瓦。学校教学质量的提升又能为教师提供更加明确的指导和支持，所以这是一个双赢的过程。

1. 教师胜任力评估结果的解释

（1）首先要理解评估结果

评估结果通常包括定量数据和定性描述，如教师胜任力的得分、等级或对其他具体表现进行的描述。定量数据如“得分”可以直观地反映出教师在胜任力各要素上的表现水平。定性描述如“具体表现或建议”，可以为教师胜任力的提高提供更详细和深入的反馈。

（2）其次是分析评估结果

对比评估结果与评估标准，分析教师在哪些方面表现出色？哪些方面需要改进？结合教师的个人发展目标和学校的教学需求，评估结果还可以为教师制订个性化的提升计划提供客观依据。

（3）最后是反馈评估结果

通过向教师及时反馈评估结果，能确保他们了解自己的表现水平和需要改进的地方，明确自己的发展方向和努力目标。

2. 评估结果的纵向分析

（1）一方面是教龄因素

教龄是影响教师胜任能力的一个重要因素。研究显示，通常情况下，随着教龄的增加，教师的胜任程度都会有所上升。比如，教龄越长的教师，在教学评价上的成绩比较好，在持续改进上也有较好的表现。

（2）一方面是发展阶段

教师的职业发展可以分为新手教师、胜任教师和卓越教师等阶段。由于每个阶段的胜任力标准不同，所以评估结果需要结合教师所处的发展阶段进行解释。例如，新手教师在基本教学能力方面要求较高，而卓越教师则更注重教学创新和学术研究。

3. 评估结果的个体差异分析

通常存在性别差异和学校类型差异。

不同性别的教师在某些胜任力维度上可能存在差异。比如，女性教师在沟通技能和理解他人方面可能表现更好，而男性教师在概念性思考和挑战支持方面可能更突出。

不同类型的学校（如城市学校和农村学校）对教师的胜任力要求也有可能存在差异。比如，在信息通信技术、社会文化能力等方面，城市学校的教师可能做得更好，而在资源利用、社区协作等方面，乡村学校的教师可能更有优势。

4. 教师胜任力评估结果的应用

（1）制订提升计划，促进教师成长

根据评估结果，教师能制订出个性化的提升方案，明确自己在哪些方面还有待于完善，在哪些地方还有待于提高，哪些方面的问题有待于进一步改进？学校也可以对教师针对性地进行培训，提供必要的如深造、研修等发展机会，给予各种资源支持，以帮助教师实现发展目标。

（2）支持职业发展，优化评估机制

评估结果可以为教师的职业发展提供依据和参考。学校可制定更加科学的教师晋升奖励机制，并根据考核结果对教师进行激励，促进教师的胜任力水平不断得到提高。例如，业绩优秀的教师在胜任力评估中得分较高，晋升、奖励等均可优先考虑。

为提高考核结果的准确性及可操作性，学校要对考核经验进行经常性的总结，并对考核机制和流程进行优化。通过对考核机制不断的优化，为教师考核、开发提供较为可靠的基础，从而保证考核结果客观、公正。

（3）制定教育政策，优化教育资源

教师胜任力评估结果在优化教育体系方面发挥着关键作用。

评估数据为教育政策制定者提供了直观的教师队伍能力概况，有助于精准识别培训需求。大规模评估能揭示教师队伍的整体水平及个体差异，为政府和教育机构科学规划教师培训项目、合理分配教育资源提供了实证基础，

从而推动教育质量的全面提升。

三、教师胜任力的培养与提升

教师胜任力的深度培育，意味着教师不仅要掌握扎实的专业知识，更要具备与时俱进的教育理念、灵活多样的教学手段和深刻的人文关怀。深入探讨教师胜任力的培养和提升不但是促进教育质量的外部要求，也是促进教师个人成长、推动教育创新的内在动力。

胜任力提高后，教师可以敏锐地捕捉到教育领域的最新动态，为学生提供更丰富、多元的学习体验，如在线教育、混合式教学等。教师能够勇于尝试新的教学方法与技术，同时善于从实践中反思总结，不断提炼教育智慧。

接下来，我们对如何培养和提升教师胜任力进行探讨。

（一）教师胜任力的培养方法

1. 师范教育与职前培训

教师胜任力培养的关键环节是教师的师范教育和职前培训，这两项工作为教师职业生涯的起航提供了坚实的支持。

（1）师范教育

在师范教育阶段，通过系统的课程学习，“未来的教师们”不仅掌握了扎实的专业知识，而且对教育学、心理学等方面的基本理论有了较为深刻的认识，为今后的教学实践打下了扎实的理论基础。同时，在师范教育阶段，通过系统的课程学习，未来的教师不仅掌握了扎实的专业知识，而且对教育学、心理学等方面的基本理论有了较为深刻的认识，为今后的教学实践打下了扎实的理论基础。同时，师范教育还注重教师职业道德、育人情怀和人文关怀能力的培养，让教师在传授知识与能力的同时关注学生全面发展。

（2）职前培训

职前培训是进一步巩固和深化师范教育的成果。在这个阶段教师通过参加教学观摩、模拟教学、教育实践等活动，逐步提高了教学技能和课堂管理能力，使教师所学理论知识与实际操作相结合。职前培训还强调教育技术的掌握和运用，使教师在提高教学效果的同时，能够熟练地运用现代化的教学手段。此外，职前培训还注重培养教师的团队协作和沟通能力，帮助他们在未来的教育工作中更好地与家长、同事和社会各界合作，共同促进学生的成长。

师范教育与职前培训是教师胜任能力培养不可或缺的重要内容。通过系统的理论学习和实际操作，为教师提供一个全面成长的平台，使教师以更自信、更专业的姿态迎接未来的教育挑战。

2. 在职教师的持续专业发展

在职教师的持续专业发展是提升教师胜任力的重要途径，关乎教育质量的提升和学生的全面发展。在这一过程中，教师需积极参与各类培训，如教育部门组织的学科知识更新培训、教学方法创新研讨以及教育技术应用工作坊等，以紧跟教育改革的步伐和学科发展的前沿。校本教研活动也是不可或缺的一环，教师们通过集体备课、教学观摩、案例分析等形式，分享教学心得，共同解决教学难题，从而不断优化教学策略，提高教学效果。

同时，教师要积极开展教育科研，参与课题研究，撰写教学论文，这不仅能提升其教育理论水平，还能增强解决实际教学问题的能力。学校应为教师提供丰富的学习资源，包括图书资料、在线课程、学术讲座等，支持教师自主学习和自我提升。此外，建立科学合理的激励机制，对在专业发展中表现优异的教师给予表彰和奖励，能够有效激发教师的内在动力，使其在教育教学实践中不断反思、探索和创新。

持续专业发展还应注重教师的个性化成长，根据每位教师的专业背景、教学经验和职业发展阶段，制订个性化的专业发展计划。通过这些综合措施，帮助在职教师从经验型教师逐步成长为研究型、专家型教师，为学生的全面发展和教育事业的持续进步提供坚实的人才支撑，确保教师队伍始终充满活力和创造力，适应新时代教育发展的要求。

3. 反思性实践与同伴互助

在教师胜任力的培养过程中，反思性实践与同伴互助是不可或缺的两大策略，它们相辅相成、共同推动着教师的专业成长。反思性实践鼓励教师对自己的教学实践进行深入的思考和分析，通过回顾教学过程中的亮点与不足，教师能够识别出自身的强项与待改进之处，从而有针对性地调整教学策略，优化教学方法。这一过程不仅提升了教师的教学技能，更重要的是培养了他们的自我觉察能力和批判性思维，使教师能够在不断变化的教育环境中保持敏锐的洞察力和适应力。

而同伴互助则为教师提供了一个相互学习、共同进步的平台。在同伴互助中，教师们分享教学经验，探讨教学难题，通过集体智慧的碰撞，激发出新的教学灵感和解决方案。这种基于合作与共享的学习模式，不仅拓宽了教师的视野，促进了教学资源的优化配置，还增强了教师间的凝聚力，构建了一个积极向上、相互支持的专业社群。反思性实践与同伴互助的结合，使教师在个人成长的同时，也为整个教师队伍的专业发展注入了源源不断的活力，从而共同推动教育质量的持续提升。

4. 学科思维培养与案例研究分析

在教师胜任力培养中，学科思维培养与案例研究分析是提升教师专业能力的重要途径。学科思维培养强调教师不仅要掌握学科知识，更要形成发现问题、分析问题和解决问题的思维方法。例如，教育技术学的学科思维强调透过技术现象把握学科发展规律，使学科落地生根、深入发展。这种思维培养有助于教师在教学中引导学生形成批判性思维和创新能力，而不仅仅是成为知识的接收者。

案例研究分析则是通过具体教学案例的分析和讨论，启发教师的思维。教师通过分析教学案例中的教学目标、教学过程及教学评价等，学习其长处、发现其不足，加以自我反思和完善。通过这样的方式，教师拓展了教学视域，提升了专业水平。例如，在测量学的教学中，通过分析高程测量的教学案例，教师可以学习到如何设计合理的教学方案，调动学生的积极性，提升学生的学科核心素养。

结合学科思维培养与案例研究分析，教师能够更好地理解教学实践，提升教学设计和实施的能力。这种结合不仅有助于教师个人的专业成长，也能促进学生全面发展。

5. 教育技术应用能力的培养

信息技术日新月异，传统教学模式向数字化、智能化转型，教育领域正在发生深刻变革。教育技术应用能力的培养，在培养教师胜任能力的过程中显得尤为重要。所以教师既要掌握扎实的专业知识，又要有灵活运用各种教育技术工具的能力。

教育技术应用能力的培养，旨在帮助教师熟悉和掌握现代教育技术手段，如多媒体教学资源、在线教学平台、智能教学软件等，将这些技术融入课堂教学中，增强教学的趣味性和互动性，激发学生的学习兴趣和参与热情。通过培训和实践，教师可以学会运用教育技术呈现教学内容、监控学习过程、考核教学效果，提高教学效率和教学质量。

此外，教育技术应用能力的培养还强调教师的创新能力和信息技术素养的提升，鼓励教师在教学中对新技术应用进行积极探索、不断尝试和创新。这些能力的培养，不仅有助于提升教师的个人专业素养，更为教育现代化和教育质量的全面提升奠定了基础。

（二）教师胜任力的提升路径

教师胜任力提升的路径是多方面的，涉及个人、学校、社会、专业发展等多个层面。

1. 个人层面

树立终身学习理念：教师需要树立终身学习的理念，通过学习和研究提升自身的教育教学水平，建立问题意识和研究意识，养成获取知识、转化知识、储备知识的习惯。

提升跨文化交流能力：教师要加强跨文化交流的能力，了解不同国家与地区之间的文化差异，熟练掌握各类信息技术手段进行交流沟通。

2. 学校层面

（1）加强国际合作与交流

学校应积极与海外高校、企业或研究机构建立合作关系，组织合作科研与互访交流活动，为教师提供更多拓宽国际视野的机会。

（2）优化课程体系和教学内容

借鉴国内外先进的教育理念与课程体系，结合本校实际教学情况开发更多具有国际水平的课程，深化与企业、行业的合作，创新实践实训教学活动，提高教师的实践教学水平。

（3）构建多元化师资队伍

学校应通过多种途径吸引和培养不同背景的教师，形成多元化的师资队伍，促进教师之间的交流与合作，提升整体教学水平。

（4）实施精准培训

学校应根据教师的专业发展不同阶段制订个性化、周期性的发展规划，建设选学服务平台，教师自主选择培训项目，探索教师自主发展机制。

（5）建立激励约束机制

通过适当的物质与精神激励激发教师的干劲，同时建立一定的约束机制，规范教师的行为，将学校的整体规划转化为教师的个人自觉实践。

3. 社会层面

（1）推进教师培训计划

政府应加大对教师培训的支持力度，为各地推进教育改革发展和开展教师培训输送一批“种子”教师，探索创新教师培训模式，开发优质培训资源。

（2）创新培训模式

适应教学方式和学习方式的变化，采取集中培训、置换脱产研修、远程培训、送教上门、校本研修、组织名师讲学团和海外研修等多种有效途径进行教师培训。

（3）优化培训内容

加强教师培训需求调研，根据实施素质教育的要求，并针对不同类别、层次、岗位教师的需求，以问题为中心，以案例为载体，科学设计培训课程，丰富和优化培训内容，提高教师培训的针对性和实效性。

（4）数字化赋能教师发展

推动教师积极应对新技术变革，实施数字化赋能教师发展行动，支持高水平大学与高等职业院校、企业联合开展职业教育教师一体化培养培训，优化实施职业院校教师素质提高计划。

4. 专业发展层面

（1）提升学科能力和学科素养

将学科能力和学科素养作为教师教书育人的基础，贯穿教师发展全过程。推动相关高校优化课程设置，精选课程内容，夯实师范生坚实的学科基础。在教师培训中强化学科素养提升，推动教师更新学科知识，紧跟学科发展。

（2）提升教书育人能力

强化高层次教师培养，实施教师学历提升计划，强化名师名校长培养，完善教师全员培训制度和体系。

（3）跨学科学习与研究

适应基础学科、新兴学科、交叉学科发展趋势，支持高校教师开展跨学科学习与研究，加强学科领军人才队伍建设，发挥引领带动作用。

四、面向未来的教师胜任力发展

（一）学科思维培养视域下教师胜任力发展的需求

传统的教学方式，往往将重点放在了知识的传授与记忆上，学生被要求通过反复练习和记忆来掌握学科的基本概念、原理和公式。然而，这种单一的教学方式在很大程度上忽视了对学生思维能力的培养，限制了学生潜能的发挥和创新能力的提升。所以新时代的教育需要转变观念，应更加重视学生思维能力的培养，特别是学科思维。

新时代的教育要积极寻求变革，将教学重点转移到启发式教学、探究式教学和案例教学等更加先进的教学方式上来。启发式教学、案例教学和实践教学、跨学科学习等现代教学方式，能够更好地激发学生的学习兴趣和主动性。

启发式教学强调教师的引导作用。教师通过设计富有启发性的问题，激发学生的学习兴趣，引导学生主动思考、积极探索。在启发式教学课堂上，教师不再是知识的灌输者，而是学生学习旅程中的引路人，鼓励学生通过自己的努力发现知识的奥秘，进而培养学生的学科思维。

探究式教学则更加注重学生的实践探索过程。它鼓励学生通过观察、实验、讨论等方式，亲自发现问题、提出假设并寻找答案。这种教学方式不仅能够加深学生对学科知识的理解，更重要的是它能够培养学生的探究精神、创新思维和解决问题的能力，使他们在面对未知的挑战时能够保持好奇心和求知欲。

案例教学是教师通过引入真实世界中的案例，让学生在模拟或真实的情境中学习、分析和解决问题。这种方式能够使学生更加直观地理解学科知识的应用价值，培养他们的案例剖析能力和团队协作精神。同时，案例教学还能够增强学生的社会责任感和职业道德感，为他们未来的职业发展奠定坚实的基础。

实践教学是培养学生学科思维的另一个重要途径。通过实验操作、社会实践、项目研究等活动，学生可以将抽象的理论知识应用到具体的实践中，这种亲身体验有助于学生更深刻地理解和掌握学科知识。实践教学不仅能够提高学生的实践能力，还能够激发学生的创新思维，让学生在实际操作中发现问题、解决问题，从而培养他们的创新能力和解决问题的能力。

跨学科学习是打破学科壁垒、促进学生全面发展的有效方式。在跨学科学习中，学生可以接触到不同学科的知识和方法论，这不仅能够拓宽学生的视野，还能够丰富他们的思维。跨学科学习让学生在不同学科之间建立联系，能够培养他们的综合分析能力和创新能力，为他们的未来发展打下坚实的基础。

（二）全球化背景下的国际视野与跨文化交流能力

在全球化的浪潮中，世界正以前所未有的速度紧密相连，教育领域亦是如此。教师作为知识的传递者与灵魂的塑造者，要突破传统地域与文化的束缚，以全球化的视角分析教育。

在教育理念上，教师要关注世界各国教育改革的最新趋势，如芬兰的“现象教学”、美国的“STEM 教育”等，为学生营造更具创新性与开放性的学习环境。此外，教师还需关注国际教育标准与评估体系，如 PISA 测试等，以此为参照，反思与改进自身的教学实践，提升教学质量，使学生在全球教育舞台上具备更强的竞争力。

跨文化交流能力则是教师在国际教育环境中立足的重要技能。在与海外同行交流时，教师要能够准确、清晰地传达自己的教学理念与实践经验。将国际优质教育经验引入国内，同时也将我们的优秀教育经验分享出去，为学生提供更广阔的学习平台。教师自身也要主动学习，不断拓宽自己的知识面与视野，积极参加各类国际教育论坛与在线课程，提升自己的外语水平与跨文化交流技巧。

然而培养教师的国际视野与跨文化交流能力并不能一蹴而就，需要教育部门、学校与教师自身共同努力。教育部门应制定相关政策，鼓励教师参与国际教育交流项目，提供资金支持与专业培训机会，如组织教师赴海外研修、参加国际教育研讨会等。学校要营造国际化的校园文化氛围，开展多元文化主题活动，邀请外国教育专家来校讲座，为教师创造跨文化交流的实践场景。

综上分析，在全球化背景下，教师胜任力的发展离不开国际视野与跨文化交流能力的支撑。教师只有具备了这两项能力，才能在国际教育舞台上更好地履行自己的职责，培养出具有国际视野、跨文化交流能力与全球竞争力的新时代人才，为教育事业的国际化发展贡献力量，推动人类社会在全球化的浪潮中不断前行。

（三）人工智能与教育技术融合下的新技能需求

在人工智能与教育技术深度融合的今天，教育领域正经历着前所未有的变革。这一变革不仅重塑了教学环境，也对教师的胜任力提出了新的要求。

1. 教师需要具备信息技术应用能力和数字素养

随着人工智能技术的飞速发展，越来越多的智能教学工具如智能教学系统、虚拟实验室、在线学习平台等被引入教育领域。这些工具为教学提供了更加灵活和多样化的手段，同时要求教师具备相应的信息技术应用能力。教师需要熟悉并掌握这些智能教学工具的使用方法，了解它们在教学中的优势和局限，以便根据实际情况进行选择和运用。此外，教师还需要提升自己的数字素养，包括数据收集、分析和处理能力，以及网络安全和隐私保护意识等。这些能力将帮助教师更好地利用数字技术进行教学设计和评估，以进一步提高教学效果。

2. 在 AI 辅助的教学环境中，教师和学生之间的互动方式发生了深刻变化

教师不再仅仅是知识的传授者，而是成为学生学习过程中的引导者和支持者。所以教师需要具备更强的沟通能力，能够与学生进行更加深入、细致

的交流，了解他们的学习需求和困难，并提供有针对性的指导和帮助。同时，教师还需要与其他教育工作者、技术人员和家长等建立良好的合作关系，共同为学生的全面发展提供支持。这种跨领域的团队协作能力将有助于提高教学的整体效果，促进学生全面发展。

3. 教师需要提升数据处理和分析能力

在人工智能时代，教学数据成为衡量教学效果的重要依据。教师可以通过智能教学系统收集学生的学习进度、掌握程度、学习兴趣等学习数据。这些数据为教师提供了宝贵的反馈信息，有助于他们更加准确地了解学生的学习情况，进一步调整教学策略和方法。所以教师需要运用统计方法和数据挖掘技术对数据进行分析和解读，从中发现规律和趋势，为教学改进提供依据。

（四）终身学习体系中的教师自我更新与发展

在构建终身学习体系的背景下，教师的胜任力不仅关乎当前的教学质量，更影响着教育系统的持续进步与个人的长远发展。教师的自我更新与发展，作为终身学习理念的核心实践，对于提升教育质量和推动教育创新具有至关重要的作用。

首先，教师需树立终身学习的理念，将其内化为职业发展的驱动力。在知识爆炸的时代，新知识、新技术层出不穷，教育领域亦不例外。教师要意识到，只有不断学习，才能跟上时代的步伐，保持教学内容的新鲜度和实用性。这种自我驱动的学习态度不仅能够帮助教师提升专业技能，还能激发教师对教育的热情和创造力，使教学更加生动有趣。

其次，教师要积极参与专业发展活动，如参加教育培训、学术研讨会、工作坊等。这些专业发展活动为教师提供了与同行交流、分享经验、学习新知的平台。这也是一个反思教学实践、发现不足、寻求改进的机会，通过参与专业发展活动，教师可以了解最新的教育理念和教学方法，从而能够拓宽视野、提升自我。

再者，教师要认识到教学反思和评价是自我提升的关键环节。教学反思是教师对自身教学实践的深入思考和分析，有助于发现教学中的亮点和不足，明确改进方向。教学评价是客观地评价教学效果，通过学生的反馈、同行评价、教学结果等多种途径进行。教师要把反思与评价结果作为自我调整的依据，使教学策略不断得到优化，教学质量不断提高。

此外，为适应新时代复合型人才的需要，教师还需培养跨学科整合的能力。在终身学习体系中，教师要有能够整合不同学科知识、不同技能的跨学科知识和思维方式，为学生提供较为全面、深入的学习经验。这就要求教师既要关注本学科的发展动态，又要对相关学科的前沿知识有所了解，在知识上不断拓展自己的界限。

根据以上的分析可以发现，教师在终身学习体系中的自我更新与发展，是实现教育目标、提升教育质量、推动教育创新的重要途径。教师要树立终身学习的理念，积极参与专业发展活动，注重教学反思与评估，培养跨学科整合的能力，以不断提升自身的胜任力，为培养适应未来社会需求的优秀人才贡献力量。

五、本章小结

本章探讨了教师胜任力的内涵、构成要素、评估与测量以及培养与提升的策略，为全面理解教师胜任力提供了理论框架和实践指导。

（一）教师胜任力的构成要素

教师胜任力是一个多维度、综合性的概念，涵盖了专业知识素养、教学技能、个人特质、专业态度以及技术应用能力等多个方面。专业知识素养是教师胜任力的基础，包括扎实的学科知识、教育学和心理学知识，以及持续更新的学科发展动态。教学技能则体现在课程设计、教学实施和教学评价等多个环节，需要教师具备高效的教学方法和策略。个人特质如情感智力、自我反思与持续改进的能力，是教师专业成长的关键。专业态度则强调教师的职业道德、敬业爱岗与责任心，以及尊重同事与合作精神。此外，随着信息技术的快速发展，技术应用能力已成为教师胜任力中不可或缺的一部分，要求教师能够灵活运用现代信息技术和数字教育资源，提升教学质量和学生学习体验。

（二）教师胜任力的测评与测量

教师胜任力的测评与测量是提升教师专业发展的重要前提。本章介绍了胜任力模型的构建步骤和应用，包括系统性、解释性和统一性等原则，以及归纳法、演绎法、案例分析法等构建方法。胜任力模型为教师人才测评、专业发展指导、教育教学实施以及绩效管理与评价提供了科学依据。在评估工具方面，标准化测试和非标准化评估各有优势，前者具有客观性、信效度高和效率高的特点，后者则更具针对性和灵活性。评估结果的解释与运用也是关键，需要综合考虑教师的个体差异和纵向发展，为教师的个性化发展提供指导。

（三）教师胜任力的培养与提升

教师胜任力的培养与提升是一个持续的过程，需要个人、学校、社会以及专业发展层面的共同努力。在个人层面，教师需要树立终身学习的理念，不断提升自己的专业知识和教学技能，加强跨文化交流能力，定期进行自我反思和持续改进。学校层面，应提供丰富的学习资源和支持体系，鼓励教师开展教育科研和同伴互助，促进教师的专业成长。社会层面，则需要推进教师培训计划，创新培训模式，优化培训内容，为教师的专业发展提供良好的外部环境。专业发展层面，则强调实践教学和跨学科学习的重要性，以及在全球化和人工智能背景下提升教师的国际视野和新技能需求。

（四）面向未来的教师胜任力发展

随着教育改革的不断深化和技术的迅猛发展，教师胜任力面临着新的挑战，同时也面临着新的机遇。未来教师需要具备更强的创新能力、信息技术应用能力和跨学科整合能力，以适应不断变化的教育环境和学生需求。同时，教师还需要关注学生的个性化发展，提供定制化的学习资源和反馈，促进学生的全面发展。所以我们需要不断探索和实践新的教师培养和提升策略，以适应未来教育的发展需求。

从上述分析可知，教师胜任能力的提高是一个系统工程，需要在个人、学校、社会以及专业发展层面等共同努力。通过构建科学的胜任力模型，采用行之有效的评估与测量工具，实行多元化的培养和提升策略，我们能够不断提升教师的专业素养和教学能力，从而为学生的全面发展提供有力保障。

第四章

学科思维培养视域下教师胜任力模型的构建

在第二章和第三章中，我们分别讨论了学科思维和教师胜任力的内涵。随着教育理念的不断更新，许多教师已经意识到学科思维培养的重要性，并在教学实践中尝试融入相关元素。比如，在理工科教学中，有的教师通过项目式学习和问题导向教学，培养学生的逻辑思维和解决实际问题的能力。在文科教学中，有的教师强调批判性思维和创造性思维的培养，鼓励学生从多角度分析和解读文本，等等。

各级教育教学管理部门和学校也越来越重视教师的专业发展。他们提供了一系列的培训课程和教学研讨以帮助教师提升学科思维培养的能力。这些培训包括帮助教师在教学中更好地引导学生形成系统的学科思维模式的最新教育理念、教学方法和学科前沿知识。还有一些教师为了促进学生学科思维的发展，在教学方法上进行了创新，采取了小组讨论、案例分析、实践操作等多样化的教学手段。这些方法在提高学生参与度的同时，也有助于学生对学科知识更好地理解与运用。

然而教师在学科思维培养上的胜任能力，还是参差不齐。有的教师对学生的思维活力有很强的启发作用，能灵活运用多种教学手段，对学生学科思维能力有很好的培养；而另一些教师，则可能把更多的注意力放在知识的教授上，却忽略或者弱化学生的思维发展。另外，学科思维的培养也不是一朝一夕之功，这就要求教师在教学过程中不断探索、不断实践，对教学策略、方法进行反思和优化。

因此，为了提升教师自身的学科专业素养，促使教师不断深入研究学科知识，帮助学生逐步形成批判性思维、创造性思维、逻辑思维等学科核心素养，需要从学科思维培养的视角构建教师胜任力，包括分析教师在学科思维培养方面胜任力存在的问题，探讨学科思维与教师胜任力的内在联系，并在此基础上构建学科思维培养视域下的教师胜任力模型。

一、学科思维培养视域下教师胜任力存在的主要问题

（一）学科思维培养深度与广度存在不足

学科思维的培养是提升学生综合素质、促进终身发展的关键要素。通过扎实的知识基础、分析问题和解决问题的能力培养、批判性思维和创造性思维的激发以及跨学科整合与实践应用的加强等措施，我们可以有效地培养学生的学科思维。尽管越来越多的教师已经意识到学科思维培养的重要性，但是部分教师在学科思维培养的深度和广度上仍有待提高。

一方面，教学过程中过于侧重知识的传授，而忽视了学科思维的系统训练。一些教师在讲授课程时，虽然涵盖了大量知识点，但未能有效引导学生进行深入的思考和分析，导致学生在解决实际问题时缺乏灵活性和创新性。还有一些教师在教学方法上缺乏创新，过于依赖讲授法，忽视了讨论式、案例式、项目式等多种教学方法的运用。这种单一的教学方法不利于培养学生的学科思维能力。

以数学学科为例，许多教师在讲解数学公式和定理时，只是简单地介绍其定义和应用，而没有引导学生去探究其背后的数学思想和原理，如函数的单调性、周期性等特点，学生只是机械地记忆和套用公式，而不能真正理解其内涵和本质，导致学生在遇到稍微复杂一些的数学问题时，就会不知所措，无法运用所学的数学思维去分析和解决。

另一方面，学科思维培养缺乏系统性和连贯性。不同年级、不同章节之间的学科思维培养缺乏有效的衔接和整合，使得学生的学科思维呈现出碎片

化状态。

学科思维培养广度的不足也制约了学生综合素质的提高。首先，在学科内部，教师往往局限于本学科的核心知识点和主流思维方式，而忽视了学科内部的边缘领域和跨领域的思维拓展。以物理学科为例，教师在教学中主要关注力学、电学等传统核心内容的讲解，而对于物理学与其他学科交叉融合的领域，如物理与化学的界面现象、物理与生物的生物物理等新兴领域的知识和思维方式，有的教师却很少涉及。这使得学生对学科的认识局限于狭小的范围，无法拓宽学科视野，难以适应现代社会对跨学科知识和综合思维能力的需求。缺乏跨学科思维培养的意识和合作，在解决实际问题时，学生往往只能从单一学科的角度去思考，而不能综合运用多学科的知识和思维方式去分析和解决复杂问题，无法满足社会对复合型人才的需求。

（二）教师自身学科思维存在局限性

学生学科思维培养的效果，还会受到教师自身学科思维局限的影响。部分教师可能受制于难以有效激发学生创新思维和跨学科思考能力的传统教学模式和思维定式。有的教师仍抱着“填鸭式”的传统教学思想，不顾学生的主体位置和思维发展。这样的教学思路造成了上课气氛沉闷，抑制了学生学习的兴趣，也抑制了学生的思维活力。

1. 教师在学科背景、知识结构等方面的局限性，可能直接导致了其学科思维的局限性

每个教师在接受专业教育的时候，都会根据具体的学科框架和理论体系形成一套思维模式。这一思维模式在帮助他们理解和解释学科现象、解决学科问题时发挥了重要作用。但是，也正是这种思维模式的固化，可能会导致教师在面对跨学科问题时，或者在面对新兴学科领域时会出现力不从心的情况。他们可能会过于专注于某一领域或某一方面的细节，而忽视了与其他学科或领域的联系和融合。在科学技术日新月异的今天，新学科不断涌现，交

叉学科也不断出现。教师如果不能及时更新自己的知识结构、在学科上拓宽视野，就有可能使自己的学科思维陷于僵化、因循守旧的局面。这种局限性不仅限制了教师个人的学术探索和创新，也可能使学生在接受教师的教导时缺乏全面性和前瞻性。

2. 个人经验、认知习惯、心理倾向等都可能导致教师学科思维的局限性

教师在教学过程中对学科知识、设计教学活动进行解读，往往是根据自己的阅历、认知习惯进行的。尽管这种建立在个人经验基础上的思维方式，在一定程度上可以提高教学效率，但这也导致了在面对不同学习风格、不同认知层次的学生时，教师缺乏灵活性和应变能力。教师可能会过于依赖自己的教学经验，而忽视了学生的学习需求和个性差异。

3. 教师的心理倾向也会制约学科思维的发展

比如，有的教师对学科知识的系统性、逻辑性过分关注，而对学生的学习兴趣、情感经历则置之不理；有的教师可能过分强调学科知识的实用性和应用性，而忽略了学科知识的理论深度，忽略了其人文价值。这些心理倾向不仅可能会导致教师在教学过程中偏离学科思维的培养目标，也可能会使学生在接受教师教导时感到枯燥和乏味。

（三）学科思维教学资源与评估机制尚待改进

在教学资源和评估机制方面，缺乏对学科思维培养的充分支持和有效评价。目前，许多学校的教学评估体系仍然侧重于知识传授的效果，而对学科思维培养的评估指标较少，这在一定程度上制约了教师在这一领域的进一步发展。学科思维教学资源的不足在当前教育实践中表现得较为明显，较大地影响了学科思维培养的质量和效果。

1. 资源的种类和数量有限，无法满足多样化的教学需求

许多学校在教学资源的开发上投入不足，导致教学资源种类单一，数量

不够，难以覆盖学科思维培养的各方面。例如，在一些学校的科学教育中，实验设备和实践资源匮乏，无法为学生提供足够的实验操作机会，限制了学生科学思维和实践能力的培养。

2. 资源管理混乱也是一个突出问题

缺乏明确的资源管理体系，导致资源分类不清、难以查找、重复使用率低下。这不仅浪费了有限的资源，也使得教师在教学过程中难以高效地利用这些资源来培养学生的学科思维。此外，教学资源的质量控制不足，部分资源内容不准确、过时或不适用于现行教学目标，这也给学科思维的培养带来了负面影响。

学科思维评估机制的不足同样制约了学科思维培养的有效性。当前的评估机制存在多方面的问题：首先，评估功能弱化，过于注重结果，缺乏有效反馈。评估往往侧重于对教育事务和活动的结果进行鉴定与衡量，强调评估的甄别与选拔功能，普遍存在“只见分数不见人”和“重结果，轻改进”现象，导致教育评估的引领、诊断、激励、改进等功能发挥不足。其次，评估标准单一，采用“大而统”的指标体系，注重评估客体的共性特征，对评估客体的个性特色关注不够，难以满足评估客体多样化的需求。

二、学科思维培养与教师胜任力的内在联系

面对以上挑战，如何提升教师在学科思维培养方面的胜任力？首先我们需要剖析学科思维培养与教师胜任力之间的具体关系。

（一）学科思维与教师胜任力相辅相成

1. 学科思维是教师专业素养的核心内容

（1）学科思维影响教师的专业素养，是专业素养的核心组成部分

教师的专业素养包括专业知识、专业技能和专业价值观等方面。一个具

备良好学科思维的教师，能够更准确地把握学科的核心概念和关键问题，从而更有效地进行教学设计和课堂管理。

（2）学科思维是专业知识与技能的体现

学科思维代表了教师对学科知识布局的宏观把握以及对学科思维方式的深刻洞察，这种理解超越了单纯的知识记忆和技能操作，是教师专业素养的核心构成部分。具体而言，学科思维要求教师不仅要熟练掌握学科的基本概念、原理和方法，更要能够洞察这些知识点之间的内在联系，形成系统的知识框架。这种对学科知识的全面把握，使得教师在面对复杂问题时，能够迅速抽丝剥茧，找到问题的症结所在，并灵活运用所学知识进行解决。

面对教育实践中层出不穷的新情况、新问题，教师需要具备将理论知识转化为实践智慧的能力，这种能力正是学科思维的直接体现。它要求教师能够跳出传统思维模式的束缚，以创新的视角审视问题，从而提出切实可行的解决方案。所以学科思维不仅是教师专业知识和技能的集中体现，更是其教育智慧和创新能力的源泉。一个具备良好学科思维的教师，能够在教学实践中不断反思、总结和提升，从而成长为教育领域的佼佼者。

2. 具备较高胜任力的教师能有效促进学科思维发展

学科思维的培养，要求教师从根本上改变传统的学科教学模式，从知识的传授者转变为学习的引导者，鼓励学生主动探索、自主学习。

这一转变对教师胜任力提出了更高的要求，需要教师具备创新教学方法的能力，能够设计出既符合学生认知规律又能激发学习兴趣的教学活动。需要教师具备促进学生主动学习的能力，能够通过各种策略激发学生的内在学习动力。还需要教师具备评估和反思教学实践的能力，能够定期对教学效果进行客观分析，及时调整教学策略，确保教学活动始终沿着正确的方向前进。

一个具备较高胜任力的教师，能够凭借深厚的专业素养和敏锐的教学洞察力，更精准地设计并实施教学活动，精准地把握学生的学习需求与兴趣点，从而更有效地促进学生的学科思维发展。这样的教师能够灵活运用各种教学策略，如情境教学、互动教学等，为学生营造一个既富有挑战性又充满趣味性的学习环境，使学生在掌握知识的同时，学会如何思考、如何创新。

3. 教师胜任力发展也有赖于学科思维提升

随着学科的不断发展和教育理念的不断进步，教师面临着知识结构与教学手段的双重挑战。学科思维的培养给教师提供了一种能够敏锐地捕捉学科发展新动态、新动向的有效工具。这种敏锐性在教师关注最新研究成果、深刻反思教学实践时也得到了体现。如数学教师通过对人工智能在数学建模中的应用等数学领域最新研究的探索，帮助学生了解数学在现代科学技术中的实际应用，这些前沿知识可以融入高中数学教学中。同时，教师通过学科思维的训练，能够更好地理解学科知识的内在联系，从而在教学中更有效地组织和呈现知识，帮助学生构建完整的知识体系。

学科思维既促进了教师知识的更新，又促进了教学方式的创新。具有较好学科思维的教师，能根据学科特点和学生的需要，设计出更具互动性和启发性的教学活动。比如，化学教师帮助学生在实践中掌握化学知识，通过引入实验探究、项目式学习等方式，培养学生的科学思维和实验技能。这种创新的教学方式在提高学生参与度的同时，也激发了学生的学习兴趣和创造力。

学科思维的提升使教师在面对不同学习背景学生的需求时，能够很快地调整教学策略，采用最适合学生的教学方法，从而激发学生的学习兴趣。教师还能对学生进行批判性思维和创新能力的培养，从而对学生的知识建构、问题解决有更好的指导作用。这种以学生为中心的教学，不仅提升了学生的学习成绩，更促进了他们的全面发展。所以说学科思维不仅是教师提升教学技能的重要途径，更是实现教育目标、培养未来人才的关键所在。

（二）学科思维培养与教学目标设定要深入融合

教学目标是教学活动的灵魂，也是教学活动的方向指引。学科思维是学科知识体系的精髓。在现代教育理念下，将教学目标设定与学科思维融合，是提升教学效果、培养高素质人才的关键举措。

在设定教学目标时，教师需充分考虑学科思维的内涵与特征。以数学学科为例，它的核心思维包括逻辑推理、抽象思维、模型构建等多方面。教学目标不应仅仅局限于知识的传授，如让学生记住数学公式、定理，更要着眼于培养学生的数学思维能力。

例如，在讲解函数概念时，教学目标应包括引导学生理解函数的抽象性质，学会运用逻辑推理分析函数的单调性、奇偶性等特征，以及掌握如何将实际问题转化为数学函数模型进行求解。这样的目标设定，能够使学生在学习过程中不仅知其然，更知其所以然，逐步构建起系统的数学思维体系，为深入学习数学知识、解决复杂数学问题奠定坚实基础。同时，学科思维的融入也使教学目标更具深度与挑战性，促使教师在教学设计中采用多样化的教学方法，如探究式学习、项目式学习等，激发学生的学习兴趣与主动性，实现教学目标的高质量达成。

学科思维的培养也依赖于科学合理的教学目标设定。教学目标的明确性、层次性与可操作性，为学科思维的培育提供了清晰的路径与有力的支撑。以语文教学为例，学科思维涵盖语言理解、文学鉴赏、文化传承等多个维度。教学目标应分层次设定，从基础的语言文字运用能力培养，到对文学作品的深入赏析，再到感悟文化内涵、提升文化自信，逐步引导学生形成完整的语文思维架构。比如，在教学《滕王阁序》时，基础目标是让学生掌握文言文的字词句解释，理解文章大意；进阶目标是赏析文中精妙的修辞手法、骈文的韵律之美，体会作者的情感变化；终极目标是领悟文中蕴含的传统文化精神，如对时光易逝的感慨、对功名理想的追求等，从而在语文学习中培养学生的审美思维、文化思维，使其在传承与创新文化的过程中发挥积极作用。教学目标的精准设定，使学科思维的培养不再是空中楼阁，而是有章可循、有法可依，确保学生在语文学习的每一步都能扎实地提升思维能力，实现学科素养的全面提升。

根据以上的探讨我们可以发现教学目标设定与学科思维融合是一个动态的、相互促进的过程。在教学实践中，教师要不断反思与调整教学目标，以更好地契合学科思维发展的需求，并依据学生学科思维的实际发展状况，优化教学目标的实施策略。这种融合不仅有助于学生掌握学科知识，更能在学生心中种下思维的种子，使其在未来的学习与生活中，能够运用学科思维去观察世界、解决问题，成为具有创新精神与实践能力的高素质人才。

（三）教学设计能力是学科思维培养的核心技能

教学设计能力是教师在教育实践中不可或缺的一项核心技能。它直接关系到教学活动的有效性和学生学习成果的达成。在这一能力的构建与提升过程中，学科思维扮演着至关重要的角色。作为对某一学科本质、知识体系、研究方法及学科发展动态的深刻理解和把握，学科思维是教师进行教学设计的基础框架和灵感源泉。它不仅帮助教师精准定位教学目标，还指导教师如何有效地组织教学内容、选择适当的教学方法与手段，以及设计富有启发性的教学活动。

在进行教学设计时，教师需要充分考虑学生的学科思维特点和学习需求，从而制订出符合学生实际的教学方案。学科思维使教师能够更准确地把握学科的核心内容和关键问题，从而设计出更具针对性和实效性的教学活动。

1. 学科思维给教师的教学目标提供了明确的定位

教师对每一节课、每一个教学单元乃至整个学期的教学目标，都能通过对学科核心理念、知识结构、逻辑关系的深刻理解来做到有的放矢。这种以目标为导向的教学设计，可以帮助学生形成系统的学科认知框架，在掌握基础知识的同时对学生的学科素养进行培养。如在数学教学中，如果教师具备扎实的数学学科思维，就能准确识别出数学概念之间的内在联系，设计出从具体到抽象、逐步深入的教学活动，引导学生逐步构建起数学的逻辑思维体系。

2. 学科思维促进了教学策略与方法的多样化与创新

在学科思维的指导下，教师能够根据不同的教学内容和学生特点，灵活运用讨论式、探究式、项目式等多种教学策略，激发学生的学习兴趣，促进深度学习。例如，在语文教学中，如果教师具备深厚的文学素养和语言学科思维，就能结合文本特点，设计角色扮演、情境模拟等互动环节，让学生在体验中感悟语言的魅力，提升阅读理解与表达能力。以历史学科为例，教师通过深入的学科思维训练，深知历史事件背后的社会、政治、经济等多维度因素交织的复杂性。此外，学科思维还鼓励教师利用现代信息技术手段，如多媒体教学、在线学习资源等，丰富教学形式，拓宽学习渠道，使教学更加生动有趣，适应信息化时代的学习需求。

3. 学科思维强化了教学活动的评价与反馈机制

基于学科思维的教学设计，不仅关注学生的学习结果，更重视学习过程的评价，强调对学生学科思维发展的监测与引导。通过设计具有诊断性、形成性和总结性评价功能的教学活动，教师可以及时了解学生的学习状态，发现学习障碍，进而调整教学策略，提供个性化的学习支持。同时，这种评价机制的建立，也促进了师生之间的有效沟通，增强了教学的互动性，为持续改进教学设计、提升教学质量提供了可能。总之，作为教师教学设计能力的基石，学科思维不仅提升了教学活动的针对性和有效性，也为教师的专业成长和教育的持续创新提供了不竭的动力。

这种基于学科思维的教学设计，不仅提升了教学的深度和广度，也极大地激发了学生的学习兴趣和参与热情，使教学活动真正成为促进学生学科思维发展的有效平台。

（四）教学引导能力是学科思维培养的具体落实

教师的教学引导能力在培养学生学科思维中起着至关重要的作用。教师需要具备设计教学目标的能力，遵循教学目标设计的依据，了解教学目标的陈述方法，掌握教学目标的设计要求。例如，在数学教学中，教师要设计出既符合课程标准又能够促进学生数学抽象、逻辑推理等思维能力发展的教学目标。

教师还应具备在教学中引导学生突出重点、突破难点的能力。这就需要教师精通教材，掌握教材的重点、难点和关键点，使教材的知识点轻重有别，条理清楚，主次分明。在教学过程中，教师可以通过创设情境、设计进阶问题、开展讨论探究和基于实际问题解决的迁移活动等教学策略，培养学生的学科思维。例如，在地理教学中，教师可以通过设计人类对地球和其他星球认知相关的批判性问题，引导学生进行深入思考和讨论，培养学生的辩证思维和创造思维。

此外，教师的教学引导能力还包括选择教学策略和教学方法的能力。教师要正确理解和运用启发式教学，把知识传授与学生的能力培养结合起来。在教学策略的选择上应以学生自主学习、自主研究为主要方式，在教学效果的评价上应以激发学生主动学习，学会学习为基本标准。例如，在理科教学中，教师引导学生通过实际操作和模型构建，认识科学的概念和原理，培养学生的科学思维。通过这些教学引导能力的运用，教师能够有效地促进学生学科思维的发展，为学生的终身学习和未来发展奠定基础。

在课堂互动中，教师扮演着至关重要的角色，需巧妙地引导学生积极参与讨论和思考，以培养其学科思维能力。教师精心设计的提问，如同投入平静湖面的石子，激起学生思维的涟漪。这些问题既不能过于简单，让学生轻易得到答案而缺乏思考，也不能过于晦涩，使学生望而却步。恰到好处的提问，能引导学生从不同角度审视问题，激发他们探索未知的欲望。

当学生在讨论中陷入困境或偏离主题时，教师及时的点拨能帮助他们回归正轨，继续深入探讨。反馈环节同样关键，教师对学生的想法和观点给予积极、建设性的反馈，不仅肯定学生的努力，还能指出其思考中的不足，鼓励他们进一步完善。通过这样的提问、引导、反馈循环，学生的思维活力得到充分激发，他们对学科知识的理解从表面走向深入，从零散走向系统，最终实现知识的灵活应用和学科思维能力的显著提升。

（五）学科思维培养和课程思政能力紧密相连

新时代背景下，教育的发展对高等教育提出了新的要求：不仅要致力于提升学生的专业技能水平，还必须高度重视并加强学生的思想政治素养与道德品质的培养。课程思政的融入，正是顺应高校教育理念变革的需求，同时也是思想政治教育不可或缺的本质体现。

2016 年 12 月，习近平总书记在全国高校思想政治工作会议上强调："把思想政治工作贯穿教育教学全过程，实现全程育人、全方位育人。""其他各门课都要守好一段渠、种好责任田，使各类课程与思想政治理论课同向同行，形成协同效应。"2020 年 5 月，教育部颁布了《高等学校课程思政建设指导纲要》（以下简称《纲要》）。《纲要》为课程思政建设工作指明了方向，要求高校教师："要充分挖掘和运用各门课程所蕴含的思想政治教育元素和所承载的思想政治教育功能，融入课堂教学各环节，实现思想政治教育与知识体系教育的有机统一。"

学科思维培养与教师课程思政能力之间存在着紧密的内在联系，二者相互促进、相辅相成。从学科思维培养的角度来看，教师需要具备扎实的学科知识和深入的学科理解，能够引导学生透过现象看本质，培养学生的思维深刻性、灵活性、敏捷性、批判性与独创性等思维品质。这不仅有助于学生掌握学科知识，更能够提升学生分析问题、解决问题的能力，为学生的全面发展奠定基础。

而教师的课程思政能力则是在学科教学中融入思想政治教育元素，实现知识传授与价值引领的有机统一。教师通过挖掘课程中的思政元素，将社会主义核心价值观、家国情怀、人文素养等融入教学内容，引导学生树立正确的世界观、人生观和价值观。

这种价值引领与学科思维培养相得益彰。一方面，思政元素的融入可以为学科思维提供更广阔的社会背景和价值导向，使学生的思维不仅仅局限于学科知识本身，而是能够站在更高的层面去思考问题；另一方面，学科思维的培养也为学生理解和内化思政元素提供了有力的支撑，使学生能够更加深入地理解思政教育的内涵，从而更好地实现课程思政的育人目标。

教师课程思政能力的提升对教师进行学科思维培养具有重要的推动作用。

首先，教师若具有良好的课程思政意识和能力，就能够从更高的教育理念出发，将学科教学与立德树人的根本任务紧密结合，使学科思维的培养不再局限于传授知识技能，而更加注重学生综合素质的提高和人格的塑造。如教师在讲解地理专业知识时，可结合实际案例，引导学生在社会发展中思考地理的应用和价值，培养学生的社会责任感和使命感，从而激发学生的学习兴趣和内在动力，促进学科思维的深度发展。

其次，教师通过深入挖掘课程中的思政元素，可以为学科思维培养提供丰富的素材和案例。这些思政元素往往蕴含着深刻的道理和价值观，能够引发学生的思考和讨论，促使学生在学习过程中不断拓展思维的广度和深度。比如，在医学课程中，教师在培养学生的同理心、人文关怀精神的同时，还可以结合医药类伦理道德、医德素养的内容，对医生的职业责任、使命等加以指导，使学生的批判性思维和道德判断能力得到很好的训练。

另外，教师为了适应学生的学习需要，达到思政元素与专业知识的有机融合，在课程思政的实施过程中就需要不断地创新教学方法和手段。教师可以采用多种教学方法来激发学生的主动性及创造性，培养学生的团队合作及动手能力，进一步提高学生的学科思维水平。

为了更好地促进学科思维培养，需要采取有效措施提升教师的课程思政能力。一是要加强教师的思政教育理论学习，这是提升课程思政能力的基础。学校应定期组织教师参加思政教育理论培训，系统地学习马克思主义理论、社会主义核心价值观等相关内容，提高教师的政治理论水平和思政意识。通过鼓励教师关注时事热点和社会问题，将最新的思政元素融入教学中，增强思政教育的时效性和针对性。二是开展差异化、有针对性的课程思政能力提升培训。针对不同学科领域教师的特点和需求，设计专门的培训课程和活动，帮助教师挖掘本学科中的思政元素，提升教师的课程思政教学设计能力和实施能力。例如，对于理工科教师，可以思考如何在教学中融入科学精神、创新意识等内容；对于文科教师，可以培养学生的家国情怀、人文素养等方面。

此外，建立完善的课程思政评价体系也是提升教师课程思政能力的重要保障。学校要制定科学合理的评价标准，客观公正地评价教师的课程思政教学效果，并将课程思政协同教学目标纳入教师考核评价体系。通过评价反馈，使教师及时了解自身在学科思维培养效果上的优势和不足，比如在课程思想、思政落实、教学方法及课程思政教学质量等方面。

从上面的分析中可以看出学科思维与教师胜任力之间存在着紧密的内在联系，这种联系体现在教师胜任力的构成、发展，以及在教学目标设定、教学设计、教学引导、课程思政等教学实践中应用的多方面。研究学科思维与教师胜任力的内在联系，是为了深入理解教师在特定学科领域内如何运用专业思维引导学生学习，以及这种思维能力如何影响并提升教师的教学表现和学生的学习成果，进而为优化教学设计、促进教师专业成长及提高教育质量提供科学依据和实践指导。

三、学科思维培养视域下教师胜任力模型的构成要素

构建教师胜任力模型有助于明确教师在学科思维培养中的角色定位，提升教师的专业素养，进而促进学生的全面发展。在第二章，我们分析了教师胜任力的内涵，接下来从学科思维培养的视域入手，一起探讨该如何培养和提升教师胜任力。

在学科思维培养视域下，教师胜任力模型的构建是一个复杂而系统的过程，它涉及对教师专业知识、教学能力、育人理念、自我发展等多个方面的综合考量。该模型既与综合的教师胜任力模型（第三章所述）保持一致，又有自己的特殊性。

接下来将从专业知识素养、教学技能、个人特质、专业态度、思政教学能力、技术应用能力六个角度，详细阐述学科思维培养视域下的教师胜任力模型构成要素。

（一）学科思维培养视域下的教师专业知识素养

专业知识素养是教师胜任力的基础，它关乎着教师对学科内容的掌握程度、对学科前沿动态的了解以及将知识转化为教学资源的能力。它涉及对所教学科的深入理解、扎实掌握及灵活运用。教师需具备深厚的学科知识，才能够准确、清晰地传授核心概念，同时运用多样化的教学方法和策略激发学生的学习兴趣，培养其批判性思维和解决问题的能力。

具体而言，学科思维培养视域下的专业知识素养应包含以下内容。

1. 深厚的学科知识基础

教师需具备扎实的学科知识，包括基本概念、原理、方法以及学科间的联系。这是培养学生学科思维的前提。只有深刻理解学科内容的教师，才能引导学生深入探讨、批判性思考。

2. 创新意识与探索能力

教师自身应具备创新意识和探索能力。创新意识促使教师不拘泥于传统教学内容与方法，敢于尝试新思路、新技术，以激发学生创造潜能。探索能力则要求教师具备持续学习、探索研究学科思维的能力。两者相辅相成，不仅提升了教学质量，更促进了师生共同成长。

3. 知识整合与转化能力

教师需具备将学科知识整合并转化为教学资源的能力。具体包括：将复杂的知识简化为易于理解的形式，以及将抽象的概念具体化、形象化。通过有效的知识整合与转化，教师可以帮助学生更好地理解和掌握学科知识，培养他们的学科思维。

4. 学科前沿动态的敏锐洞察

教师要保持对学科前沿动态的敏锐洞察，关注最新的研究成果、教育理念以及教学技术。这有助于教师将最新的知识、理念和技术融入教学，使教学内容更加丰富、生动，同时激发学生的学习兴趣和好奇心。

（二）学科思维培养视域下的教师教学技能

教学技能是教师胜任力的核心，它关乎着教师如何有效地传授知识、引导学生思考以及评估学生的学习效果。这包括课程设计、课堂管理、学生评估及反馈等方面的能力。教师需要能够根据学科特点和学生需求，设计富有启发性和挑战性的教学活动，有效组织课堂，确保学生在积极参与中深化理解学科内涵。并且通过恰当的评价手段，及时了解学生的学习进展，给予针对性的指导和反馈。

具体而言，学科思维培养视域下的教师教学技能包含以下内容。

1. 创新的教学设计能力

教师要具备创新的教学设计能力，能够根据学科特点、学生需求以及教学目标，设计出既符合学科逻辑又能激发学生兴趣的教学活动。这要求教师能够灵活运用多种教学策略，如情境教学、项目式学习、翻转课堂等，以促进学生主动学习和深度思考。

2. 引导学生思维发展的技巧

学科思维的培养需要教师具备引导学生思维发展的技巧。这包括提问技巧、讨论引导、反思指导等。通过有效的提问和讨论，教师可以激发学生的思考，帮助他们学会从不同角度审视问题，形成自己的见解。

教师要能引导学生从不同角度思考问题，培养其跨学科整合能力和创造性解决问题的能力。通过反思指导，教师可以帮助学生总结学习经验，提升他们的自我认知和自我调节能力。

3. 评估与反馈能力

教师要有能准确评价学生学科思维学习效果的科学评估方法和反馈能力，教师对学生的反馈要及时、有效。这就要求教师设计合理的评估工具和方法，如作业分析、课堂观察、测试等，以全面了解学生的学习情况。教师还需具备将评估结果转化为教学改进策略的能力，以持续提升教学效果。

（三）学科思维培养视域下的教师思政教学能力

新时代的教育发展要求高等教育不仅要培养学生的专业技能，还要注重学生的思想政治素养和道德品质的培养。课程思政是高校教育理念变革的需要，是思想政治教育的内在本质要求。

本章第二节中我们分析到，课程思政与学科思维培养相互促进、相得益彰。不仅仅是需要“思政课”的“课程思政”，在专业课中也要推进“课程思政”。其中提升教师思政教学胜任力是关键，它关乎教师如何将思想政治教育融入学科教学，培养学生的正确价值观和世界观。

可见，作为一种重要的学科思维培养视野下的胜任力，思政教学能力不只是教师的态度和品质，如价值观引领等。政治素养、思政教学能力、个人特质等都应该包含在广泛意义上的思政教学胜任力中。由于政治素养、个人特质等在其他构成要素中也有涉及，这里重点讨论思政教学能力，包括以下内容。

1. 思政元素的挖掘能力

教师可以通过对教材内涵的深入挖掘，对历史人物、学科发展关键事件的剖析，找到与思政教育相契合的专业知识点。通过关注时事热点，把国家政策、社会现象等融入课堂，增强学生的社会责任感和使命感。还可以通过讲述学科领域内的杰出人物的故事，培养学生理解其精神内涵和时代价值。

2. 思政教育内容的融入能力

教师要具备将思政教育内容融入学科教学的能力。要求教师在深入挖掘专业课程思政元素内涵与特征的基础上，结合学科特点、教学对象及教学目标，进行具有情境性的剖析、和运用。包括将专业课知识、能力和价值观三者紧密结合；具备灵活的课堂组织能力，能够激发学生的学习兴趣和积极性；

巧妙融合理想信念、社会主义核心价值观、爱国主义、中国传统文化等方面的教育；开展课程实践，在实践中体悟正确的世界观、人生观和价值观，持续成长。

（四）学科思维培养视域下的教师个人特质

教师个人特质是教师胜任力的重要组成部分，它涉及教师的性格、价值观以及对待工作的态度。学科思维培养视域下的教师个人特质应包含以下内容。

1. 积极的学习态度

教师要保持积极的学习态度、不断更新自己的知识和技能。这有助于教师保持对教育领域的敏锐洞察，将最新的教育理念和技术融入教学。通过积极的学习态度教师还能激发自我的创新精神，促进自己在教学实践中不断探索。

2. 耐心与责任心

教师具备耐心和责任心，那就会关注学生的个体差异和需求，为他们提供个性化的指导和支持。这有助于教师建立良好的师生关系，激发学生的学习动力，提升学生的学习效果。

教师具备耐心和责任心，也意味着教师要尊重不同学生的观点，鼓励并支持学生勇于质疑、敢于探索。这有助于营造一个包容、多元的学习环境，促进学生全面发展和个性成长。

3. 反思与自我提升

优秀的教师也是终身学习者。教师要在教学过程中做到不断反思问题、思考改进途径。通过持续的反思和学习，教师才能实现专业能力的进一步发展。这种自我反思和持续学习的特质是提升教师胜任力的关键。

（五）学科思维培养视域下的教师专业态度

专业态度是教师胜任力的关键要素，它关乎教师对教育事业的热爱、对职业的尊重以及对学生的关怀。学科思维培养视域下的教师专业态度应包含以下内容。

1. 对教育事业的热爱

教师要具备对教育事业的热爱和奉献精神。这有助于教师不断提升自己的教学水平和专业素养，保持对教学的热情和投入。对教育事业产生的热爱还能激发教师的创新精神，促使他们在教学实践中不断探索。

2. 对职业的尊重与敬畏

教师应当师德高尚，尊重自己的职业，保持对教育的敬畏之心。这有助于教师认真对待教学工作，当好学生的“指路人”。对职业的尊重与敬畏还能激发教师的责任感，促使教师为学生的成长和发展积极贡献力量。

对职业的尊重也意味着主动沟通与配合，有效的沟通能帮助学生更好地理解学科内容，而团队协作则能汇聚多方智慧，共同解决教学中的难题。教师需要与学生、同事及家长建立良好的沟通渠道，共同促进学生成长。

3. 对学生的关怀

学科思维的培养不仅仅是教师对学生进行知识的传授，更重要的是对学生进行价值观的塑造和人格的培养。教师需要具备高度的责任感和使命感，关心学生的全面发展，通过言传身教，传递积极向上的价值观，营造乐观好学的学习氛围。

（六）学科思维培养视域下的教师技术应用能力

技术应用能力是教师胜任力的新兴要素，它关乎教师如何运用现代信息技术手段提升教学效果和学生的学习体验。学科思维培养视域下的教师技术应用能力应包含以下内容。

1. 信息技术与学科教学的融合

教师要具备将信息技术与学科教学相融合的能力。这要求教师在设计教学活动时注重运用如多媒体教学、在线教育平台、智能教学系统等现代信息技术手段，以丰富教学资源、优化教学过程、提升教学效果。

教师要具备制作多媒体课件、录制教学视频、开发在线课程等数字化教学资源的开发与利用能力。通过数字化教学资源的开发与利用，教师可以为学生提供更加丰富、生动的学习材料和学习体验，激发他们的学习兴趣和参与度。通过对数字化教学资源挖掘和应用，也有助于实现教学资源的共享和复用，提高教学效率和质量。

此外，教师还需关注信息技术的发展趋势和应用前景，不断更新自己的技术知识和技能。

2. 数据分析与评估能力的提升

教师要具备数据分析和评估能力，能够运用现代信息技术手段对学生的学习数据进行收集、分析和评估。通过对数据进行分析、提升分析和评估能力，这有助于教师了解学生的学习情况和需求，及时调整教学策略和方法，以提供个性化的指导和支持，也有助于教师对自己的教学效果进行客观评估，以持续提升自己的教学水平和专业素养。

从上面的分析中我们看到，在学科思维培养的视域下，教师的胜任力模型构成要素包括专业知识素养、教学技能、个人特质、专业态度、思政教学能力、技术应用能力六方面。这些要素相互关联、相互促进，共同构成了教师在学科思维培养中的核心竞争力。

四、学科思维培养视域下教师胜任力的评价机制

机制（Mechanism）概念最早源于自然科学领域，如《辞海》对“机制”的定义为：“机制，原指机器的构造和工作原理。”当机制概念被引入社会科学领域时，泛指一个工作系统的组织或部分之间相互作用的过程。

2020 年，中共中央、国务院印发的《深化新时代教育评价改革总体方案》中，针对教师教育教学实绩提出了以下评价要求：要改革教师评价，推

进践行教书育人使命。

结合机制的概念及政策的要求，我们针对学科思维培养视域下教师胜任力制定了评价机制，如图 4.1 所示。分别从“评价主体与内容—评价指标体系—保障机制”的角度，对应着谁来评？评什么？怎么评？政策与资源有哪些？多个内容，彼此紧密联系，共同形成学科思维培养视域下教师胜任力模型的评价机制。

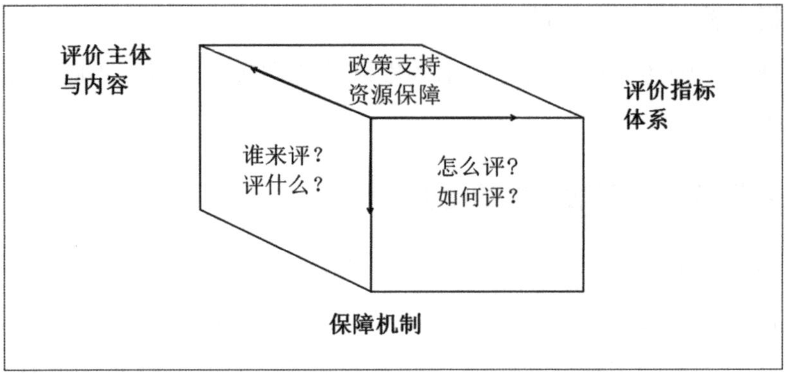

图4.1　学科思维培养视域下教师胜任力的评价机制

（一）评价主体

评价主体主要回答的是“谁来评？”这一问题。教师胜任力评价是一个复杂而系统的过程，需要综合考虑不同评价主体的意见和建议。在探讨学科思维培养背景时，教师胜任力评价主体呈现多元化特点，包括学生、同行专家、教师本人以及管理层。

1. 作为教学活动的直接参与者，学生与教师频繁互动，能直观感受教师的学科思维、教学方法及教学质量

他们不仅能察觉课堂管理、氛围营造，也能够察觉个性化教学的细微差异。学生的即时反馈，也是教师提升的宝贵资源，帮助教师发现教学不足，如方法单一、互动缺乏或忽视个性化需求。同时，学生反馈也反映了他们的学习期望，为教师教学内容、进度和方式的调整提供方向。

2. 同行专家通常是教育领域的先行者和杰出代表，他们是评价教师胜任能力的另一重要主体

他们往往有深厚的教育背景和专业经验，对教学内容、教学方法有着全面而深入的理解。在对教师胜任力进行评价时，同行专家能够基于自身的专业知识和实践经验，对教师的专业知识掌握程度、教学能力表现以及教学方法的有效性进行客观、专业的评估。此外，他们还能根据教师的具体表现，提出具有针对性和前瞻性的教学建议和指导，帮助教师明确改进方向，进一步提升教学水平和胜任力。所以说同行专家的评价对于教师的专业成长和教学质量的提升具有不可替代的重要作用。

3. 教师自评包括撰写教学日志、进行教学反思、制订和调整教学计划等

通过这些方式，教师能够系统地回顾和总结自己的教学实践，深入反思学科思维教学的得失，不断积累教学经验、提升教学能力。教学日志记录了教学过程中的点滴感悟，教学反思则促使教师深入思考教学行为背后的原因，教学计划的制订和调整则帮助教师明确教学目标、优化教学策略。这一过程不仅对教师形成学科思维特有的教学模式有很大的帮助，而且对教师的专业成长也有较好的促进作用。

4. 高校的各级管理者在提升教师学科思维教学质量方面扮演着重要角色

他们通过积极参与听课、查课等教学活动，对教师的学科思维教学质量进行全面而细致的监督和评价。在这一过程中，管理者不仅要关注教师的教学内容和教学方法，还要深入考察其对学生学科思维能力的培养效果。基于评价结果，管理者能够为教师提供必要的政策支持和资源保障，如教学经费、教学设施以及教学培训等，为教师的学科思维教学创新创造有利条件。这种全方位的支持，不仅有助于激发教师的教学热情，还能有效提升其学科思维教学的质量和水平。

（二）评价指标体系

评价指标体系即评价内容，主要回答的是“评什么？”这一问题。国内学者对于描述教师胜任力比较有代表性的两种观点：其一，教师胜任力是与教师成功教学所体现出来的专业知识、专业技能和专业态度的综合。其二，教师胜任力包括知识、态度、能力、价值观、动机、个人特质等内容。根据前面几章的分析，从研究目的出发，根据不同学者对于胜任力和教师胜任力概念的界定和概述，我们对教师胜任力的概念侧重于以下几方面：教师为达到教学目标所体现出来的专业知识素养、教学技能、思政教学能力、个人特质、专业态度、技术应用能力的综合表现。

所以，评价指标体系需要注意的有以下三方面。

1. 教师胜任力核心评价内容之一是教师的专业知识素养

这就要求教师不但要有扎实的专业知识基础，而且要具备能把专业知识内化为学科思维的能力。在评价的时候，我们重点考查的是教师对学科知识的理解和掌握程度，以及如何运用学科思维来分析问题、解决问题的能力。教师的逻辑思维、批判性思维以及创造性思维能力也有助于其引导学生进行深入思考，是培养学生学科素养的重要评价指标。

2. 教学方法和手段的运用能力也是评价的重要内容

为了激发学生的学习兴趣和主动性，教师需要掌握探究式学习、项目式学习等多样化的教学方法。在评价的时候，要关注教师怎样灵活运用教学方法，怎样根据学科特点及学生的需要来借助现代技术手段提高教学效果。此外，教师的课堂管理能力和与学生沟通互动的能力也是评价的关键点，这些能力对于营造良好的学习氛围、促进学生的学科思维发展具有重要意义。

3. 学科思维培养视域下教师胜任力模型的评价机制

这是一个综合考量教师专业知识、思维能力、教学方法和手段运用能力以及课堂管理和沟通互动能力的复杂系统。

所以结合本章第三节的分析，我们构建了一个包含“专业知识素养、教学技能、思政教学能力、个人特质、专业态度、技术应用能力”六个维度、“评价目标、评价因素、评价因子”三级指标的学科思维培养视域下教师胜任力评价指标体系，以期为教师的专业发展和教育质量的提升提供有力的支持。通过胜任力评价指标体系的引导和激励，专业课教师可以不断提升自己的学科思维教学能力和专业素养，为自身的专业成长和职业发展奠定坚实基础。

根据科学性、全面性和可操作性原则，结合层次分析法构建指标体系如表 4.1 所示。

表4.1 学科思维培养视域下教师胜任力评价指标体系

评价总目标（一级指标）	评价因素（二级指标）	评价因子（三级指标）	因子说明
学科思维培养视域下教师胜任力	专业知识素养	深厚的学科知识基础	扎实的学科知识，是培养学科思维的前提
		思考意识与探索能力	自身应具备思考意识和探索能力
		知识整合与转化能力	将学科知识整合并转化为教学资源的能力
		学科前沿动态的敏锐洞察	将学科动态融入教学
	教学技能	创新的教学设计能力	设计出既符合学科逻辑又能激发学生兴趣的教学活动，促进学生深度思考
		引导学生思维发展的技巧	包括提问技巧、讨论引导、反思指导等
		评估与反馈能力	能够准确评估学生学科思维的学习效果，并提供及时、有效的反馈
	思政教学能力	思政元素的挖掘能力	结合学科特点、教学对象及教学目标，深入挖掘思政元素
		思政教育内容的融入能力	巧妙融合理想信念、社会主义核心价值观、爱国主义、中国传统文化等方面的教育，润物细无声

续 表

评价总目标（一级指标）	评价因素（二级指标）	评价因子（三级指标）	因子说明
学科思维培养视域下教师胜任力	个人特质	积极的学习态度	不断更新自己的知识和技能
		耐心与责任心	关注学生的个体差异和需求，为他们提供个性化的指导和支持
		反思与自我提升	应是终身学习者，能够不断反思教学实践
	专业态度	对教育事业的热爱	保持对教学的热情和投入，不断提升自己的教学水平和专业素养
		对职业的尊重与敬畏	师德高尚，尊重自己的职业，保持对教育的敬畏之心
		对学生的关怀	通过言传身教，传递积极向上的价值观，营造积极向上的学习氛围
	技术应用能力	信息技术与学科教学的融合	在设计教学活动时，注重运用现代信息技术手段
		数据分析与评估能力的提升	能够运用现代信息技术手段对学生的学习数据进行收集、分析和评估

若需进行调查问卷，还可将以上评价因子转换为具体问题，以地理学科为例（具体调查问卷见附录所示）。

例如：

- 因子“深厚的学科知识基础”可落实为：

（1）是否具有地理专业知识

（2）是否能够传授地理学知识与技能

- 因子“思考意识与探索能力”可落实为：

（1）具备探索地理现象及其原理的能力

（2）能有效解决地理教学过程中遇到的问题

- 因子“知识整合与转化能力”可落实为：

（1）具有丰富的教学和课堂活动设计经验

（2）能够将复杂的地理知识简单化，便于学生记忆

- 因子“学科前沿动态的敏锐洞察”可落实为：

（1）践行终身学习的理念

（2）时刻关注地理学科动态发展趋势

- 因子“创新的教学设计能力”可落实为：

（1）能够创新地理教学方法

（2）具备培养学生创新思维的能力

- 因子“引导学生思维发展的技巧”可落实为：

（1）在教学过程中能够合理地设计问题和教学活动

（2）具备引导学生从不同角度思考问题的能力

- 因子“评估与反馈能力”可落实为：

（1）具备自我反思能力

（2）能够准确评估学生学习情况

- 因子“思政元素的挖掘能力”可落实为：

（1）能够在地理教学中践行课程思政教育理念

（2）能够在教学中进行思政元素挖掘

- 因子“思政教育内容的融入能力”可落实为：

（1）具有把思政元素融入专业课的意识

（2）具备地理专业课思政教学技能

- 因子“积极的学习态度”可落实为：

（1）对地理学科始终保持不断学习的心态

（2）具有与同事合作研究教学的能力

- 因子“耐心与责任心”可落实为：

（1）能够在教学中尊重学生的想法

（2）为人亲和，对学生有耐心

- 因子“反思与自我提升”可落实为：

（1）拥有较强的自控能力，面对问题理性思考

（2）有清晰的自我认知

- 因子“对教育事业的热爱”可落实为：

（1）能够保持对教育事业的热情

（2）不断提升自己的地理素养和教学水平

- 因子“对职业的尊重与敬畏”可落实为：

（1）认为从事地理教育工作是非常重要的

（2）具有较强的职业认同感（职业态度）

- 因子“对学生的关怀”可落实为：

（1）能够了解学生的身心发展规律

（2）具有正确的教师观、学生观

- 因子“信息技术与学科教学的融合”可落实为：

（1）能够熟练掌握各种教学软件

（2）能够合理运用信息技术进行教学

- 因子“数据分析与评估能力的提升”可落实为：

（1）能够运用信息技术将学生的学习成果可视化

（2）能够根据学生的学习情况及时调整教学方法与手段

（三）评价方法

以上对评价主体和内容（指标体系）的分析，回答了“谁来评？”“评什么？”的问题，接下来还要回答“怎么评？”的问题。

1. 多元化评价策略

在本节第一部分，我们分析到学科思维培养视域下教师胜任力评价主体具备多元化特点，在评价方法中也需要牢牢围绕该特点来进行。我们需综合

运用多种评价方式，以确保评价的全面性和准确性。

首先是课堂观察。作为一种直接的、生动的评价手段，课堂观察可以真实地反映教师在课堂上的表现。教师的教学语言、肢体动作、课堂互动等细节，都可以通过专业评估人员的现场观察进行细致的捕捉，进而对教师教学技能、课堂管理能力、学生反应的敏锐度等方面进行评估。

作为课堂观察的延伸，教学视频分析可以突破时空限制，让评估者对教师的教学行为进行反复观看和深入剖析，从而提供更加客观、细致的评价。

此外，通过问卷调查、座谈会等形式，收集学生对教师教学风格、课程内容、课堂氛围等方面的感受和建议，这也是不可或缺的一环，有助于教师了解学生的学习需求和期望，进而调整教学策略。

同行评议则是从同行教师的角度进行评价，它不仅能够提供外部视角的反馈，还能促进教师之间的交流与学习。同行评议可以涵盖教学设计的创新性、课堂管理的有效性、教学内容的丰富性等多方面，通过匿名评审、小组讨论等形式，确保评价的公正性和建设性。

鼓励教师撰写自我反思日志，记录教学过程中的得失与思考，是一种促进教师自我成长的有效方式。自我反思日志不仅能够帮助教师深入剖析自己的教学行为，还能激发其对教学理念的再思考，从而推动其教学技能的持续提升。

为了进一步强化多元化评价策略的效果，定期组织教学研讨会显得尤为重要。这些研讨会为教师提供了一个个分享教学经验、交流教学心得的平台。在研讨会上，教师可以展示自己的教学案例，分享教学过程中的成功经验和遇到的挑战，倾听同行的评价和建议。这种面对面的交流不仅能够促进教师之间的互相学习和借鉴，还能激发新的教学灵感和创意。此外，教学研讨会还可以作为同行评审的延伸，通过小组讨论、案例分析等形式，深化对教师教学能力的理解和评价。通过定期举办教学研讨会，我们能够构建一个积极、开放的教学评价体系，为教师的专业成长提供持续的动力和支持。

从上述分析中可以发现，实施多元化的评价策略，需要通过定期组织教学研讨会，综合运用课课堂观察、教学视频分析、学生反馈、同行评议、自我反思日志、鼓励教师分享教学经验、互评互鉴等多种评价手段。这样的评价体系，既能全面准确地反映教师胜任能力水平，又能激发教师的教学热情和创新能力。

2. 利用技术辅助评价

在当今数字化时代，技术提供了前所未有的便利，也提供了教学评估的精确性。

（1）技术辅助评价的基础是引入教学管理系统

这一系统能够全面记录教师的教学活动，包括课程安排、教学资源使用、学生互动情况等，同时收集并分析学生的作业完成情况、考试成绩、在线学习时长等学习表现数据。通过教学管理系统，可以追踪教师的教学进度，识别教师在教学策略、课堂管理等方面的长处以及待改进的地方，为教师提供个性化的反馈和发展建议。通过教学管理系统，还可以分析学生的成绩数据，帮助我们了解学生的学习需求、兴趣爱好以及潜在的学习障碍，为教学调整提供科学依据。

（2）利用人工智能技术分析教学视频有助于实施精准评价

人工智能技术能够自动识别和分析教学视频中的教师行为，如语言表达、肢体动作、课堂互动模式等，以及学生的学习反应，如注意力集中程度、情绪变化、参与度等。这种细致入微的分析，克服了传统评价的主观性和局限性，为评价提供了一个比较客观的、精细的角度。通过人工智能技术，我们可以深入探究教师的教学风格与学生学习效果之间的关联，识别出哪些教学行为更能激发学生的学习兴趣和思维活力，哪些行为可能会导致学生的困惑。这些信息对于指导教师改进教学策略、优化教学设计有很高的指导价值。

需要强调的是，技术辅助评价并非取代人工评价，而是与之相互补充。教学管理系统和人工智能技术提供的数据和分析结果，应作为人工评价的重要参考，而不是唯一的评价标准。教师、教学管理者以及教育技术专家要结合专业判断、教学经验，一起参加评价过程，解读后再运用技术分析结果。通过技术与人工的深度融合，为教师的专业成长和学生的学习发展提供强有力的支持，构建一个较为全面、精确、人性化的评价体系。利用技术辅助评价，不仅能够提升评价的效率和精度，还能促进教学与技术的深度融合，推动教育质量持续提升。

3. 建立个性化成长档案，强化评价结果的应用

为每位教师量身定制学科思维视域下的胜任力成长档案，不仅记录他们的教学历程、培训经历以及历次评估的结果，也能成为反映其专业成长轨迹的宝贵资料。

在这些档案中，教学历程部分要详细记录教师从初上讲台到成熟阶段的每一次教学实践，包括课程设计、教学方法的探索、学生互动的创新等，这些记录不仅展现了教师个人的教学风格，也反映了其在学科思维视域下教学理念上的不断成熟。培训经历则记录教师参与的每一次学科思维相关专业培训、工作坊或学术会议，这些经历是教师知识更新、技能提升的重要途径。而评估结果，无论是来自学生的反馈、同行的评审，还是自我反思的总结，都是对教师教学效果的客观评价，为教师的自我认知和后续发展提供了重要参考。

在这些丰厚的成长档案基础上，下一步就可以为教师量身定做个性化培训发展方案了。这些方案既考虑到教师目前的胜任力水平，又与教师个人的职业发展目标和愿景相结合。

比如，对于在学科思维教学创新方面表现出色的教师，可以给他们提供更多教育技术应用、学科交叉融合等方面的培训机会。对于在班级管理或学生辅导方面有待提升的教师，则可以为他们安排专门的研讨会或工作坊，帮助他们掌握更有效的管理技巧和学生心理支持方法。个性化的培训计划，旨在帮助每位教师在自己的优势领域继续发光发热，同时在需要提升的方面给予有针对性的指导，从而实现全面的专业成长。

最后，强化评价结果的应用，是将教师成长档案转化为实际行动的关键步骤。一方面，将评价结果与教师绩效挂钩，不仅是对教师工作成果的认可，更是一种激励机制，鼓励教师不断追求教学卓越，提升自身胜任力。这种挂钩不仅体现在物质奖励上，更重要的是，它传递了一种积极向上的组织文化，即重视教师专业成长，鼓励持续学习和创新。另一方面，针对评价结果中反映出来的问题，为教师提供有针对性的指导和支持，这包括一对一的辅导、小组讨论、教学案例分享等多种形式，旨在帮助教师深入剖析问题根源，找到改进的方向和策略。这种基于评价结果的个性化支持，不仅有助于教师快速解决教学难题，更促进了教师之间的互相学习和共同成长，为构建一个高效、和谐的教学团队奠定了坚实的基础。

（四）评价制度保障

为保障评价机制能顺利运行，需要有制度保障。

1. 制度保障是提升教师学科思维教学质量的基础

为了加强教师的学科思维教学能力，我们需要定期组织一系列的专业培训。这些培训不仅涵盖理论知识的更新，还包括教学技能的提升以及师德师风建设。

通过理论培训，教师可以深入了解学科前沿，把握教学方向。教学技能培训则帮助教师掌握更多元化的教学方法，提高教学效果。而师德师风培训则强调教师的职业道德和社会责任感，确保教师成为学生成长道路上的引路人。此外，我们还需要制订明确的实施方案和细则，将学科思维教学融入专业课程之中，明确专业课教师在这一方面的职责和要求。建立将教学效果纳入教师评价体系、特别是教师学科思维教学考核奖惩并举的方式，能激励教师不断提升自身的学科思维教学胜任力。

2. 评估与反馈机制是提升教师学科思维教学质量的必要手段

根据制定的胜任力评价指标体系，我们需要定期对专业课教师的学科思维教学质量进行评估和检查。这一评估体系应涵盖教师的教学设计、课堂引导、教学互动、教学反思等多个方面，确保评价的全面性和客观性。评估结果应及时反馈给教师，帮助他们了解自己在教学中存在的问题和不足，从而有针对性地进行教学改进。还应鼓励教师根据评估结果进行自我反思，通过撰写教学日志、参与同行评审等方式，不断反思和改进自己的教学。

3. 长效评价与激励机制是保障教师学科思维教学质量持续提升的关键

为了激发教师的积极性和创造力，我们需要建立一系列长效的评价与激励机制。比如，可以设立专项经费用于教师的培训和进修以及课程教学资源库的建设。这些资源库可以为教师提供丰富的教学素材和案例，帮助他们更好地将学科思维教学融入专业课程之中。我们还可以通过建立教学团队来促进教师之间的交流和合作。教学团队中通过集体备课、教学研讨等方式，可以分享教师彼此的教学经验和心得，共同提升学科思维教学能力。我们还应定期进行教师胜任力评估，根据评估结果提供个性化的提升建议。这些建议可以针对教师的个人特点和教学需求，帮助他们找到适合自己的发展路径。此外，我们还可以设立奖励机制，如学科思维教学教学优秀奖等，鼓励教师积极参与课程实践，为提升学科思维教学质量贡献自己的力量。

五、本章小结

在前面几章分析的基础上，本章探讨构建学科思维培养视域下的教师胜任力模型，分别分析了学科思维培养视域下教师胜任力存在的主要问题、学科思维培养与教师胜任力的内在联系，学科思维培养视域下教师胜任力模型的构成要素、学科思维培养视域下教师胜任力模型的评价机制。

（一）学科思维培养视域下教师胜任力存在的主要问题

在当前的教育环境中，学科思维培养视域下教师胜任力面临着一些主要问题。首先，教师学科思维培养深度与广度存在不足，部分教师仍过于注重知识的传授与记忆，而忽视了对学生学科思维的培养。这种传统的教学方式限制了学生的主动思考和探索能力，难以激发学生的学习兴趣和内在动力。其次，一些教师自身学科思维存在局限性。这限制了他们在教学中引导学生形成全面、系统的学科思维。部分教师的教育技术应用能力不足，难以将现代技术手段有效融入课堂教学，从而影响了教学效率和质量。最后，学科思维教学资源与评估机制尚待改进，教师难以发现自身在学科思维培养方面的不足。

（二）学科思维培养与教师胜任力的内在联系

学科思维培养与教师胜任力之间存在着紧密的内在联系。首先，学科思维与教师胜任力相辅相成。教师的学科思维能力是其胜任力的重要组成部分。一个具备强大学科思维能力的教师，能够深入把握学科的本质和规律，发现学科之间的联系和差异，从而在教学中引导学生形成全面、系统的学科认知。其次，学科思维培养与教学目标设定、教师教学设计能力、教师教学引导能力、教师课程思政能力息息相关。

学科思维培养与教学目标的设定要深入融合，教学目标不仅是教学活动的导向，而且是学科思维培养的基石。教学设计能力是学科思维培养的核心技能，教师需要围绕教学目标，精心设计教学活动，通过问题引导、案例分析、实践操作等方式，激发学生的学习兴趣，促进其主动思考和深度探究。在教学引导方面，教师要成为学生学习的引导者和伙伴。通过巧妙的提问、适时的点拨和鼓励性的评价，教师能够引导学生深入思考，培养他们的问题意识和批判性思维。课程思政能力与学科思维培养紧密相连，在学科思维培养的过程中，教师要注重挖掘学科中的思政元素，通过生动的案例和深入的剖析，引导学生树立正确的世界观、人生观和价值观。

（三）学科思维培养视域下教师胜任力模型的构成要素

在学科思维培养视域下，教师胜任力模型的构成要素主要包括专业知识素养、教师教学技能、思政教学能力、教师个人特质、教师专业态度、教师技术应用能力。

在学科思维培养视域下，教师胜任力模型的构成要素呈现多元化特点，主要包括专业知识素养、教师教学技能、思政教学能力、教师个人特质、教师专业态度以及教师技术应用能力。专业知识素养是教师的基础，涉及深厚的学科知识及教育学、心理学原理的掌握。教师教学技能则体现在将知识有效传授给学生，包括课程设计、课堂管理和学生评估等方面。思政教学能力是教师引导学生形成正确价值观的关键，强调将思政教育融入日常教学中。个人特质如创新思维、自我反思能力有助于教师的专业成长。教师专业态度体现教师的责任心与敬业精神。此外，随着技术的发展，教师技术应用能力日益重要，它要求教师能够灵活运用现代教育技术手段，提升教学效果。这些要素相互关联、相互促进，共同构成了教师胜任力的核心框架。

（四）学科思维培养视域下教师胜任力模型的评价机制

为了有效评价学科思维培养视域下教师的胜任力水平，我们需要建立评价机制。首先，我们应该明确评价的主体，回答“谁来评？评什么？怎么评？”的问题。其次，要获取全面客观的评价数据，就要运用多种测评方法和手段。在评价过程中，也要注意评价结果的反馈和应用，在学科思维培养上及时帮助教师发现自己的不足，有针对性地提出改进意见。此外，还要根据教育环境的变化和教师发展的需要，建立持续动态的评价机制，不断调整和完善评价的内容和标准。这样一套科学、全面的评价机制，可以有效地促进教师在学科思维培养方面的专业成长和发展。

从上面的分析中，我们看到学科思维培养视域下教师胜任力模型的构建是一个复杂而系统的过程。我们需要明确存在的问题和挑战，深入理解学科思维培养与教师胜任力之间的内在联系，科学构建教师胜任力模型的构成要素。

第五章

案例研究与实践探索

在第四章中，我们探讨构建了学科思维培养视域下的教师胜任力评价指标体系，这一体系覆盖了“专业知识素养、教学技能、思政教学能力、个人特质、专业态度、技术应用能力”六大核心维度，旨在为教师胜任力的综合评价提供科学依据。

专业知识素养强调教师对所教学科的深入理解和把握，是教学的基础；教学技能则关乎教师将知识有效传递给学生的能力，包括课程设计、课堂管理等关键环节；思政教学能力要求教师在传授专业知识的同时，融入思想政治教育，培养学生正确的价值观；个人特质如耐心、同理心等，对建立良好的师生关系至关重要；专业态度反映了教师对教育事业的热爱和投入程度；技术应用能力则体现了教师在数字化时代适应并有效利用技术提升教学效果的能力。这六个维度相互关联，共同构成了教师胜任力的全面图景。

在教学实践中，仅仅建立学科思维培养视域下的教师胜任力评价指标体系还远远不够，如何有效提升教师胜任力是我们最终要达成的核心目标。这一目标的实现依赖于一系列具体而细致的实践内容。

首先，教学目标设定是基础，它要求教师清晰明确地界定每堂课乃至整个学期的教学目的，确保教学活动始终围绕目标展开，这不仅有助于教师把握教学方向，也为学生提供了明确的学习指引。紧接着，教学设计环节至关重要，其涵盖了课程内容的选择、组织以及教学方法的确定，要求教师根据学生的实际情况和学科特点，设计出既符合教学规律又能激发学生兴趣的教学方案。

在此基础上，课堂引导和教学互动是提升教师胜任力的关键。教师要具备灵活应变的能力，通过有效的课堂引导，激发学生的学习兴趣，促进深度思考。课程思政教学的融入，要求教师在传授专业知识的同时，注重培养学生的思想品德和社会责任感，实现知识传授与价值引领的统一。

此外，教学反思与课程评价也是不可或缺的环节。教师要定期进行自我反思，审视教学过程中的得失，及时调整教学策略。通过课程评价收集学生反馈，了解教学效果，从而为后续的教学改进提供依据。这些实践内容的综合应用，不仅有助于教师胜任力的持续提升，更为教学质量的全面优化奠定了坚实基础。

接下来，我们将结合第四章中对学科思维培养与教师胜任力的内在联系的分析，从教学目标设定、教学设计、课堂引导、课程思政教学、教学反思与课程评价五个维度，探讨如何提高学科思维培养视域下的教师胜任力。

一、学科思维培养视域下的教学目标设定

在学科思维培养视域下，教师进行教学目标设定是一个复杂而关键的过程。它要求教师不仅要具备深厚的学科知识，还需要拥有将知识转化为培养学生学科思维能力的教学策略。

1. 教学目标的设定应聚焦于学科核心素养的落实

教师在设定教学目标时，需深入研究专业培养目标和课程目标，明确学科核心素养的内容维度、内涵要义及内在联系。例如，在数学学科中，教师要明确培养学生的逻辑思维、抽象思维及问题解决能力是数学学科的核心素养。所以在制定教学目标时，教师要围绕这些核心素养进行设定，例如，“通过本节课的学习，学生能够运用逻辑推理解决数学问题，提升抽象思维能力”。这样的目标不仅具体明确，而且直指学科核心素养的培养。

2. 教学目标的确立要具有前瞻性、系统性

前瞻性是指，教师在制定目标时，需要考虑学生的长远发展，要思考如何通过教学为学生未来的学习及事业打下基础；系统性要求教师在设定目标的时候要把目标放到整个课程体系上来考虑，这样才能保障目标在各个层次上的内在联系和逻辑关系。

3. 制定教学目标要有可操作性，要有可评价性

可操作性就是教学目标要具体、要明确，这样在教学过程中便于教师们贯彻执行。可评价性则要求为了评价学生的学习成果，教学目标应能量化或者能进行具体的描述。比如，英语学科，教师可以设定目标为“学生可以在日常对话中运用所学的词汇和句型”。为达到这一目标，教师可以设计角色扮演、小组讨论等教学活动，并在教学过程中观察学生的表现，通过录音、录像等方式收集学生的学习成果进行评估。这样的目标既具有可操作性，又便于教师进行教学效果的评价。

在本节中，我们从学科思维培养视域下的教学目标设定的重要性、设定的方式入手来进行具体的案例分析。

（一）学科思维培养视域下的教学目标设定的重要性

在学科思维培养视域下，教学目标的设定对于培养学生的高级思维能力具有关键作用。通过设定与学科思维相关的教学目标，教师可以强化学生对学科知识的理解和应用，培养他们的批判性思维、创造性思维等高级思维能力。这些思维能力不仅有助于学生更好地掌握学科知识，还能够提升他们解决问题的能力和创新能力，为未来的学习和工作打下坚实的基础。因此，在学科思维培养视域下，教学目标的设定不仅是教学活动的导向和评价标准，更是培养学生高级思维能力的重要途径。

1. 教学目标设定的基础功能是为教学活动提供清晰的导向

在教学活动中，教师作为引导者需要明确知道要带领学生走向何方，而

教学目标正是这一方向的指南针。它确保了无论是课程设计，还是教学方法的选择，抑或课堂互动，教师在教学过程中都紧紧围绕核心目标展开，从而避免了偏离主题或迷失方向的风险。这种清晰的导向既提高了教学的针对性和实效性，又为学生更好地抓住学习重点、提高学习效率提供了一条明确的路径。

2. 教学目标设定对于促进学生发展也具有不可忽视的作用

教学目标设定了完成学习任务后学生应达到的知识技能水平，是学生学习成果的预期体现。通过制定具体的、可衡量的目标，学生能够对自己的学习任务和预期的成果有一个清晰的认知，进而激发学生的学习动力和积极性。教学目标也为学生规划学习路径、合理安排学习时间、保证学习过程的系统性和连贯性提供了明确的学习方向。这种以目标为导向的学习方式，对学生自主学习和自我管理能力的培养、促进学生全面发展都有很大的帮助。

3. 教学目标设定还是教师教学评价的重要依据

在教学活动中，教师为了了解教学效果，掌握学生的学习进度，需要对学生的学习成果进行经常性的评估。而教学目标为教师提供了考核的基准和参考，教师通过对教学目标和学生学习成果的比较，能对教学效果进行准确的考核，找出教学过程中存在的不足及其他问题。这种基于目标的评估方式不仅提高了评价的客观性和准确性，也为教师提供了改进教学的依据。教师可以根据评估结果及时调整教学策略和方法，优化课程设计，这也有助于教师不断完善自己的教学技能，提高教学效果。

（二）学科思维培养视域下的教学目标设定的方式

在学科思维培养视域下，教师设定教学目标是一个系统而细致的过程，旨在通过明确、具体且富有挑战性的目标，引导学生深化对学科知识的理解，培养他们的批判性思维、创造性思维和问题解决能力。

1. 明确学科思维目标

教师首先需要明确学科思维的具体目标。这些目标应与学科的核心素养紧密相关，包括学科知识的深入理解、学科方法的灵活应用以及学科思维的独特视角。

例如，在高等数学课程中，教师设定的学科思维目标紧密关联着数学的核心素养。这些目标不仅仅局限于学生对数学公式和定理的记忆，更重要的是培养他们的逻辑思维能力、数学建模能力和问题解决能力。逻辑思维能力要求学生能够严谨地推理，从已知条件推导出结论；数学建模能力则是将实际问题抽象化为数学模型，利用数学工具进行分析和预测；问题解决能力则强调学生在面对复杂数学问题时，能够灵活运用所学知识，创造性地找到解决方案。明确这些目标后，在设计教学活动时，教师就能更有针对性地引入逻辑推理练习、数学建模案例分析和问题解决研讨会，从而有效培养学生的数学学科思维。

而在创意写作课程中，教师设定的学科思维目标则侧重于培养学生的批判性阅读、创造性写作和口头表达能力。批判性阅读要求学生能够深入分析文本，理解作者的意图，同时评估文本的价值和局限性；创造性写作鼓励学生跳出传统框架，运用独特的视角和语言风格进行创作；口头表达能力则强调学生能够清晰、准确地表达自己的想法和观点。为了达成这些目标，教师会组织阅读讨论会、创意写作工作坊和口头报告练习等活动，通过这些活动，学生不仅能够提升对文学作品的鉴赏能力，还能在实践中锻炼自己的创造力和表达能力，进而深化对语文学科思维的理解和应用。

明确这些目标有助于教师在设计教学活动时更有针对性地培养学生的学科思维。

2. 结合人才培养目标、教育内容特点与学生需求

教师在设定教学目标时，应充分考虑人才培养方案中学生培养目标、教学内容的特点以及学生的实际需求。

其一，教师在设定教学目标时，应紧密对接人才培养方案中的学生培养目标，确保教学活动与总体教育宗旨相契合。需深入分析学生应具备的专业知识、技能及综合素质要求，将这些要求细化为具体的、可操作的教学目标。这样做不仅有助于构建系统的教学框架，还能确保学生在完成学业后，能够全面达到既定的培养目标，为未来的职业生涯奠定坚实基础。

其二，教学目标需要与教学内容紧密相连，确保学生在掌握学科知识的同时，能够逐步构建起学科思维框架。每个学科都有其独特的知识体系和思维方式，教学目标应当紧密围绕学科的核心内容来设定。例如，在物理课程中，教师在制定教学目标后，不仅要教导学生掌握基本的物理定律和公式，更要引导他们理解这些定律背后的物理原理，以及如何在实际问题中灵活运用这些原理。教学目标设定能够使学生在掌握学科知识的同时，逐步构建起物理学科的思维框架，理解物理世界的本质规律。

其三，教师还需要了解学生的学习基础、兴趣点和难点，以便设定符合学生认知水平和发展需求的目标。在目标设定的基础上，教师可以结合授课内容与学生需求，来设计激发学生学习兴趣与主动性的、更具吸引力和具有挑战性的教学活动。这些活动不仅能够激发学生的学习兴趣和主动性，还能帮助他们在轻松愉快的氛围中掌握知识，培养学科思维，为未来的学习和生活打下坚实的基础。这样的教学目标设定，既是对教师专业素养的考验，也是对学生个体差异尊重的体现，是实现教育公平与质量提升的重要途径。

3. 注重层次性与递进性

学科思维的培养是一个循序渐进的过程，它要求教师在设定教学目标时，必须充分考虑其层次性和递进性。学科思维的培养并不能一蹴而就，而是需要学生在不断的实践中，从基础到复杂，从浅显到深入，逐步构建起完整的知识体系和思维方式。

为了实现这一目标，教师需要将学科思维的大目标巧妙地分解为一系列由易到难、由浅入深的小目标。这些小目标如同攀登高峰途中的一个个落脚点，既为学生提供了明确的学习方向，也帮助他们逐步积累起必要的学科知识和技能。每个小目标都是对前一个目标的深化和拓展，它们之间既相互独立，又紧密相连，共同构成了学科思维培养的完整路径。

教师通过对这样一个个目标的序列的设定，能够引导学生有条不紊地推进学习进程。学生在完成目标的过程中，不但对学科知识有了由浅入深的掌握，而且对自身学科思维也有了较好的锻炼，在实践中形成了独立思考和解决问题的能力。这种递进式的学习过程，对学生在学习中逐步克服困难、克服障碍也是很有帮助的。当学生面对比较复杂或抽象的问题时，通过循序渐进的推理和深入的探究，就可以做到利用以前所学的基础知识和基本技能来解决问题。

从上面的分析中可以发现，在制定教学目标时，教师要注重层次性、递进性。教学目标的设定在有助于教师帮助学生逐步克服学习中的难点、促进学科素养和综合能力的同时，也有助于帮助学生构建一个完整的学科思维体系。这种教学思路也体现了第四章中所述的“对学生个体差异性的尊重”。

4. 强调实践与应用

学科思维的培养与实践应用是分不开的。因此，在制定教学目标的时候，教师要强调学生的思维能力，特别是要把学科知识和思维方法运用到实践中去。这一点可以通过探索性学习活动来实现，比如设计实验探究，案例分析，问题解决等活动。

（1）实验探究是学科思维培养不可或缺的一环

在自然科学、工程技术等学科中，学生通过实验可以直接观察到理论知识应用于实践操作的过程，进而更好地理解其知识背后的科学原理。教师设计的实验应涵盖从基础验证性实验到创新设计性实验，让学生在动手实践中逐步掌握实验技能，培养科学探究精神。例如，在化学课程中，通过合成实验，学生不仅掌握了化学反应的基本规律，还能在实践中探索反应条件对产物的影响，深化对化学原理的理解。

（2）案例分析是社会科学、管理学等学科中常用的实践教学方法

学生通过剖析真实世界的案例，能够在复杂的情境中运用学科理论加以分析、判断。批判性思维和解决问题的能力在这个过程中就得到了培养。案例分析教学还鼓励学生从多角度审视问题，提出创新的见解，这对于培养他们的独立思考能力也非常重要。

（3）问题解决活动是跨学科的通用教学方法

教师通过模拟场景或真实的问题场景，引导学生综合运用多学科知识创造性地提出解决方案。这类活动强调团队合作，鼓励学生间通过讨论、辩论等形式开展思想碰撞，能够很好地激发学生的创新思维和团队协作能力。例如，在工程项目中，学生需要综合运用数学、物理、计算机科学等多学科知识，设计并实现一个具体的工程项目，这一过程不仅考验了他们的学科知识应用能力，还培养了他们的项目管理、团队协作等综合能力。

学生通过这些探索性学习活动，不但对学科知识的理解有很好的巩固和加深，而且对学科思维在实践中的魅力和价值也有较深的体会。当学到的知识可以解决实际问题、带来实际的改变时，就会大大激发学生们的学习热情和动力。促使学生不断学习、不断创新的源泉就是这种由内而外的学习动机。所以教师在制定教学目标的时候，强调的一定要是实践和运用，使学生在实践中学习，在学习中成长，最终达到学科思维与实践能力的双重促进。

从上面的分析中我们可以归纳出，在学科思维培养视域下，教师设定教学目标需要做到学科思维目标的明确，与教学内容与学生需求的结合，注重层次与递进，以及强调实践与运用。这些措施对教师引导学生加深对学科知识的理解、培养其学科思维能力和创新精神都有很好的促进作用。

（三）学科思维培养视域下的教学目标设定案例

在本书的第一章，我们分析了钱学森院士提出的现代科学技术体系中的思维科学体系。在对整个现代科学技术体系总体框架的探索中，钱学森对地理科学也有着深入的思考和见解。

我们在探讨设定学科思维培养视域下的地理科学课程教学目标时，首先需要回顾钱学森对地理科学整个体系结构的思考。接下来以地理科学专业中的一些课程来探讨具体的案例。主要是探讨如何根据专业人才培养目标、教育内容特点、课程特色与学生需求来设定具体课程的教学目标，并且注重层次性和递进性、重视实践和应用。

1. 钱学森对地理科学的思考

钱学森认为，地理科学是一个重要的学科体系，他将地理科学与自然科学、社会科学等并列，成为现代科学技术体系十大部门之一。他提出，地理科学的研究对象是人类活动与地理环境共同构成的人地系统，而非单纯的地球系统。所以地理科学要特别重视人对地理环境的能动性，以及地理环境对人类社会的反作用。

钱学森应用系统科学的观点和方法来研究地理科学，提出了许多创新的见解。他强调，地理科学要从零散到整体、从局部到系统进行观念的转变，即从非系统思维转向系统思维。他认为，地理系统是一个开放的复杂巨系统，具有多层次、多要素、多变量和多功能的特点。所以研究地理系统需要采用从定性到定量的综合集成方法，以摆脱传统的“培根式还原论”方法所带来的困境。

钱学森构建了地理科学的体系结构，即“三个层次一座桥梁”的结构模式。他明确地理科学的研究对象是地球表层系统，而非整个地球系统，并主张建立地球表层学这门理论科学。钱学森还提出建立地理哲学的学科任务，强调地理哲学的总精神是强调人在人地系统中的能动性。钱学森还拓展了地理科学的研究范围，将生态环境问题划归地理科学。他倡导用系统科学的观点和方法来研究地理系统工程，特别是地球表层学。他强调系统学要研究如何用生态学的观点来指导地理系统工程的建设，以避免制造矛盾，注意系统的整体表现和整体地理环境。

钱学森将地理科学放在社会主义建设这个更大的系统中进行考察，认为地理环境是社会主义建设的基础。他提出，在物质、政治和精神三大文明建设之外，还应增加地理环境文明建设，形成社会主义四大文明建设的理论。钱学森强调地理环境建设涉及周边国家，要注意世界形势，搞好中国的地理环境建设有助于推动世界形势向有利于人类进步的方向发展。

从上面的分析中可以发现，钱学森强调地理科学的开放性和系统性，指出地理建设需运用系统工程方法，这启示教师在设定教学目标时，应注重培养学生的系统思维和跨学科整合能力。此外，钱学森将地理环境与社会主义建设紧密联系，这要求教师设定的教学目标需体现地理科学的思政价值、社会应用价值，引导学生将所学知识应用于解决实际问题，从而培养学生的实践能力、创新思维和家国情怀。

可见，钱学森在现代科学技术体系总体框架的探索中对地理科学有着深入的思考和独特的见解。他的观点和方法对于推动地理科学的进步和应用具有重要意义，也为教师设定教学目标提供了坚实的理论基础。

2. 学科思维培养内容分析

地理科学的学科思维培养是一个系统工程。通过一系列教学内容和方法的实施，帮助学生建立起系统的地理思维方式，提高他们解决地理问题的能力。结合钱学森及国内其他学者的分析，思维培养内容可以概括为以下内容：

（1）地理学科知识

地理学科知识以人地关系为核心，涉及较广的地理基础知识，所以它是地理学科思维培养的基石。

这些知识包括以下内容。

a. 地理术语、地理概念，如气候、地形、水文等基本概念。

b. 地理现象，如昼夜更替、四季变换等自然现象。

c. 地理空间分布，如不同气候带的分布规律。

d. 地理过程，如板块运动、河流侵蚀等动态过程。

e. 地理科学史的学习，能让学生了解到地理知识的演变和发展，培养他们的历史视野。

另外还有地理因果关系、地理特征、地理规律等。学生通过对这些知识的系统学习，可以建立起对地理世界的整体认知，为后面能力的培养奠定基础。

（2）地理科学能力

地理科学能力是地理学科思维培养的重要组成部分。它要求学生具备以下能力。

a. 空间定位能力，能够准确地在地图上识别地理位置。

b. 具备区域差异的比较与概括能力，能够分析不同区域间的地理差异和相似性。

c. 具备空间相互作用的分析概括能力，理解地理要素间的相互影响。

d. 空间分布格局的觉察能力，能够洞察地理现象的分布规律。

e. 地理过程的简单预测与合理想象能力，要求学生能够根据已知的地理知识，对未知的地理过程进行合理推测。

这些能力的培养，有助于学生更好地理解地理现象，提高地理学习的深度和广度。

（3）地理科学方法

地理学科思维训练的关键手段是地理科学方法。包括以下几点。

a. 地理观测，即通过对地理现象的观测，对地理资料进行采集。

b. 地理实地调查或野外调查，即通过实地走访了解真实的地理环境状况。

c. 区域综合分析，对某一地理区域多角度综合分析。

d. 区位比较，对不同地理区域的相同要素进行比较。

其他的还有地理实验等方法。这些方法的学习和实践，能够帮助学生掌握地理研究的基本技能，提高他们解决地理问题的能力。这些方法也是培养学生地理学科思维的重要途径，通过实践，学生能够更深入地理解地理知识、形成地理学科的思维方式。

（4）地理科学品质

地理科学品质是地理学科思维培养的重要目标之一。具体包括以下几方面。

a. 地理科学研究中的理性精神，即坚持科学态度，尊重客观事实。

b. 求实精神，即追求真理，不弄虚作假。

c. 合作精神，即善于与他人合作，共同解决问题。

d. 批判精神，即敢于质疑，勇于探索。

e. 奉献精神，即为地理科学事业奉献自己的力量。

f. 创新精神，即不断寻求新的思路和方法，推动地理科学的发展。

这些素质的培养，对学生科学、人文素养的培养都有很好的帮助，使他们形成正确的价值观。

（5）地理人文素养

地理人文素养是地理学科思维培养中不可或缺的一部分。人文地理知识主要包括人口、聚落、文化、宗教、经济、旅游和人地关系等相关内容。通过学习这些知识，学生能够了解到人类活动与地理环境之间的复杂关系，理解不同地域文化的差异和相似性。人文精神则强调了对自然的基本态度，如全球意识，即关注全球性的地理问题，如气候变化、环境污染等；以及“尊重自然、人要与自然和谐共处”的意识，即认识到人类活动对自然环境的影响，倡导可持续发展的理念。这些人文素养的培养，有助于学生形成正确的世界观和人生观，提高他们的社会责任感和环保意识。

（6）地理技术素养

地理技术素养是地理学科思维培养的新要求。随着科技的发展，地理信息技术、遥感技术和地理信息系统等地理技术在地理研究中的应用越来越广泛。这就要求学生具备对地理技术的正确辨别、全面理解与综合应用的能力。包括了解地理技术的基本原理和应用范围，掌握地理技术的操作方法，运用地理技术解决地理问题。地理技术素养的培养，有助于学生适应科技发展的需求，提高他们的学习能力和创新能力。

（7）地理综合思维素养

地理综合思维素养是地理学科思维培养的高级阶段。它要求学生在掌握地理知识、能力和方法的基础上，形成综合的地理思维方式。这包括厘清地理要素间的关系，奠定坚实的知识基础；培养要素特征的综合分析能力，能够从多个角度对地理要素进行分析；善用地理观察法，理解要素的综合作用；以要素综合为基础，重视培养地理过程的分析与预测能力；运用地理实验展示地理过程，加深对地理现象的理解；重视空间观点的形成，能够从空间的角度思考地理问题。此外，以要素综合和时空综合为依托，对地方本身进行综合分析，也是地理综合思维素养的重要方面。通过培养地理综合思维素养，学生能够更好地理解和解决复杂的地理问题，提高他们的地理学习能力和创新能力。

3. 人才培养目标分析

培养目标是整个教学活动的指南针，它明确了学生应具备的知识、能力和素质结构。在探讨地理科学课程中学科思维培养视域下教师如何设定教学目标时，深入分析专业人才培养方案的培养目标至关重要。专业人才培养方案不仅关注学生对地理基础知识的掌握，更强调地理科学思维的培养，解决实际问题的能力等。教师只有深入理解并准确地把握培养目标，才能科学合理地设定教学目标，确保教学活动有的放矢，既符合学科特点，又满足学生发展需求，从而有效提升地理科学课程的教学质量和效果。

以某地方高校地理科学（师范类）本科专业人才培养方案为例，培养方案中对人才培养的目标描述如下。

本专业根据党和国家对基础教育的改革发展要求，基于地方基础教育发展需求，致力于培养贯彻党的教育方针，落实立德树人根本任务，具有良好师德素养，依法从教，具备扎实教育理论基本知识，系统掌握地理学基本理论和专业技能，具有人文底蕴、地理学科素养和中学地理教学技能，有终身发展意识，能胜任中学地理教学、教研和班级管理工作，学生毕业后预期5年左右成为所在学校的地理骨干教师。

（1）目标1

能够贯彻党的教育方针，落实立德树人根本任务，践行社会主义核心价值观；遵守教师职业规范，依法执教，成为有理想信念、有道德情操、有扎实学识、有仁爱之心的“四有”好老师；能履行教书育人职责，做中学生健康成长的指导者和引路人；成为志愿服务基础教育的中学地理教师。

（2）目标2

能运用地理学科的基本知识、基本原理与专业技能，具备地理科学方法，地理科学能力；结合社会实践，熟练运用地理学科思维解决实际问题，包括空间思维、区域认知和综合思维。能运用教育教学理论，掌握中学地理教学基本技能，关注学生学习能力和学科思维的培养。具备中学地理教育教学研究能力。

（3）目标3

树立德育为先的教育理念，具备理性精神、求实精神、合作精神、批判精神、奉献精神和创新精神等地理精神；能运用中学德育原理与方法，进行德育和心理健康教育，指导学生发展。能胜任班主任工作，掌握班级组织、建设与管理的基本方法；能结合地理学课程的特点开展育人活动，组织课外实践、主题教育和社团活动，引导中学生树立正确的人生观、世界观和价值观。

（4）目标4

掌握基础教育改革发展动态与地理学科进展。具有终身学习和专业发展能力，能够规划职业生涯。具有从教育实践中发现问题和解决问题的能力，养成教学反思习惯，能运用批判性思维不断完善教学。具备沟通协调、团队协作与自我管理能力，能构建学习共同体，实现自我成长与团队发展。

从以上4个目标可以看出，专业人才培养方案中的人才培养目标为教师设定课程教学目标提供了清晰的指引和方向。这些培养目标既明确了教学方法和考核标准的要求，又隐含了学生应具备的知识、技能和素养。教师在设计课程时，需要紧紧围绕人才培养目标、确保教学目标与之相一致，使学生通过课程学习逐步达到专业水平和人才培养方案所期望的综合能力。

4. 课程教学大纲的制定思路

教师在设定课程教学目标时，必须充分支持和体现人才培养方案的培养目标，以确保教学活动的针对性和实效性。接下来我们以《地图与测量学》为例，探讨如何设定学科思维视域下的课程教学大纲。

（1）指导思想与原则

《地图与测量学》是地理科学专业的核心课程之一，是以地图学理论、测量学理论和技能、地图语言和测绘应用服务为研究对象的学科。该教学大纲主要依据地理科学专业的人才培养目标和《地图与测量学》学科的教学特点，同时结合“四新建设”对于地理科学人才培养的基本要求编制而成，以立德树人为指针，坚持成果导向、理实一体，体现了《地图与测量学》的教学规律、时代精神。

原则一，融入课程思政，开展教学改革。地图涉及历史、政治、经济、地理、文化等诸方面内容；测量是建设的先行和尖兵，是典型的基础性、公益性事业，具有鲜明的主权性、涉密性和精准性等特征。本教学大纲将思政元素直接链接教学章节，巧妙融合理想信念、社会主义核心价值观、爱国主义和中国传统文化等方面的教育，教师在教学过程中严格贯彻执行。

原则二，尊重教育规律，支撑培养目标。明确《地图与测量学》课程对专业培养目标和学生毕业要求的支撑，明确课程在整个教学计划中的地位、作用，规定基本教学任务和要求。围绕培养目标和毕业要求，根据课程内容将教材进行重构，突出核心教学体系、凸显与其他专业课程之间的联系，将教学体系编排完整、合理，着重培养地理学科核心素养，贯彻知识、能力、素养和思政的协调发展。

原则三，优化教学内容，融入信息化教学。教学内容深度、广度、难度符合教学目标的设置、符合学科的逻辑结构、蕴含了学科思维的培养，符合“四新建设”对专业培养的要求。作为省级一流学科的核心课程，采用混合式教学模式，融入信息化手段。建设包括动画、论文、视频等在内的教学资源库，拓展教学时空，并能够与现代信息技术融合、与相关学科交叉融合。

（2）教学大纲的结构

《地图与测量学》教学大纲包括基本信息、课程简介、选取教材、课程目标、课程目标对毕业要求的支撑关系、课程内容及教学安排、课程考核及评价依据、课程实施保障（含建议阅读文献）八个板块的内容。

其中，基本信息包括课程名称、课程性质、总学时/学分、授课专业、授课对象、先修课程课程代码、课程性质、考核方式、后续课程；课程简介包括中英文介绍，高度概括本门课程的教学特点和内容；选取教材是对教材使用情况的分析；课程目标包括知识目标、能力目标、素养目标、思政目标，紧扣课程教学目标、学科特色和培养目标，且具备达成度；在课程目标的制定中，梳理了课程目标对毕业要求的支撑关系；课程内容及教学安排紧紧围绕课程教学目标展开，具体安排到教学内容章（单元/专题）、学习预期成果、教学方法、课时、支撑的课程目标，同时，突出信息化手段的融入，凸显课程思政模块；课程考核及评价依据包括课程目标相对应的考核内容、评价方式、考评权重，期末成绩占比、过程性评价成绩占比，以及每项考评的具体内容和依据；课程实施保障从课程中的思政元素、课程团队建设、课程资源开发与利用（含建议阅读文献）三方面对课程的有效实施进行保障。

（3）教学大纲的特色

《地图与测量学》教学大纲的主要特色在于，学科思维的强化、课程思政模块的设计、课程评价的构建。不仅注重传授地图与测量的基本理论和技能，更强调引导学生运用空间思维、逻辑思维和综合思维等地理学核心思维方式解决问题。学生在理解地理现象、分析空间数据和设计地图过程中，深化对地理学原理的认识，提升学科思维能力，为未来的专业学习和职业发展打下坚实基础。

专业课程思政要求专业课发挥思想政治育人功能，既贯彻了全国高校思想政治工作会议重要讲话精神，也体现了高校全课程、全员育人的理念，是实现全程育人、全方位育人的有效途径，使学生在专业学习的同时，潜移默化地实现思政育人的目标。

课程评价的设计构建了融汇研究型、项目式、探究式等在内的作业体系和可测量的评价方式，将诊断性评价（课前课后调查、学生前期学习表现）、形成性评价（根据学生课堂讨论和学习情况来评价学习效果）、总结性评价（根据学生的作业、考试作为评价教学效果），有效地支撑了课程目标和培养目标。

5. 教学目标的设定

学科思维的培养是一个多维度、全方位的过程，其具体落脚在知识目标、能力目标、素质目标和思政目标这四个关键领域。

以《地图与测量学》课程中的“高程测量原理”这一节课为例，根据上文对专业人才培养目标、课程教学大纲的分析，结合本节课的具体内容，将目标设定为以下内容。

（1）知识目标

a. 定义高程测量基准。

b. 理解高程测量中的水准测量原理。

c. 理解高程测量中的三角高程测量原理。

（2）能力目标

a. 能运用空间思维、逻辑思维能力来观察、分析和理解水准测量和三角高程测量。

b. 能辨析两种高程测量方法的异同和局限性，打破思维定式，创新解决问题。

（3）素质目标

a. 学会做人做事循规矩、讲原则的职业素养。

b. 具备实事求是、追求真理的科学态度。

c. 坚持吃苦奉献的测绘精神，建立行业归属感。

（4）思政目标

追求“显性教育”与“隐性浸润”相融合。

a. 通过“设计出测量珠峰高程的方法”的任务驱动，学生能够关心地理国情，感悟勇于开拓的奋进，从而激发科技报国的家国情怀。

b. 通过“海岛算经——借助直角三角形求算高程”的案例分析，学生了解测绘发展史，感受大国自信。

c. 教师言传身教、体现“立德树人”，学生在课前、课后、课上多种“实践活动”的过程中，了解学校和教师科研成果和进展，树立“教师 + 学生”的榜样。

在知识目标上，学科思维强调学生对学科基本概念、原理和方法的深入理解与掌握，为后续学习与研究打下坚实基础；能力目标则侧重于通过问题解决、批判性思考和创新实践等，提升学生的学科应用能力和创新能力；素质目标旨在培养学生的科学素养、人文素养和职业道德，形成全面发展的综合素质；而思政目标则强调将社会主义核心价值观融入学科教育，引导学生树立正确的世界观、人生观和价值观。这四个目标相辅相成，共同构成了学科思维培养的完整框架。

二、学科思维培养视域下的教学设计分析

学科思维培养视域下的教学设计，是旨在促进学生思维能力全面发展的系统过程。这一过程不仅关注学生对学科知识的掌握，更重视其思维方式的形成、思维品质的提升以及创新能力的培养。教师需要深入理解学科的本质

和核心思维方法，才能在教学设计中精准地定位教学目标。例如，在教学中，教师不仅要让学生学会解题技巧，更要引导学生理解逻辑推理和抽象思维。这就要求教师在设计教学时，从学科思维的角度出发，将知识的传授与思维的训练有机结合。教师要分析学科知识的结构，找出其中蕴含的思维要素，如概念的形成、原理的推导等，并将其融入教学目标中，使学生在学习知识的同时，能够逐步构建起学科思维体系。

过程分析能力是教师胜任力的又一重要表现。教师对教学过程的安排要根据学生的认知规律和学科思维特点来合理进行。为了激发学生的思维参与，在教学过程中教师需要设计多样化的教学活动。教师在学习过程中还要注意学生的思维障碍，对教学策略要及时进行相应的调整。比如，学生在认识一个复杂的科学概念存在困难时，教师可以通过类比、演示实验等方法帮助学生突破思维瓶颈。教师还应该重视教学过程中的反馈机制，通过提问、作业和测试等方式，及时了解学生的学习情况和思维发展水平，以便对教学过程进行动态调整，确保教学设计的有效实施。

教师胜任力的一个重要组成部分就是教学设计的评价分析能力。教师要从学科思维培养的角度，建立科学合理的评价体系。评价体系不仅要关注学生对知识的掌握程度，更要关注学生思维能力的发展。教师要根据评价结果，思考教学设计的合理性。如果发现学生在某些思维能力方面存在不足，教师要及时调整教学设计，加强对相关思维能力的训练。教师还应该引导学生进行自我评价、同伴评价，对学生的自我反思能力、批判性思维等进行培养。通过科学的评价分析教师可以不断优化教学设计、提高学科思维培养的效果，从而提升自身的教学胜任力。

从上面的分析中我们看到，在学科思维培养视域下，教师胜任力中的教学设计分析涵盖了目标定位、过程实施和评价反思等多方面。教师只有不断提升自身的教学设计能力，才能更好地培养学生的学科思维，为学生的全面发展奠定坚实的基础。

本节我们从分析学科思维培养视域下教学设计的核心理念、基本原则、基本步骤入手，从课程基本信息分析、教学思想分析、教学内容分析、学情分析、教学重点与难点分析、教学重点与难点分析、教学策略分析、预习任务与课后作业设置和教学创新点分析多个角度，详细分析教师胜任力中教学设计能力的具体应用与实践。

（一）学科思维培养视域下教学设计的核心理念

1. 思维导向

教学设计应以培养学生的思维能力为导向，帮助他们形成独立思考的习惯。通过设计具有挑战性和启发性的问题，引导学生主动思考、积极探索。在这个过程中，他们能够逐步发展逻辑思维能力，学会有条理地分析问题；培养批判性思维，敢于质疑和审视已有的观点；同时激发创造性思维，探索新的解决方案。

2. 创新教学方法

结合创新的教学方法和手段，如案例教学、项目式学习、翻转课堂等，为学生创造更具吸引力和参与感的学习环境，激发学生的创造力和想象力。

案例教学通过引入真实情境，让学生在分析和解决问题的过程中，将理论与实际相结合，从而更好地理解知识的应用；项目式学习鼓励学生围绕一个具体的项目展开深入研究。在团队合作中，他们分工协作，充分发挥各自的创造力和能动性，一起解决复杂问题；翻转课堂改变了传统教学的模式，学生在课前自主学习知识，课堂上则通过讨论、交流和实践来巩固和深化理解学科知识。

这些创新方法不仅为学生提供了丰富的实践机会，还锻炼了他们在解决实际问题过程中的思维能力和创新精神。

3. 实践与反思

实践性教学设计是教育过程中的重要环节。它通过将知识转化为实际操作，促使学生不断反思和改进自身的学习方式。学生在实践中能够直观地感受到知识的力量和局限性。通过亲身实践，他们可以更好地理解和应用所学知识，将抽象的理论转化为具体的能力。

在这个过程中，反思也起到至关重要的作用。学生不仅要反思自己的学习方法是否有效，还要反思自己的思维过程是否合理。通过不断地实践和反思，学生能够发现自己的不足，调整学习策略，从而提升思维品质。

（二）学科思维培养视域下教学设计的基本原则

1. 灵活性与创新性

在教学设计的过程中，灵活性与创新精神是不可或缺的两个关键要素。这要求教师不仅需要深入理解并掌握所教学科的核心知识和理念，还需要具备敏锐的观察力和判断力，能够准确地识别并适应不同学生的学习需求和思维方式。

面对学生多样化的学习背景和认知能力，教师不应拘泥于固定的教学模式，而应勇于尝试新的教学策略和方法，如案例教学、项目式学习、翻转课堂等，以激发学生的学习兴趣和潜能。

同时，教学设计还需紧跟时代发展，融入最新的教育理念和技术手段，如数字化教学资源、在线协作平台、知识图谱和 AI 工具等，以进一步增强教学的互动性和有效性。通过灵活调整教学内容和教学方法，教师能够更好地满足学生的学习需求，促进他们的全面发展和创新思维的培养。

2. 系统性与逻辑性

教学设计的系统性和逻辑性对于帮助学生构建完整的知识体系和提升思维能力至关重要。

一个优秀的教学设计应当如同一串美丽的珍珠链，各个教学环节之间紧密相连，形成一个有机的整体。为了实现这一目标，教师需要从整体上把握学科知识的内在逻辑和层次结构，构建清晰的知识框架和思维路径。

在教学过程中，教师要注重知识的连贯性和递进性，通过循序渐进的方式引导学生深入理解并掌握核心概念和原理。同时，教师还应注重培养学生的逻辑思维能力，引导他们学会分析问题、归纳总结和推理判断。通过这样系统而逻辑严密的教学设计，学生不仅能够形成扎实的学科知识基础，还能够建立起系统的思维体系。

3. 评价与反馈

启发学生不断进步、促进学生思维效果的一个重要手段就是建立有效的评价机制。

教师需要制定一个明确的评价标准及指标，涵盖知识掌握、技能运用、思维能力等诸多方面的内容。依据该评价标准定期进行测试和评估，教师可以及时了解学生的学习进展和存在的问题，从而调整教学策略和方法。

教师还要注意及时、具体、有建设性地给予学生反馈和指导，帮助学生明确自身优缺点，并对学习策略进行调整，促进学习效果的提高。教师通过这些有效的考评机制，促使学生在学习中保持一种积极向上的心态，提升学生思维培养效果。

（三）学科思维培养视域下教学设计的基本步骤

1. 分析学情与教学目标

一方面，教师需要深入了解学生的学情，包括学生的知识基础、学习习惯以及学生的思维特点。另一方面，教师需要明确教学目标，这个目标通常包括知识目标、能力目标、素质目标、思政目标、情感态度、价值观目标，等等。教师要根据人才培养的具体要求，结合课程特点有针对性地制定课程的教学目标。

在学科思维培养的视角下，教师还需要特别关注并设定学科思维在教学目标中的落实。这些目标要具体和明确，要能体现出学生在学习过程中需要达到的思维能力水平。比如在理科中，教师设定的思维目标可以是培养学生的科学探究能力和批判性思维。

具体教学目标设置已在本章第一节中详细分析，在此不再赘述。

2. 分析教学内容与提炼思维方法

接下来，教师需要深入分析教学内容，明确各部分知识或活动所能融入的思维方法与思维品质。要求教师对主要采用教材和参考教材等都进行深度解读，借鉴与本课程息息相关相关的“金课”、一流课程、优质课程，识别出哪些知识点或活动能够培养学生的特定思维能力。内容应涵盖学科的核心概念和基本原理，教师还需要提炼出有效的教学方法和策略，方法应注重启发式和探究式，以激发学生的思维活力，促进思维的习得和应用。

3. 设计教学活动与情境

教师还需要创设与教学内容紧密相关的教学情境，以引发学生的认知冲突和积极思维。一个好的情境应该具备情感融入、高认知问题、生活实际关联、紧扣教学内容等特点。在教学过程中，教师要灵活运用各种教学方法和手段，组织学生进行讨论、交流、实践等活动，引导他们主动思考并积极探索。

为了引发学生的积极思考，教师还需要创设与教学内容密切相关的教学情境。一个好的情境应该具备能融入情感、与生活实际关联、紧扣教学内容、有深度有高度等特点。教师在教学过程中，要组织学生开展讨论、交流、实践等活动，灵活运用各种教学方法和手段，引导学生在教学情境中主动思考与探索。

4. 制订进阶计划与层次设计

为了促进学生的思维能力持续发展，教师需要制订一个进阶计划，明确在不同阶段需要训练的思维能力层次和水平。这要求教师对学生的学习进程有清晰的把握，并根据他们的思维能力发展特征进行层次递进的整体规划。

同时，教师还需要在每个教学单元或课程中，根据知识内容的逻辑关系和思维训练的需要，用“问题链”深度追问，环环相扣、螺旋上升，进行细致的层次设计。特别是结合学科进展设置合适的延伸阅读和课后习题，使学生跳一跳能摸到“果子”，促使学生持续进步。

5. 实施教学评价与反馈

有效的教学评估和反馈机制也需要纳入教学设计之中。教师要通过定期的测试和考核，对学生的学习状况、思维能力水平等进行明确的评价。教师也需要针对学生的学习策略调整、学习效果提升等情况，及时给予具体的、有针对性的反馈和指导。在评估过程中，教师要注意把形成性评估、过程性评估和结果性评估结合起来，把学生的学习成果和思想发展情况全面客观地反映出来。

（四）教学设计在学科思维培养中的应用

以《地图与测量学》课程中的“高程测量原理”这一节课为例，对本节课的教学设计的具体应用做一个整体分析。

学科思维培养下完整的教学设计包括：基本信息、教学思想、教学内容分析、学情分析、教学目标、教学重点与难点、信息化手段及教学资源、教学策略、教学过程、预习任务与课后作业、教学创新点、教学评价十二方面的内容。

本章第一节已经对教学目标设定进行了探讨，接下来的章节还会对课堂引导、教学反思与课程评价进行详细分析。所以本节重点对除了教学目标设定、教学过程、教学评价以外的其他九方面的内容进行剖析。

1. 课程基本信息分析

教学设计中的基本信息通常包括授课内容、所属章节、学时、授课形式和选取教材等。

（1）授课内容是指本次课程所涵盖的主题或知识点

它通常是对课程大纲的具体化，描述了教师将要教授的具体内容。它通常对应教材的章节结构，帮助学生了解现行课程和整个课程体系之间的联系。教师也可以综合考虑学科思维培养目标，将多个参考教材一起对比分析，根据教学目标来重构章节顺序。对所属章节的详细描述也会体现在教学设计中的“教学内容分析”板块。

（2）学时是指本次课程所分配到的教学时间

一般以课时或分钟为单位，表示教师讲解和学生互动所需的总时间。学时的分配应考虑授课内容的复杂性、学生的学习能力以及教学目标等因素。合理的学时安排，对确保教学过程的连贯性和实效性有很大的帮助。

（3）授课形式是指教师传授知识的方式和学生接受知识的途径

它包含多种形式，如讲授法、讨论法、实验法和案例分析法以及项目式学习等。授课形式的选择要综合考虑教学内容、学生特点和教学目标等多方面的因素。比如，讲授法可能更适合理论性更强的内容；而实验法或者项目式的学习，对于实用性比较强的内容可能效果会更好一些。本次“高程测量原理”这堂课程采取的是“课前线上微课 + 课堂线下授课 + 实验实践”的授课形式。

（4）选择教材是教学设计中至关重要的步骤

教材既是教师教学的重要依据，又是学生学习的主要资源。选择教材时，要综合考虑教材的权威性、准确性、可读性以及与大纲的契合度等方面的因素。教材的数量不限于一本，可以包括主要教材和参考教材。其中主要教材是学生学习和教师授课的核心资源。它通常涵盖了课程的主要知识点和技能要求，具有系统性和完整性。选取主要教材时，应优先考虑其权威性、准确性。参考教材是辅助学生学习和教师授课的重要资源。它可能包含更详细的知识点解释、案例分析、习题集等内容。参考教材的选择应根据授课内容、学生需求以及教学目标等因素综合考虑。

2. 教学思想分析

从学科思维培养的角度看，教学设计重点要考虑如何通过巧妙安排的教学活动，帮助学生深入理解学科内容并提升思维能力。这种设计以学生为中心，重视学生通过自身参与建构知识的过程，而不是仅仅被动地接受信息。它强调情境学习，通过创造与学科紧密联系的实际情况或模拟场景，让学生在解决问题时主动探索、共同讨论，从而加深对学科概念的理解和应用。同时，还着重培养学生的批判性思维和创新力，鼓励他们挑战现有知识，提出新见解，并通过解决问题和创造性思考，养成独立思考和自主学习的习惯。

结合课程目标的设置，将“高程测量原理”这一课程的教学思想分析制定如下：坚持 OBE 教学理念，落实地理学科人地协调观、综合思维、区域认知和地理实践力四大核心素养的培养。具体表现为“一中心、两融合、三环节”。

（1）一中心

以学生为中心。遵循“问题聚焦、问题分析、问题解决”的教学顺序，以学生为主体、教师为主导完成教学主题，教师是学生学习的引领者、合作者和促进者。

（2）两融合

融合课程思政和信息技术。构建从国家、行业到个人的课程思政体系，丰富课堂内涵；应用信息技术构建多元教学模式。

（3）三环节

以课堂学习为基础，以教师引导的课外学习为补充，以课程实践为拓展。教师提出有挑战性的问题，帮助学生从“知道”到“懂得”，再到“应用”，实现高阶思维的训练。

图5.1 高程测量原理课程教学思想

3. 教学内容分析

教学内容分析是教学设计的重要环节，主要包括章节地位分析、主题内容定位以及教材内容优势与不足分析三方面。章节地位分析旨在明确各部分内容在整个课程体系中的位置和作用，确保教学循序渐进。主题内容定位则聚焦于每章节的核心知识点，确保教学目标的准确性。教师还需评估教材内容的优势，如案例丰富、逻辑清晰等，并指出其不足，比如资料陈旧、实践环节欠缺等，以便教师合理调整教学策略。

（1）章节地位分析

本章是课程的第三部分：测量原理，从本章起开始步入测量原理的具体学习。测量工作的主要任务有：高程，角度，距离。本节属于本章的第一部分内容，学习高程测量原理。

（2）主题内容定位

地面点的高程测量是测量工作的三大任务之一。确定地面一点的空间位置，除了其平面位置外，还需要高程。本部分内容研究高程测量的起算点、水准测量方法、三角高程测量方法。

水准测量利用水准仪测定两点之间的高度差，是高程测量中精度最高的一种方法。普遍用来建立国家高程控制点及测定高级地形控制点的高程。对于地面高低起伏较大的地区用这种方法测定地面点的高程进程缓慢，有时甚至非常困难，所以需要采用三角高程测量的方法传递高程。本部分内容对逻辑思维能力和空间思维能力有很高的要求。

教师要采用任务驱动，辅以贴近生活的案例，形象化的语言表达，多采用实例分析，多拓展学生的思维，辅助现代多媒体教学手段进行图解分析，帮助学生更容易理解高程测量的原理。同时注意，在讲解的过程中及时进行梳理和归纳，使学生能充分巩固和良好拓展。

（3）教材内容优势与不足

优势是教材重点突出，高程测量的概念和相关原理均有详细分析，内容清晰有序。不足包括以下两方面：①内容的编排上，将高程基准、简单水准测量原理、连续水准测量原理、三角高程测量原理共分散在三章进行，学生难以系统掌握内容。②缺乏对学科前沿的分析和拓展。

4. 学情分析

学情分析涵盖学生知识结构特点、思维能力特点、学习特点及身心特征。知识结构特点关注学生已有知识基础和认知框架；思维能力特点分析学生逻辑推理、问题解决等学科思维能力；学习特点涉及学习动机、风格及习惯；身心特征则考虑学生年龄段的生理、心理发展特点，为制定适宜的教学策略提供重要依据。

根据前文对教师技术应用能力的探讨，在学情分析中可以充分利用现代化技术包括问卷调查、词云统计和大数据分析等进行分析。

（1）知识结构特点

有利部分在于通过课前任务的学习，已经理解了高程测量的基准。经前导章节的学习，已经初步认识了测量工作的基本内容；不利部分则是通过课前调研数据反馈，理解三角高程测量原理存在困难，对高程传递缺乏深度思考。

（2）思维能力特点

有利部分是通过《地球概论》等前导课程和本课程前导章节的学习，已具备基本的地理分析能力，能够用辩证的视角构建确定地球上一点的定位的基本方式；不利部分则是在具体的水准测量和三角高程测量过程中，空间思维能力和逻辑思维能力、认知能力还待提高。

（3）学习特点和身心特征

有利部分是00后学生充满活力，求知欲强，可塑性高。擅长线上交互，对信息化教学认可度高。喜欢用小组讨论、情景模拟等方式来学习。不利部分则是长期碎片化阅读，缺乏主动系统的学习，较少有探索学科发展前沿的意识。

本堂课“高程测量原理”授课之前，我们对学生进行了学习特点和身心特征问卷调查，并将调查内容进行了词云统计分析。具体分析情况见图 5.2。

图5.2　学习特点和身心特征词云统计示意图

5. 教学重点与难点分析

明确教学重点是提升教学质量的关键，识别并解决教学难点能帮助学生克服学习障碍，促进知识的深入理解和掌握，实现教学目标。

（1）教学重点：水准测量

突出重点的方法：

a. 课堂精讲过程中，以多媒体教学课件为辅助，采用任务驱动、图解分析的教学方法，引导学生深入探究。

b. 通过课堂、课后案例训练，强化对该概念的理解和具体应用。

（2）教学难点：三角高程测量

突破难点的方法：

a. 课堂精讲过程中以多媒体教学课件为辅助，采用对比辨析、互动参与、图解分析的方法，打破固有认知局限，引导学生参与问题的解决。

b. 推演归纳，通过问题层层推进，引导学生发现地形复杂、起伏较大的地区难以应用水准测量，进一步思考如何创新解决问题，注重对比分析、不断探索。

6. 信息化手段及教学资源分析

合理选用信息化工具和丰富教学资源，能增强教学互动性，激发学生学习兴趣，促进知识传递与技能培养，适应信息化时代的发展需求。

基于以上对教材、教学内容、学情、教学目标、教学重难点等的分析，为了有效达成教学目标，借助学习通、雨课堂平台、课程案例资源库，自然资源部、国家地理信息公共服务平台天地图、中国地图出版集团等网络资源，通过动画纠错、视频讲解和课堂互动等手段，让学生多观察，多借鉴，多思考，多交流。

7. 教学策略分析

教学策略能为教学目标的实现提供有效路径，确保教学活动有序进行，同时促进学生学习方式的优化，提高教学效果和学习成效。

从学科思维培养的角度看，教学策略设计的重要性在于它能系统地引导学生构建学科知识体系，培养分析问题和解决问题的能力，促进学生形成科学的思维方式和学科素养，为终身学习奠定坚实的基础。所以教学策略应当包含教学方法与工具、板书设计和教学流程。

（1）教学方法与工具分析

常见的学科思维培养教学方法包括启发式教学、研究性学习以及问题解决教学。

a. 启发式教学是一种以学生为中心，通过提问、讨论等方式激发学生的学习兴趣和思维活力的教学方法。它强调教师在教学过程中的引导作用，鼓励学生主动参与学习，形成自主学习的习惯。

设计启发性问题：教师需要根据学科内容和学生的实际情况，设计具有启发性的问题，引导学生思考和讨论。例如，在地理教学中，可以提出“为什么某地区会出现干旱现象？”等问题，引导学生分析气候、地形、植被等因素对干旱现象的影响。

鼓励学生提问：教师需要鼓励学生提出自己的问题和见解，并进行合理的论证和解释。例如，在历史教学中，可以鼓励学生提出“为什么某个历史事件会发生？”等问题，并引导学生分析历史背景和人物关系等因素对历史事件的影响。

开展小组讨论：教师还需要组织学生进行小组讨论，让学生相互交流想法和观点，形成多元化的思维碰撞。例如，在文学教学中，可以组织学生就某个文学作品的主题、人物和情节等方面进行讨论，让学生从不同角度理解作品的意义和价值。

b. 研究性学习是以学生为主体，通过自主探究和合作研究等手段进行学习的一种教学方式。它强调学生的主体地位和研究过程中的能动性，培养学生独立思考问题、解决问题的能力。

确定研究课题：教师需要根据学生的实际情况和学科内容，确定具有研究价值和实践意义的课题。例如，在生物学教学中，可以选择“探究某种植物的生长条件”等课题，引导学生进行实验设计和数据分析。

制订研究计划：指导学生制定详细的研究计划，包括研究目的、研究方法、研究步骤等。例如，在化学教学中，可以指导学生制订“探究某种化学反应的速率和条件”的研究计划，引导学生进行实验设计和数据分析。

开展研究活动：组织学生进行实验、调查、数据分析等研究活动，让学生在实践中学习和应用学科知识。例如，在物理学教学中，可以组织学生进行“探究物体运动规律”的实验活动，让学生通过实验验证物理定律的正确性。

撰写研究报告：教师还需要指导学生撰写研究报告，将研究成果进行整理和归纳。例如，在经济学教学中，可以指导学生撰写“分析某个行业的市场状况和发展趋势”的研究报告，让学生运用经济学知识进行市场分析和预测。

c. 问题解决教学：通过引入具体问题或案例，引导学生运用学科知识进行思考和解决问题的教学方法。它强调学生在解决问题过程中的主体地位和实践能力，目标是培养学生的逻辑思维和判断能力。

引入具体问题：教师需要根据学科内容和学生的实际情况，引入具有代表性和实践意义的问题或案例。例如，在计算机科学教学中，可以引入“设计一个简单的网页”等问题，引导学生运用编程技能进行网页设计。

分析问题本质：教师需要引导学生分析问题或案例的本质和关键要素，明确解决问题的方向和步骤。例如，在法律教学中，可以引导学生分析“某个法律案例的争议点和法律依据”，明确解决问题的法律框架和思路。

提出解决方案：教师需要鼓励学生提出自己的解决方案，并进行合理的论证和解释。例如，在环境科学教学中，可以鼓励学生提出“减少城市污染的措施”等解决方案，并引导学生分析措施的可行性和效果。

评价解决方案：教师需要对学生的解决方案进行评价和反馈，指出其中的优点和不足，并引导学生进一步完善和优化解决方案。例如，在医学教学中，可以对学生的“治疗某种疾病的方案”进行评价和反馈，指出方案中的有效性和安全性等方面的问题。

根据以上分析，对本课“高程测量原理”的教学方法和教学工具设计如下。

教学方法：

a. 任务驱动法。通过布置任务“测量珠峰高程”，引导学生带着任务进入学习情境，使学习更加直观化和形象化。

b. 图解分析法。通过对水准测量、三角高程测量原理进行图解分析，将抽象的理论融入具体案例中，激发学生学习兴趣，利于其直观、系统地分析测量原理。

c. 优化式 BOPPPS 教学法。BOPPPS 教学法以教学目标为导向、以学生为中心，通过优化采取六步闭环教学活动：前测（课前调查）—案例导入—聚焦目标—互动交流、合作式学习（TBL、BPL 模式）—后测（实践练习）—归纳总结，教学过程环环相扣，教学深度螺旋上升。

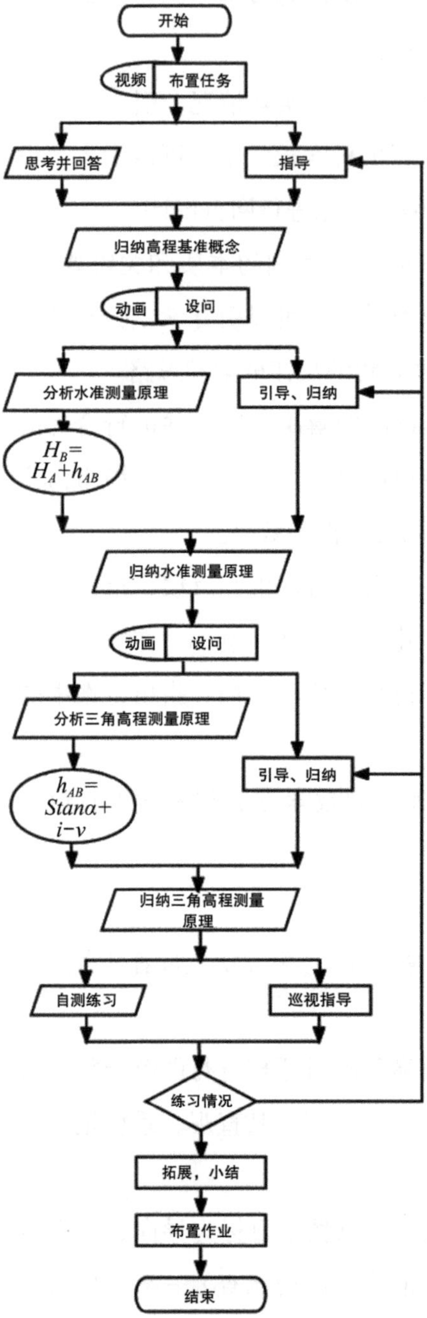

图5.3　教学流程示意图

教学工具：

a. PPT 演示文档、思维导图：引领学生探索学习。

b. 学习通、雨课堂：上传学习资料、练习题，了解学生学习情况。

c. 问卷星：进行课前课后调查。

（2）板书设计（略）

（3）教学流程

在学科思维培养的过程中，教学策略设计中融入教学流程图至关重要，因为它能清晰地勾勒出知识传授与思维训练的步骤，确保教学活动逻辑严谨，有助于学生在系统学习中逐步深化和拓展学科思维。本课的教学流程示意图如图 5.3 所示。

图 5.3 中的用到的图符说明如下。

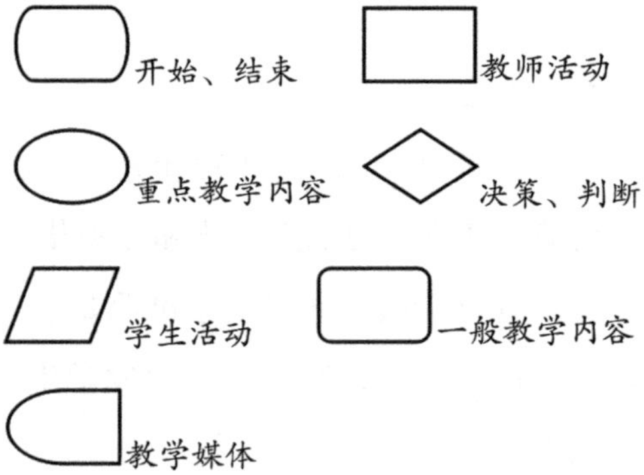

8. 预习任务与课后作业设置

从学科思维培养的角度看，教学设计中设置预习任务与课后作业至关重要。预习任务能激活学生先验知识，引导其主动探索新知，初步构建学科思维框架。课后作业则通过实践应用，巩固深化所学，促进学科思维的灵活运用与迁移拓展，形成良性循环。

为实现学科思维培养的目的，制定预习任务和课后作业，示例如下。

（1）预习任务

课前作业：预习本节内容，重点是确定一点位置的方法。

目的：课前通过雨课堂手机预习课件的形式向学生推送课前预习内容，选出学生认为困难的内容和感兴趣的内容，将新旧知识搭桥，帮助学生克服认知困难。课内外联动学习，实现翻转课堂。

（2）课后作业

a. 预习教材，分析高程测量的误差及其处理方法。并在雨课堂上完成测试。

b. 在学习平台中阅读自然资源部关于珠峰测量方法的视频材料，结合本课内容分析：除了传统高程测量方法，测量珠峰高程还可以用到哪些现代化测量方法？并提交一篇 800 字的阅读报告。

目的：既是对本课程的复习与总结，又是结合学科前沿的拓展延伸，有利于学生培养高阶能力，同时升起对我国先进测绘科技的自豪感。

9. 教学创新点分析

从学科思维培养的角度看，教学设计中进行教学创新极为关键，它能激发教师探索新颖的教学方法，打破传统思维定式，为学生营造更具启发性和挑战性的学习环境，有效促进学生创新思维与学科深度思维的融合与发展。

挖掘本课的教学创新点如下。

（1）注重成果导向，进行问题驱动式教学

重视理科的实践性和应用性，教学环节从“问题聚焦、激活旧知、论证新知、应用新知、融会贯通”层层推进。以学生预期能力获得为导向，进行反向设计和正向实施教学。从学生学习的角度对教材内容进行了重构，将复杂的学习任务进行分解，用贴近生活的案例导入，将学习者在现实世界环境中感受和体验的真实事例或问题作为“关卡”，启发学生明确本节课要解决的问题，引导学生分析问题。

（2）全程思政的浸润，注重学生的兴趣培养

在教学过程中，不是“为了讲地图与测量学而讲地图测量学”，而是通过珠峰高程测量、海岛算经等测量故事，引导学生发现地图与测量学之美，发现测量理论有用性，从而提高对课堂的兴趣，提升行业认同。

（3）课堂教学的延伸，注重学生的能力培养

结合教学内容，教师课前向学生提供解决高程测量的有关线索或建议，课中通过引导学生思考、合作分析具体高程基准、水准测量、三角高程测量原理，培养学生自主学习、探索学习、终身学习的能力和习惯。通过课堂提问加深互动，借助信息化手段实时掌握学情。课后提出带有挑战性的问题，引导学生进行思维拓展。为后期的课程夯实基础。

三、学科思维培养视域下的课堂引导能力

在学科思维培养的视域下，教师的课堂引导能力是教师胜任力的核心组成部分，它直接关系到学生思维能力的提升和学科素养的塑造。

1. 教师的课堂引导能力体现在对学科思维的精准激发上

优秀的教师能够准确把握学科的核心思维，通过巧妙的问题设计和情境设置，引导学生主动思考、积极探索。他们懂得如何以问题为导向，层层递进地引导学生深入理解学科概念，形成批判性思维和解决问题的能力。在课堂上，他们善于捕捉学生的思维火花，通过及时的反馈和鼓励，激发学生的求知欲和创新精神。这种引导不仅限于知识的传授，更在于思维的启迪和智慧的点燃，使学生在轻松愉快的氛围中体验到学科思维的魅力。

2. 教师的课堂引导能力也体现在对课堂节奏的灵活把控上

一节成功的课，往往离不开教师对课堂节奏的精心安排。他们能够根据学生的学习状态和反应，灵活调整教学进度和难度，确保每个学生都能在适合自己的节奏中学习和成长。在引导学生思考时，他们懂得适时留白，给予学生足够的思考时间和空间，避免满堂灌和一言堂，让学生的思维得以充分展开。他们还能巧妙地运用小组讨论、合作学习等互动方式，激发学生的参与热情，使课堂成为思维碰撞和智慧生成的舞台。

3. 教师的课堂引导能力还体现在对课堂氛围的积极营造上

一个充满活力和创造力的课堂氛围，能够极大地激发学生的学习动力和思维活力。优秀教师懂得用生动的案例、丰富的语言，使学生在愉悦中学习、在愉悦中思考，从而营造出积极向上、奋发向上的课堂氛围。他们善于倾听学生的心声，尊重学生的个性差异，鼓励学生大胆发表自己的想法和见解，使课堂成为师生共同成长的乐土。在这样的课堂氛围中，学生的思维得到了充分的锻炼和提高，学科素养也在潜移默化中得到了提高。

教师在地理学科中对学生学科思维的培养，可采用启发式的教法、研究性学习等课堂引导。例如，在地理教学中，教师可以提出“为什么某地区会出现地震现象？”等问题，引导学生分析地质构造、地震波传播等因素对地震现象的影响。教师还可以组织学生进行地震模拟实验和地震数据分析等活动，让学生在实践中学习和应用地理知识。通过这些活动，学生可以形成对地理现象的综合分析和判断能力，培养地理学科思维。

可见，教师的课堂引导能力是学科思维培养视域下教师胜任力的关键所在。它要求教师不仅要具备深厚的学科知识和教学技巧，更需要拥有对学科思维的深刻理解和对课堂氛围的敏锐感知。只有这样，教师才能在课堂中游刃有余地引导学生思考、探索和成长，为学生的学科素养和思维能力提升奠定坚实的基础。

本节继续以地图与测量学中的“高程测量原理”一课为例，从教学过程设计、课前准备、前课回顾、新课导入、新课讲授、学科前沿、拓展延伸、巩固提高、布置作业和启发思考等多个角度，分析学科思维培养视域下如何在课堂引导中提升教师胜任力。

（一）课前准备

课前准备是课堂引导环节的重要组成部分，它帮助教师设定教学引导方向，设计引导策略，并预测并应对学生的反应。课前准备不仅有助于增强教师的胜任力，保证教学质量和教学自信心，对于课堂上出现的突发状况教师也能更好地应对。课前准备对于教师的教学工作来说是必不可少的，也是提升教师胜任力和课堂引导能力的关键环节。

其一，课前准备对教师熟悉教学内容、明确教学目标、合理设计教学方法和教学策略等方面都有一定的帮助。教师通过充分的准备，确保课堂上对教学重难点都有针对性的讲解。这有助于提高教学的准确性和有效性。

其二，课前的准备工作既梳理整合了教学内容，又是教师自我学习和提升的过程。教师在准备过程中需要不断查阅相关资料，了解最新的教学理念和教学方法，这对教师的专业发展是有帮助的。

其三，充分的前期准备也可以使教师清楚地认识自己的教学内容及教学过程，能够使教师在课堂上面对突发性突发事件时更加从容不迫，从而使教师对课堂的教学信心倍增。这种自信心可以传递给学生，使学生对教师更加信任和尊敬，进而促进他们教学成绩的提高。

学科思维培养视域下，课前准备包括设定教学引导方向、设计引导策略、预测并应对学生反应等内容。

（1）设定教学引导方向

在课前准备过程中，教师需要明确教学目标和教学重难点，这实际上是在为课堂引导设定方向。有了明确的方向，教师在课堂上的引导就会更加有针对性和有效性。

（2）设计引导策略

为了更好地实现教学目标，教师需要在课前准备阶段设计合适的引导策略。这些策略可能包括提问、讨论、示范等多种方式，目的是激发学生的学习兴趣和积极性，引导他们主动思考和探索。

（3）预测并应对学生反应

教师在课前准备的时候需要预测学生可能发生反应，为相应的应对策略做好准备。这有助于教师在课堂上对学生的指导更加灵活，保证教学过程的顺利进行。

具体而言，在“高程测量原理”一课的课前准备中，教师要做好以下工作。

（1）教学过程设计

教学过程设计是提升教师胜任力的基础。在“高程测量原理”一课的教学设计中，教师要注重理论与实践的结合，通过多样化的教学活动，激发学生的学习和探究兴趣。

具体包括以下几点。

a. 明确教学目标：教师要明确本节课的教学目标，包括对高程测量基本概念的理解，对高程测量基本原理和方法的掌握，对实际问题能运用所学知识加以解决等。

b. 设计教学活动：教师要根据教学目标，设计小组讨论、案例分析、实验演示等促进学生主动参与、主动学习的多样化教学活动。

c. 安排教学时间：教师要合理安排授课时间，保证每个授课环节都有充分展开、深入研讨的足够时间。

（2）搜集教学资料

教师要搜集与高程测量相关的教材、教案、课件、视频等教学资料，以便在课堂上进行直观展示和深入讲解。除此之外，还需要整理、上传优质线上拓展资源，这不仅丰富了教学内容，还拓宽了学生的知识视野。这一行为体现了教师将思政教育融入专业课程的理念，属于课堂思政环节，有助于培养学生的专业素养和爱国情怀。

（3）准备教学用具

教师要准备地图、测量仪器（如水准仪、全站仪等）模型或实物，以及实验材料等教学用具，以便进行实验演示和实践操作。

（4）掌握学生情况

教师要了解学生的基础知识掌握情况、学习兴趣和学习需求等，以便在教学过程中因材施教、因势利导。

具体包括如下内容。

a. 给学生布置作业，要求学生自学线上材料并分组完成作业。发送调查问卷。其中 PBL（任务式教学）让学生积极参与其中；TBL（小组合作学习）促进学生深入认知。

b. 教师批改线上作业。

c. 根据学生课前提交的作业和问卷，进行诊断性评价，有针对性地调整教学互动。

（二）前课回顾与新课导入

在学科思维培养的视域下，教师的课堂引导能力直接关系到学生能否有效掌握学科知识，形成并提升学科思维。前课回顾与新课导入是课堂引导的两个重要环节。

1. 前课回顾

前课回顾指在讲授新课之前，要对上一节课所学内容的简要回顾与总结。它不仅是学生对旧知的复习巩固，更是教师为学生搭建新旧知识之间桥梁的重要手段。

在学科学习中，知识点之间往往存在着紧密的联系。前课回顾的首要任务是巩固学生对旧知的记忆与理解。通过对前一节课内容的回顾，教师可以帮助学生巩固已经学过的知识点，确保学生在进入新课学习之前，对旧知有清晰的认识和深刻的理解。这种巩固不仅有助于提升学生的学习效率，还能为他们后续的学习打下坚实的基础。在回顾旧课时，教师需要引导学生对旧知进行梳理，帮助他们形成清晰的知识脉络。这有助于学生将零散的知识点串联起来，构建完整的知识体系。一旦学生形成了系统的知识体系，他们在面对复杂问题时，就能更好地运用学过的内容进行分析和解决。

前课回顾也是一个发现问题并及时补救的良机。在回顾过程中，教师可以通过提问、讨论等方式，了解学生对旧知的掌握情况。一旦发现学生存在理解上的偏差或遗漏，教师可以立即进行纠正和补充，确保学生在进入新课学习之前，没有知识上的漏洞。

前课回顾还可以成为激发学生学习兴趣、引导他们进行探究的契机。教师可以通过提出与旧知相关的新问题，激发学生的好奇心和求知欲，促使他们主动思考、积极探索。

2. 新课导入

如果说前课回顾是为学生搭建新旧知识之间的桥梁，那么新课导入则是引领学生进入新知殿堂的钥匙。一个成功的新课导入，能够迅速吸引学生的注意力，激发他们的学习兴趣，启迪他们的学科思维。

新课导入是新课讲授的开场白，目的在于迅速吸引学生的注意力，激发他们的学习兴趣，为后续的学习奠定良好的基调。在这一环节，教师可以通过生动的故事、有趣的实验、贴近生活的实例或引人深思的问题等方式，巧妙地引出新课的主题。在时间安排上，以一时长 45 分钟的课为例，新课引入应控制在 5~10 分钟之内，既要简洁明了，又要富有吸引力，确保学生能够迅速进入学习状态。

常用的新课导入方式有事例导入、设疑导入、多媒体导入，等等。

（1）事例导入

这是一种能够让学生感受到学科知识与生活紧密联系的新课导入方式。

教师可以通过列举学生生活中熟悉或关心的事例来导入新课，使学生产生一种亲切感，吸引他们的注意力。

（2）设疑导入

这是一种能够迅速引发学生思考的新课导入方式。教师通过提出与新课程内容有关的问题来激发学生的好奇心、求知欲。好的设疑导入能迅速吸引学生的注意力，激发他们的探究欲望，为新课的学习营造良好的氛围。

（3）多媒体导入

随着信息技术的发展，多媒体导入已经成为一种新的课堂导入方式，越来越受到人们的欢迎。教师可以通过播放图片、音频、视频等多媒体素材，为学生呈现一个生动、形象的学习情境。

前课回顾与新课导入作为课堂引导能力的两个重要环节，它们之间并不是孤立的，而是相互融合、相互促进的。在实际教学中，教师需要灵活运用这两种引导方式，将它们有机地结合起来，以达到最佳的教学效果。

3. 前课回顾与新课导入的具体案例

在讲授“高程测量原理”一课时，前课回顾是巩固学生基础知识、把新旧知识联系起来的一个重要环节。教师可以采用提问、讨论、测试的方式，引导学生回顾地图投影、坐标系、距离测量等对高程测量的有关基本概念和基础知识。通过前课回顾，教师可以帮助学生为新课学习打下基础。

新课导入是学生学习的一个重要组成部分，它能激发学生的学习兴趣，指导学生进入新的课程学习当中去。在“高程测量原理”这一课程的新课程导入中，教师通过实际高程测量如“珠峰高程测量”等案例的展示，引入高程测量的重要性，以激发学生的学习兴趣和探究欲望。教师还可以提出与高程测量相关的问题，引导学生思考并产生疑问，为后续的新课讲授做好铺垫。

比如，运用雨课堂的测试功能带领学生回顾前课内容，引入新课学习。接下来介绍珠峰测量案例，布置任务：测量珠峰高程。引导学生思考为什么要多次测量珠峰高程，以及怎么测量珠峰高程。

学生回顾前课内容，回忆起测量工作的重点和难点。跟随教师情景引导，学生开展小组配合，思考、讨论、回答问题。这样的环节设置，有助于唤醒学生的知识储备，激发学习兴趣，培养科技报国的家国情怀和使命担当。

为了提升课堂引导能力中的前课回顾与新课导入的效果，教师需要不断创新教学方法和优化教学流程。例如，可以尝试采用多样化的回顾方式（如提问、讨论、练习等）和导入方式（如故事、游戏、多媒体等），以激发学生的学习兴趣和参与度。教师还需要注重教学流程的紧凑性和连贯性，确保前课回顾与新课导入之间能够无缝衔接，形成一个完整的教学链条。

此外，在融合前课回顾与新课导入时，教师还需要注重承上启下的作用。一方面，通过对旧知的回顾和总结，为学生搭建起通向新知的桥梁；另一方面，通过新颖有趣的新课导入方式，激发学生的学习兴趣和探究欲望。这种融合不仅有助于巩固学生的旧知，还能为他们的新知学习做好充分的准备。

（三）新课讲授

新课讲授是教师课堂引导能力的集中展现，是教师传授新知识也是学生学科思维培养的关键环节。通常涉及新知讲解和互动讨论。

1. 新知讲解：清晰阐述，逐步深入

新知讲解是新课讲授的核心部分，也是教师传递知识、培养学生学科思维的关键环节。在这一环节，教师需要清晰、准确地阐述新知，通过逻辑推理、实例分析、图表展示等多种方式，帮助学生逐步深入理解新知。教师还应注重知识的内在逻辑联系，引导学生构建完整的知识体系。在时间安排上，新知讲解应占据课堂的大部分时间，确保学生能够充分理解和掌握新知。

2. 互动讨论：激发思考，促进交流

互动讨论是新课讲授中不可或缺的一环，它有助于激发学生的思考，促进师生、生生之间的交流与合作。在这一环节，教师可以设计一些具有启发

性和探究性的问题，引导学生分组讨论或全班交流。通过讨论，学生可以分享自己的见解，借鉴他人的观点，从而深化对新知的理解。时间安排上，互动讨论需控制在 8~15 分钟之内，既要保证讨论的充分性，又要避免时间过长影响后续的教学进度。

3. 新课讲授案例分析

以“高程测量”一课的教学为例，从分析高程基准、水准测量原理到三角高程测量原理三个内容进新课教授环节的课堂引导安排。

（1）分析高程基准：奠定测量基础

高程基准是高程测量的起点，也是学生理解后续测量原理的基石。在这一环节，教师需要清晰地解释高程基准的概念、类型及其在测量中的重要性。首先，教师可以通过生动的实例或图片，展示不同高程基准（如正常高、大地高等）在实际工程中的应用。通过贴近生活的案例，引导学生思考“如何测量身高”——从头量到脚，逐步引申至给珠峰测“测身高”也需要知道“头”在哪里、“脚”在哪里，带领学生分析高程基准的概念，以此激发学生的学习兴趣。

随后，通过视频讲解和图解分析，从本次珠峰测量高程基准的变化入手，带领学生辨析高程基准实质。教师要详细阐述高程基准的确定方法，如利用水准面、大地水准面等概念，通过逻辑推理和图表展示，帮助学生建立对高程基准的直观认识。

最后，学生进行小组讨论，积极参与，踊跃思考，回答问题。辨析高程基准的实质，从国际视野的角度理解，为什么 2022 年珠峰测量与前几次珠峰测量的高程基准发生了变化，以培养学生的分析能力和逻辑思维能力。

在时间安排上，这一环节难度不大，大概约需 5~8 分钟，确保学生能够充分理解高程基准的基本概念及其在测量中的作用，为后续的学习奠定坚实基础。

（2）分析水准测量原理：深入剖析测量技术

水准测量原理是高程测量教学的核心内容，也是培养学生学科思维的关键环节。在这一部分，教师需要深入剖析水准测量的基本原理、方法和步骤。首先，教师可以通过实物演示或动画、视频展示，让学生直观感受水准测量的过程，激发他们的好奇心和探索欲。将任务进行分解，结合视频介绍，带领学生推水准测量公式。学生根据图示，解析水准测量的原理、推算公式，总结其特征。

随后，教师要详细讲解水准测量的基本原理，如利用水准仪测量两点间的高差，通过逐站传递高程等。在讲解过程中，教师要注重引导学生思考测量误差的来源及减小误差的方法，培养他们的批判性思维和解决问题的能力。

教师还可以设计一些互动环节，如小组讨论、角色扮演等，让学生在实践中深化对水准测量原理的理解。通过图解分析和层层设问，引导学生归纳出水准测量的局限。在具体的参与问题解决的过程中，发现原有思维盲区。培养学生的辩证分析能力、逻辑思维。

在时间安排上，教师引导加上学生讨论，这一环节约需 12~15 分钟，确保学生能够全面掌握水准测量的基本原理和方法，为后续的实践应用打下坚实的基础。

（3）分析三角高程测量原理：拓展测量思维

三角高程测量原理是高程测量教学中的另一部分内容，也是培养学生创新思维和综合运用能力的重要环节。在这一部分，教师需要引导学生理解三角高程测量的基本原理、方法和应用场景。

首先，教师可以通过案例分析，展示三角高程测量在山区、跨河等复杂地形中的应用，激发学生的学习兴趣。在任务驱动下，通过情景创设，将水准测量工作传递到地形复杂、陡峭的珠峰脚下，引导学生发现此时水准测量无法进行，进而思考用何种方法解决问题？

其次，教师要详细讲解三角高程测量的基本原理，通过案例分析《九章算术注》“借助直角三角形间接求算距离”，引导学生根据三角形的原理和正余弦公式推导出不受地形限制、操作简单的三角高程测量方法，利用三角函数关系计算两点间的高差，通过全站仪或经纬仪进行测量等。在讲解过程中，教师要注重引导学生思考测量方法的优缺点及适用条件，培养他们的综合分析和决策能力。教师还可以设计一些实践环节，如模拟测量、数据分析等，让学生在实践中深化对三角高程测量原理的理解。

最后，学生进行小组讨论，积极思考，深入探究，思考得出“在已知控制点上观测未知点间的距离和高度角，可求定两点间高差”的结论。在具体的情景创设和任务驱动中，学生积极思考，参与具体问题的解决。以培养学生对比分析的思维能力，不断探索的科学精神，从而培养民族自豪感。

在时间安排上，教师引导加上学生讨论，这一环节约需 12 分钟，确保学生能够初步掌握三角高程测量的基本原理和方法，为后续的专业学习和实践应用提供有力支持。

（四）学科前沿与拓展延伸

学科前沿是教师拓宽学生视野、培养学生创新意识的重要途径。拓展延伸是教师拓宽学生知识面、培养学生综合能力的重要环节。通过不断更新知识储备、引入前沿知识和进行跨学科拓展，教师可以有效激发学生的学习兴趣，培养他们的创新精神和跨学科思维能力，为学生的全面发展奠定坚实的基础。在引入学科前沿知识和进行拓展延伸方面，优秀的教师能够敏锐地把握学科发展动态，将最新的研究成果融入课堂教学，从而激发学生的学习兴趣，拓宽他们的学术视野。

1. 教师要积极关注学科前沿，不断更新自己的知识储备

教师通过参加学术会议、阅读专业期刊、与同行交流等方式，可以及时获取最新的研究成果和技术进展。在课堂上，教师可以将这些前沿知识以案例、讨论或专题报告的形式呈现给学生，引导他们思考学科发展的新趋势和

潜在挑战。

2. 教师要注重知识的拓展延伸，培养学生跨学科的思维能力

在讲授基础知识的同时，教师可以引导学生探索相关学科之间的联系，如将测量技术与地理信息系统、遥感技术等相结合，分析解决实际问题。通过跨学科的学习和实践，学生可以更加全面地理解学科的本质和内涵，形成更为深刻的学科思维。

在"高程测量原理"一课的学科前沿介绍中，教师可以通过以下方式进行。

（1）介绍新技术

教师要向学生介绍高程测量领域的新技术和新方法，如 GPS 高程测量、激光雷达测量和无人机测量等，并解释这些技术的原理和应用优势。

（2）展示新成果

教师可以展示高程测量领域的新成果和新案例，如地形图的绘制、水利工程中的高程控制等，让学生了解高程测量的实际应用和价值。

（3）探讨新趋势

教师可指导学生对高精度测量技术的发展、智能测量系统的应用等高程测量领域的发展趋势及未来走向进行探讨，激发起学生的创新意识及探究欲望。

（4）设计开放性问题

教师可以设计一些开放性的问题或项目式学习任务，如"如何利用高程测量原理进行校园地形图的绘制""分析不同高程测量方法的优缺点"等，鼓励学生进行小组合作和自主探究。

（5）开展实践活动

教师可以组织学生开展高程测量的实践活动，如校园高程测量、山区地形测量等，让学生在实践中巩固所学知识并提升实践能力。

（6）引入跨学科内容

教师可以引入与高程测量相关的跨学科内容，如地理信息系统（GIS）在高程测量中的应用、遥感技术在高程测量中的辅助等，拓宽学生的知识面和视野。例如，教师引导学生学习在八千米之巅，我国科学家利用最新的高精度国产长测程全站仪从 6 个交会点对峰顶觇标进行交会观测，测量水平角、竖直角和距离。进一步帮助学生拓展延伸。学生进行小组讨论，积极思考、解决问题。拓展知识的广度和深度。有助于提升学生专业素养，培养行业认同，培养学生的探索学习能力。

（五）巩固提高与启发思考

巩固提高是教师帮助学生巩固所学知识、提升学科素养的重要环节。启发思考是教师培养学生批判性思维、创新精神的重要途径。学科思维培养视域下教师的课堂引导能力，既体现在对基础知识的巩固提高上，也体现在对学生深度思考的启发上。

优秀的教师不仅擅长传授新知识，更懂得如何帮助学生巩固所学，通过设计精巧的练习和复习策略，学生会在反复实践中深化理解，将知识转化为解决问题的能力。这种巩固提高的过程，不仅强化了学生的学科基础，更为他们面对更复杂问题时提供了坚实的思维支撑。

教师的课堂引导还应重视启发学生的深度思考。教师提出具有挑战性的问题、鼓励学生批判性思考、引导学生自主探究，激发学生的求知欲和探索欲。在解决问题的过程中，学生学会了如何分析问题、如何从不同角度审视问题，以及如何创造性地提出解决方案。这种启发思考的教学方式，有助于培养学生的创新思维和问题解决的能力，使他们在面对未知领域时能够更加自信和从容。

在“高程测量原理”一课的巩固与启发思考中，教师可以通过以下方式进行。

（1）总结归纳

引导学生归纳本课内容，提炼学习方法：化繁为简，找出问题的核心关键点；仪器在更新、方法在探索，但根源在原理。

（2）课堂练习

教师可以设计一些与高程测量相关的课堂练习，如计算题、案例分析题等，让学生在课堂上进行练习和巩固。

（3）课后作业

教师可以布置一些课后作业，作业应注重多样性和层次性，既要有基础知识的巩固练习，也要有拓展性的探究任务。如撰写高程测量实验报告、分析高程测量数据等，让学生在课后进行复习和巩固。

（4）测试评估

为了及时发现问题并有针对性地给予指导与改进，教师可通过单元测试、期中考试等途径对学生的学习成果进行测试及评估。

（5）探究任务

要求学生进行校园高程测量或山区地形测量等实践活动，并撰写探究报告或制作地形图等成果，旨在培养学生的实践能力和创新能力。

（6）提出问题

教师提出一些具有启发性的问题，如“高程测量在哪些领域有重要应用？”“未来高程测量技术可能有哪些发展？”等，引导学生进行深入的思考。

（7）引导讨论

教师组织学生分组讨论或在整个班级范围内进行讨论，鼓励学生发表自己的观点和见解，培养他们的表达能力和团队协作能力。

（8）激发创新

教师可鼓励学生进行创新思维和实践尝试，如设计新的高程测量方法、改进现有的测量技术等，激发他们的创新意识和实践能力。

（六）课堂引导能力的提升策略

教师可以通过以下策略来提升自己的课堂引导能力。

（1）持续学习与更新知识

教师要保持对新知识、新技术的敏锐性和求知欲，不断地学习、不断地更新自己所学的专业知识。教师还要关注高程测量领域的最新进展和前沿技术，以便在课堂上向学生引导和讲解。

（2）提升教学技能与方法

教师要注重提升自己的教学技能和方法，如课堂管理、学生互动、教学方法创新等。通过观摩优秀教师的课堂、参加教学培训、进行教学反思等方式，不断提升自己的教学水平。教师还应根据学生的实际情况和学习需求，灵活调整教学方法和策略，以提高教学效果和学生的学习兴趣。

（3）加强实践操作能力

教师要加强实际操作能力，熟练掌握高程测量的基本原理和方法，能进行准确的实验演示和测量操作。教师还应鼓励学生参与实践活动，并给予他们必要的指导和帮助。

（4）培养跨学科思维能力

教师要培养自己的跨学科思维能力，将高程测量与其他相关学科（如地理信息系统、遥感技术等）进行有机融合和交叉渗透。通过对相关学科的基本原理和应用领域的了解，拓宽自己的知识面和视野，以便引导学生学习跨学科的内容和应用案例。

（5）积极参与科研项目

通过课题申报、实验设计和资料分析等工作，教师积极参与到科研项目中。这有助于教师科研能力和实践经验的提高。教师还可以把科研成果和实践经验融入课堂教学，使教学内容和案例更为丰富。

（6）进行教学反思与改进

教师要将教学反思、改进工作要重视起来。通过对自己教学过程和学生学习成果的回顾，查找存在的问题及不足，有的放矢地加以改进和完善。为了更客观地了解自己的教学水平及存在的问题，教师也可以邀请同事或专家进行听课、评课，从而为自己的教学提出改进的意见和策略。

四、学科思维培养视域下的课程思政能力

在第四章第三节中，我们分析了教师的课程思政能力是一项不可或缺的核心胜任力。通过深入挖掘学科背后的文化内涵和时代价值，教师能够引导学生理解学科知识与国家发展、社会进步的紧密联系，从而激发学生的爱国情怀和社会责任感。

这不仅要求教师具备扎实的专业知识，更需将思政教育有机融入学科教学中，使学生在掌握学科知识的同时，树立正确的世界观、人生观和价值观。教师要善于运用案例分析、讨论互动等多样化教学手段，将抽象的思政理念具象化，使学生在轻松愉快的课堂氛围中接受熏陶。

同时，教师还需关注学生的思想动态，及时回应学生的疑惑和关切，通过一对一辅导或小组讨论等形式，帮助学生澄清认识、坚定信念。将思政教育融入学科教学的做法，不仅丰富了学科教学的内涵，更提升了学生的综合素养，为培养德智体美劳全面发展的社会主义建设者和接班人奠定了坚实基础。

（一）课程思政内涵

课程思政是落实立德树人根本任务的理念创新和实践创新。从“大思政”视野、教育教学理念、课程教学模式等视角解读“课程思政”。课程思政不是一门或一类特定的课程，不增减学分、不改变课程结构，而是明确要把做人做事的基本道理、把社会主义核心价值观的要求、把实现民族复兴的理想和

责任融入课程教育教学之中。具体内容包括内涵解读、挖掘思政元素、教师队伍建设和教学创新点等，如图 5.4 所示。

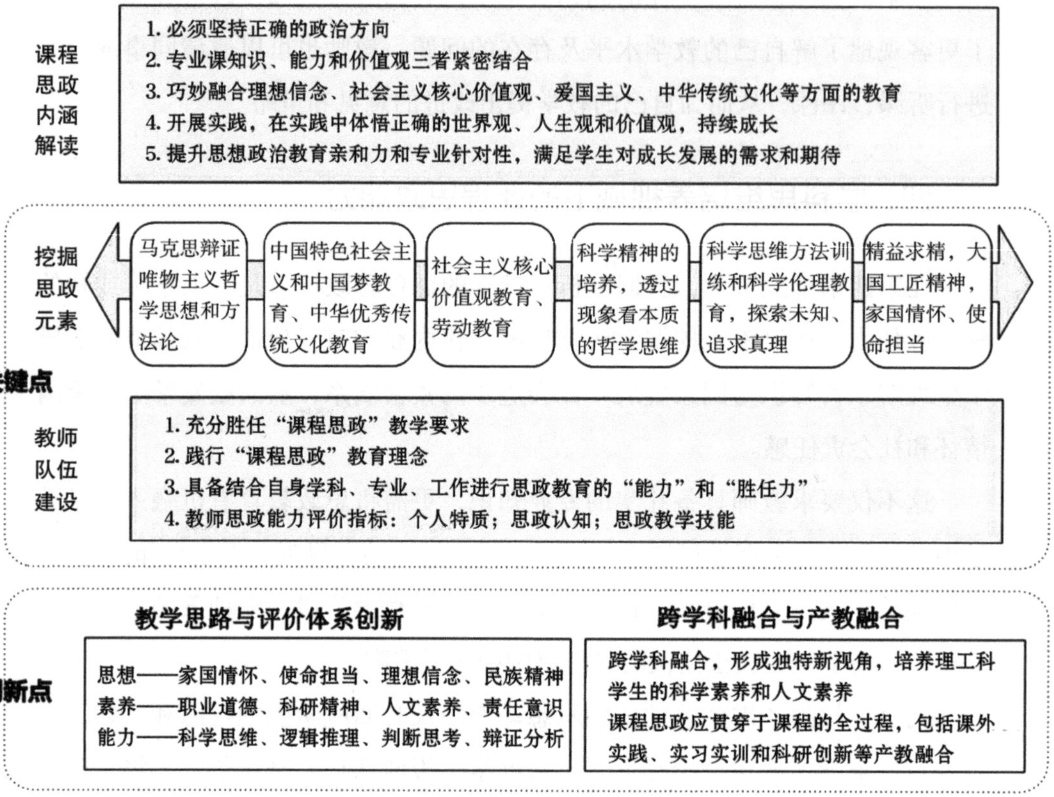

图5.4　学科思维培养视域下课程思政内涵

1. 内涵解读

包括必须坚持正确的政治方向，理工科专业课知识、能力和价值观三者紧密结合，巧妙融合理想信念、社会主义核心价值观、爱国主义、中国传统文化等方面的教育，开展实践，在实践中体悟正确的世界观、人生观和价值观，持续成长，提升思想政治教育亲和力和专业针对性，满足学生成长发展需求和期待五方面的内容。

2. 思政元素挖掘

在“三全育人”“四新建设”背景下，积极结合理工科专业特色，挖掘、分类、整合理工科专业课的思政元素如下：马克思辩证唯物主义哲学思想和方法论；中国特色社会主义和中国梦教育；中华优秀传统文化教育；社会主义核心价值观教育；劳动教育与实践教育；透过现象看本质的哲学思维；科学思维方法训练和科学伦理教育；实事求是、追求真理的科学态度；探索未知、追求真理的科学精神；做人做事守规矩、讲原则的职业素养；大国工匠精神；精益求精，甘于奉献；家国情怀、使命担当，等等。

3. 教师队伍建设

2020 年 5 月教育部颁布了《高等学校课程思政建设指导纲要》，为课程思政建设工作指明了方向，要求高校教师：“要充分挖掘和运用各门课程所蕴含的思想政治教育元素和所承载的思想政治教育功能，融入课堂教学各环节，实现思想政治教育与知识体系教育的有机统一。”要在专业课中推进课程思政，专业课教师是关键。只有具备思政意识、专业能力、专业情意等综合素养的教学胜任型教师才能有效提升课程思政质量。所以需要通过定期组织专业教师思政教学能力培训，明确专业课教师在思政教学方面的职责和要求，将课程思政效果纳入教师评价体系等举措，建设一支能充分胜任“课程思政”教学要求、践行“课程思政”教育理念，具备结合自身学科、专业、工作进行思政教育“能力”和“胜任力”的师资队伍。

4. 课程思政的创新点

学科思维培养视域下，以理工科为例，从教学思路与评价体系创新、跨学科融合与产教融合来看，创新点包括以下内容。

（1）教学思路与评价体系创新

在当前理工科“课程思政”建设的教学思路和评价体系中，存在重专业轻思政、重知识轻价值、思政资源有待进一步挖掘等问题。例如，有的观点局限于认为理工科核心课教学内容繁重，无暇顾及课程思政。事实上理工科课程虽内容多，但课程思政并非额外负担，而是应融入日常教学。

在教学思路上，教师可创新地通过挖掘课程中的思政元素，如科学家的奋斗精神、科学伦理等，将思政教育与专业知识传授相结合，实现知识传授与价值引领的统一。结合课程内容，讲述科学发现背后的故事、科学家的爱国情怀等，引导学生认识科技发展与国家强盛的紧密联系，培养学生的责任感和使命感。课程思政应注重系统性和科学性，避免随意性和碎片化。在评价体系中，要增强理工科专业课“课程思政”的实效性，需坚持从学生专业成长客观实际出发，采取切实有效的评价方式，构建全方位课程思政教学评价指标体系。对理工科教赛获奖作品的教学设计、教学视频等课程思政教学内容、教学能力情况进行分析。教师要根据课程特点和教学目标，精心设计课程评价体系，将诊断性评价、形成性评价、总结性评价有机融合，实现育人的全面性和有效性。

（2）跨学科融合与产教融合

跨学科融合的课程思政旨在打破学科壁垒，将不同学科中的思政教育元素有机融合，形成一个全面和立体的育人体系。通过跨学科融合，在理工科中讲述科学发展史、科学故事，既能形成的独特的新视角，又能培养理工科学生的科学素养。结合理工科课程，融入人文知识，如历史、哲学、艺术等，提升学生的文化素养和审美能力。还可以结合社会学、农学等，引导学生关注社会、环境和可持续发展，进一步培养大学生的社会责任感和环保意识。

此外，课程思政不仅是课堂的课程思政，还应关注学生的课外实践。通过实习实训、科研创新等产教融合活动，培养学生的实践能力和创新精神。通过行业和企业的鲜活案例，改变传统的“以教为主”的教学模式，落实“以学生为中心”的教学理念，训练学生解决真实的复杂工程问题的能力。通过产学研结合，引入问题导向、案例分析和课题探究等方式激发学生主体探索性，把青春奉献在大地上，感悟到使命担当。

（二）课程思政实践

《地图与测量学》是地理科学专业的核心课程之一，是以地图学理论、测量学理论和技能、地图语言和测绘应用服务为研究对象的学科。该课程建设主要依据地理科学专业的教育方针和《地图与测量学》学科的教学特点，同时结合“四新建设”对地理科学人才培养的基本要求来开展实践，以立德树人为指针，坚持成果导向、理实一体，体现了《地图与测量学》的教学规律、时代精神。

1. 课程内容设计

《地图与测量学》包含地图制图、测量两大部分的内容。从这两方面的教学内容可以提炼出以下思政元素。

（1）地图制图涉及历史、政治、经济、地理、文化等诸方面内容。

（2）测量是建设的先行和尖兵，是典型的基础性、公益性事业，具有鲜明的主权性、涉密性、精准性等特征。两者都可以融合理想信念、爱国主义、社会主义核心价值观、中国传统文化等方面的教育。所以在教学中通过“一中心（以学生为中心）、两融合（融合课程思政和信息技术）、三环节（以课堂学习为基础，以教师引导的课外学习为补充，以课程实践为拓展）”的方式将地图制图和测量的教育内容有机统一起来。

具体而言，在课程内容的设计中围绕着“一中心、两融合、三环节”，充分挖掘我国测绘工作、制图发展、国家版图等思政元素。

首先，除了知识目标和能力目标以外，还强调课程的思政目标。前两个目标在于培养学生掌握理工科专业课程的核心知识点和技能，包括运用综合思维、逻辑思维、区域认知、人地协调观等地理学科思维解决实际问题的能力。思政目标强调培养学生坚持不断探索、勇于创新，具备吃苦奉献的测绘精神和精益求精的科学探索精神，具有行业责任感和使命担当，等等。

其次，课程内容将“显性教育”与“隐性浸润”相融合。例如，设置教学内容“设计出测量珠峰高程的方法”，引导学生关心地理国情，感悟勇于开拓的奋进精神，激发科技报国的家国情怀；通过“海岛算经——借助直角三角形求算高程”等教学案例，学生了解测绘发展史，感受大国自信；通过观看我国航天员拍摄的视频《窗外是蓝星》、动画北斗卫星导航等，润物无声地激发学生的家国情怀。

从上面的分析中我们可以发现在教学内容的设计中，不是为了讲“地图与测量学而讲地图测量学”，而是讲“学科内涵、行业素养”，引导学生发现学科之美、浸润大国精神，提高学生的学习兴趣，提升行业认同。

2. 教学方法创新

（1）优化教学方法，融入信息化教学。

采用混合式教学模式，融入信息化手段，建设包括动画、论文、视频等在内的教学资源库。分为课前、课中、课后三个环节，有效拓展教学时空。例如在“地球椭球体”一课中，课前环节以多媒体教学课件为辅助，用任务、图示、启发来引导学习，增加小测试学习任务。

在课堂精讲过程中，用动画模拟来推演归纳，通过问题层层推进，引导学生从地球的自然表面推演至物理表面和数学表面，注重对比分析，提升学生学科素养。课后学生查阅课程资源库相关视频和学术论文来完成作业，既是对本课程的复习与总结，又是结合学科前沿的拓展延伸。

教师在信息化平台上对学生作业完成情况及时给予反馈，并根据学生的情况及时对教学做出调整。整个过程借助信息化教学手段引导学生积极参与解决科学问题，科学精神自然而然地浸润学生心灵。

（2）尊重教育规律，重视课程实践。

首先，要尊重教育规律，明确课程对专业培养目标和学生毕业要求的支撑。围绕培养目标和毕业要求，从学生学习的角度对教材内容进行重构，将复杂学习任务进行分解，将学习者在现实世界环境中感受和体验的真实事例或问题作为“关卡”，启发学生明确课程要解决的问题。从“问题聚焦、激活旧知、论证新知、应用新知、融会贯通”层层推进，以学生预期能力获得为导向，进行反向设计和正向实施教学。

其次，重视课程实践，第一，引导学生了解学校和教师科研进展，学生感受榜样的引领进而积极参与课外科研实践，以本课程为依托获得多项国家级、省级重点大学生创新创业项目立项。第二，带领学生在实践基地和行业企业参观学习时，着重介绍行业背景、企业文化和社会责任，引导学生感悟到理工科人才在科技创新和工程实践中应承担的社会责任。最后，坚持工农结合、文理结合，带领学生进行土地调查、地理国情普查、精准扶贫退出评估等各类制图和测量实践，在实践中培养学生甘于奉献的精神团队协作精神和实践能力。

（三）课程思政能力的提升策略

1. 教师政治素养的提升策略

政治素养是思政教学的基础，包括马克思主义理论、党的路线方针政策、思想政治教育理论等方面的知识。思政教师需要具备扎实的思政理论基础，能够准确理解和把握党的教育方针政策，深入理解思政教育的内涵和意义，将思政理论融入教学之中。深化理论认识与实践结合，确保教育教学工作能够正确引导学生，培养学生成为有理想、有道德、有文化、有纪律的社会主义建设者和接班人。

在政治素养提升方面，要加强政治理论学习，强化党性修养。组织专业课教师定期参加政治理论学习，深入学习党的理论、方针、政策，提高运用马克思主义立场、观点、方法分析和解决问题的能力；开展党性教育活动，如组织生活会、主题党日等，引导教师坚定政治信仰，增强党性观念，培养专业课教师的政治觉悟。鼓励专业课教师在教学过程中融入思想政治教育元素，将专业知识与思想政治教育有机结合。

2. 教师思政教学能力的提升策略

思政教学能力包括思政元素挖掘、融入专业课的能力、教师结合专业课知识进行思政的教学能力等方面。它要求教师在深入了解专业课程思政元素内涵与特征的基础上，结合学科特点、教学对象及教学目标，进行具有情境性的剖析、挖掘和运用。包括将专业课知识、能力和价值观三者紧密结合；具备灵活的课堂组织能力，能够激发学生的学习兴趣和积极性；巧妙融合理想信念、社会主义核心价值观、爱国主义、中华传统文化等方面的教育；开展课程实践，在实践中体悟正确的世界观、人生观和价值观，持续成长。

在思政教学能力提升方面，专业课教师要主动承担起思政育人的功能，将专业知识与思政元素相融合，共同推进课程思政与思政课育人同向同行。

（1）深入挖掘思政元素

专业课教师要具备从专业课程的教学知识点中挖掘思政元素的能力，包括学科发展史、学科精神、学科思维培养、家国情怀和使命担当等方面，找到与国家发展变化、取得的历史成就相关的融合点，以及与学生成长成才阶段的契合点。

（2）积极融合思政元素

在挖掘出思政元素后，专业课教师要将其与教学内容有机融合，创新教学方法，精心设计教学环节和教学内容，例如任务驱动法、小组学习法、翻转课堂等，并将现代教育技术应用到教学中，使课程思政元素自然而然地融入专业知识中，达到润物细无声的效果。教师还需要不断丰富和拓展课程思政的素材与资源。

3. 教师个人特质与职业素养的提升策略

个人特质与职业素养是教师的师德师风和职业形象的重要组成部分。教师需要具备良好的职业态度、敬业精神、沟通能力和团队合作精神等职业素养；教师还需要具备学术造诣、知识水平、亲和力，等等。

例如，教学实践中积极探索，通过任务驱动、案例分析、实习实践、小组探讨等方式，把思政元素与专业知识充分结合、巧妙融合，激发学生思考社会问题，培养学生的社会责任感，引领学生具备家国情怀；此外，运用现代信息技术手段，如多媒体教学手段、网络教学平台、互动平台等，能进一步提高思政教育的吸引力和感染力。

教师个人特质与职业素养的提升，不仅有助于建立起更加和谐融洽的师生关系，而且显著提升了专业课教学的思政效果，为学生的全面成长与发展奠定了坚实的基础。

在个人特质与职业素养提升方面要做到以下几点。

首先，要加强师德师风建设，将师德师风建设作为教师政治素养提升的重要内容，通过制定相关规章制度，明确教师的职业道德规范。引导教师树立正确的世界观、人生观和价值观，以身作则，为学生树立正确的价值观和行为示范。

其次，树立课程思政教学的自觉追求，激发为党育人、为国育才的内生动力。尤其是注重自我德育能力的培养，自觉弘扬核心价值观，积极传递正能量。作为学生的引路人，教师要特别做到严于律己，以德立身、以德立学、以德施教，争取成为学生良好乃至优秀的榜样。

最后，高校专业课教师要主动更新教学理念，创新教学内容与方法，将课程思政与专业课教学相结合，实现二者的有机融合。高校专业课教师要不断提升自身的教学能力，通过参加教学培训、观摩优秀教学案例等活动，学习先进的教学理念和教学方法，提高教学效果。引入现代信息技术手段，提高思政教育的吸引力和感染力。

五、学科思维培养视域下的教学反思与课程评价

（一）教学反思

在学科思维培养视域下，教师胜任力的提升离不开深刻的教学反思。教学反思是教师自我提升的关键环节，它促使教师审视教学过程中的得与失，理解学生的学习难点与兴趣点，从而不断调整教学策略，优化教学内容，确保教学活动更加贴近学生的实际需求。通过教学反思，教师能够深化对学科

知识的理解，提升教学设计的科学性，进而激发学生的学科兴趣，培养其批判性思维和解决问题的能力。

教学反思其核心在于“精”而非“多”。教学反思的本质是教师对自身教学实践的深入思考与自我对话，它关注的是教学过程中的关键点、学生的反应、教学策略的有效性等核心要素。所以教学反思强调的是质量而非数量，它要求教师用精练的语言概括出教学的亮点与不足，提炼出值得借鉴的经验和需要改进的地方。每次反思的焦点应集中在具体的教学问题上，通过简洁明了的反思，教师可以更快地识别问题、制定改进措施，并将其应用到后续的教学中，从而不断提升教学质量。

以《地图与测量学》课程中的“地球椭球体”一课为例，从教学理念、教学方法和教学过程三方面进行课程教学反思如下。

本次课带领学生分析地球的形状和椭球体的定位。通过课堂讲解使学生由浅入深、系统科学地认知地球，同时在教学中植入本学科的思维方式、分析范式。

1. 教学理念

旨在通过“一中心、二融合、三环节”的教学理念，以学生为中心，教师进行启发式引导，融合课程思政和信息技术，落实知识传授、能力培养及价值塑造。通过对地球形状进行辩证分析、对椭球体定位进行数学解析，达成能力目标。通过感受学科成果、树立榜样模范，发扬文化自信、激发大国情怀，达成思政目标。

2. 教学方法

采取了任务驱动法和案例教学法，有效地激发学生学习兴趣，引导学生由简入繁地进行探究。

（1）不足之处：案例教学不够深入。

（2）改进措施：在前后问题的设置上进一步加强逻辑关系，深入挖掘案例内涵。

3. 教学过程

授课开始以“如何回答我在哪”，引出要获得精确坐标首先要对地球有精准认识；通过点评学生作业、视频讲解，用生动的过程改善学生对枯燥理论的认知；通过图解分析、方法论提炼，呈现知识难点，解学生困惑。授课过程清晰有序，内容丰富。

（1）不足之处

由于课堂教学时间有限，与学生的互动不够深入，基本上是点到为止；在把控教学节奏方面有待提高。

（2）改进措施

需有意识地因材施教，并在课外环节加强互动；优化教学节奏，使课堂教学有张有弛。

通过对“地球椭球体”一课的回顾和总结，教师可以明确自己在教授椭球体特征、地球形状的科学探索历程等方面的得失，从而调整教学方法和技巧，使之更符合学生的认知特点，帮助教师积累成功的教学经验，提升专业素养和教学水平。

（二）课程评价

课程评价是衡量教师教学成效的重要标尺。它要求教师不仅要关注学生的学业成绩，更要全面评估学生的学科思维发展、情感态度变化以及实践能力的提升。科学的课程评价能够为教师提供精准的教学反馈，帮助教师识别教学中的强项与短板，为后续的教学改进指明方向。通过课程评价，教师能够不断优化教学方法，提升教学质量，为学生的全面发展奠定坚实的基础。

评估反馈环节，就像教学过程中的“导航仪”一样，是教学活动中不可或缺的重要环节。它能够帮助教师准确把握学生的学习进度和思维发展状况，然后在适当的时机对教学策略和方法进行调整，从而保证教学活动始终沿着既定的目标不断前进。为此，教师需要构建多元化的评价体系，包括形成性评估和终结性评估。

形成性评价贯穿于整个教学过程，它是通过持续的观察、记录和反馈，及时捕捉学生的学习动态。其形式多种多样，可能表现为课堂互动中的即时反馈、小组讨论中的观点交流、作业批改中的详细点评，等等。通过形成性评价教师能够发现学生在学习过程中的困惑、误解或创新点，然后采取针对性的辅导措施，如个别指导、小组辅导或调整教学内容和方法，以帮助学生克服学习障碍，激发学习潜能。

总结性评价通常在学期末或课程结束时进行，以总结性评价的形式，全面评估学生的学习成果和学科思维发展水平。它可能包括期末考试、项目报告、口头展示等多种评价方式。总结性评价不仅是对学生学习成果的检验，也是对教师教学效果的反馈，有助于教师从整体上把握教学效果，为后续教学提供改进方向。

除了教师评价外，鼓励学生进行自我评价和同伴评价同样重要。自我评价能够促使学生对自己的学习过程和成果进行反思，明确自己的优势与不足，从而制订个性化的学习计划。同伴评价则能够增强学生的团队协作能力，通过相互间的点评和建议，促进彼此间的相互学习和成长。这两种评价方式都有助于培养学生的自我反思能力和批判性思维，使他们成为更加独立、自主的学习者。

课程评价的设计构建了融汇研究型、项目式、探究式等在内的作业体系和可测量的评价方式，将诊断性评价（课前课后调查、学生前期学习表现）、形成性评价（根据学生课堂讨论和学习情况来评价学习效果）、总结性评价（根据学生的作业、考试作为评价教学效果），有效支撑了课程目标和培养目标。

以“高程测量原理”一课为例，如表 5.1 所示，教学评价从评价者的角度，包括学生评价、教师评价。从评价内容的角度，包括诊断性评价、形成性评价、总结性评价。诊断性评价主要通过课前调查问卷、学生课前预习作业、线下师生交流来完成。形成性评价主要是通过课堂讲授过程中学生的回答问题情况、学生参与程度来完成。总结性评价，是通过课后作业表现来评价教学效果，重点考查学生对课堂知识的理解、掌握和运用程度。课后教师和学生分别填写下面的表格。学生评价占比 30%、教师自评占 30%、教师批改的学生作业情况占比 40%，综合分析本节课目标达成度为四星。

表5.1 课程评价表示例

学生评价	☆	☆☆	☆☆☆	☆☆☆☆	☆☆☆☆☆
知识与能力掌握概况				√	
地图与测量学思想方法的掌握情况				√	
信息化手段应用效果			√		
授课方式趣味性			√		
课堂参与情况				√	
课程难度				√	
教师自评	☆	☆☆	☆☆☆	☆☆☆☆	☆☆☆☆☆
课程难度			√		
教学设计				√	
学生课堂参与情况				√	
课堂思政效果				√	
作业情况（教师批改，课前预习、课堂练习、课后作业分别占20%、30、50%）					
	差	及格	中	良	优
每项人数	3	6	6	18	6
课程目标达成度	☆	☆☆	☆☆☆	☆☆☆☆	☆☆☆☆☆
学生评价30%教师自评30%作业情况40%				√	

通过这一系列的评价和反馈，教师不仅能够更好地指导学生的学习过程，帮助他们克服学习障碍，提升学科思维能力，还能促进学生全面发展，包括提高他们的自信心、沟通能力和团队协作能力。这种全面、动态的评价体系，是教学活动高效、有序进行的重要保障，也是实现教育目标的关键所在。

六、教师胜任力多层次模糊综合评价

（一）评价步骤

在第四章中，我们分析了学科思维培养视域下教师胜任力评价主体具备多元化特点。学科思维培养视域下教师胜任力的评价体系，在一级因素下包含有多个二级因素，在评价过程中，要综合考虑这些互相关联的因素之间的层次关系。

多层次模糊综合评价法是对模糊事物或现象做综合评价后，进行定量描述的一种科学方法，它可以充分考虑到各种可利用的信息，并对它的模糊性进行量化分析和区分。多层次模糊综合评价法正好能多元化评价的各种要求。所以本研究采用模糊数学中的多层次综合评判法来建立评价的数学模型，先把一级因素划分成几类二级因素，再对每一类二级因素做出简单的综合评判，然后根据简单综合评判的结果进行类之间的更高层的综合评判。

首先我们运用特尔斐（Delphi）法，根据表 4.1 指标体系制定了专家打分表，并将表发至专业人士的手中，邀请他们对我们教学团队的 Z 教师进行打分、确定各指标因素对教师胜任力的贡献率（权重）。打分角度包括管理者（含教学副院长）、学生、教师同行、教师自评四方面。

接下来，对打分结果加以整理、归纳、综合，进行统计处理，将结果匿名返回给各个专家，再次征求他们的意见，进行有控制的反馈，确定各指标因子的权重。

（二）评价原理

多层次模糊综合评价原理如下：

设评价时所关注的 m 个因素的集合为 $X=(X_1, X_2, \cdots, X_m)$，n 个评语的集合为 $Y=\{Y_1, Y_2, \cdots, Y_n\}$，评语集合取为 Y={ 优秀，良好，中等，合格，不合格 }

若用 r_{ij} 表示第 i 个因素对第 j 种评语的隶属度，则因素论域与评语论域之间的模糊关系可用评价矩阵表示为：

$$R=\begin{bmatrix} r_{11} & r_{12} & \cdots & r_{1n} \\ r_{21} & r_{22} & \cdots & r_{2n} \\ \cdots & \cdots & \cdots & \cdots \\ r_{m1} & r_{m2} & \cdots & r_{mn} \end{bmatrix}$$

其中，$0 \leqslant r_{ij}=XY(X_i, Y_j) \leqslant 1$，i=1，2，…，3，j=1，2，…，n.

如果因素论域 X 中的因素又是由多个因素组成，即 X 由 k 层组成（$k \geqslant 2$），第一层（最高层）具有 m 个因素，即 $X=\{X_{1(1)}, X_{2(1)}, \cdots, X_{m(1)}\}$，评语集 $Y=\{Y_1, Y_2, \cdots, Y_n\}$，则多层次模糊综合评价的数据模型为：

$$B=A \circ R=A \circ \begin{bmatrix} A_1 \circ \begin{bmatrix} A_{11} \circ R_{11} \\ \cdots \\ A_{1s} \circ R_{1s} \end{bmatrix} \\ \\ A_m \circ \begin{bmatrix} A_{m1} \circ R_{m1} \\ \cdots \\ A_{mq} \circ R_{mq} \end{bmatrix} \end{bmatrix}$$

多层次模糊综合评价是从最底层开始，向上逐层运算，直至得到最后的评语集 B。第 k 层评判结果就是第 k-1 层因素的隶属度。

以 k=3 为例，多层次模糊综合评价计算步骤如下：

进行第三层的运算，分别得到 $B_{ij}=A_{ij} \circ R_{ij}$，即：

$$B_{11}=A_{11}\circ R_{11}$$
$$\vdots$$
$$B_{1P}=A_{1P}\circ R_{1P}$$
$$B_{mq}=A_{mq}\circ R_{mq}$$

完成第三层的计算后，令：

$$R_1=\begin{bmatrix}B_{11}\\B_{12}\\\vdots\\B_{1P}\end{bmatrix},\ \cdots,\quad R_m=\begin{bmatrix}B_{m1}\\B_{m2}\\\vdots\\B_{mP}\end{bmatrix}$$

进行第二层的运算，分别得到 $B_{\mathrm{i}}=A_i\circ R_i$，即：

$$B_1=A_1\circ R_1$$
$$\vdots$$
$$B_m=A_m\circ R_m$$

完成第二层的计算后，令：

$$R=\begin{bmatrix}B_1\\\vdots\\B_m\end{bmatrix}$$

进行第一层的运算，得到最后的评语集：

$$B=A\circ R$$

（三）评价结果

将本节第一部分所述搜集到的数据，运用多层次模糊综合评价中的“隶属函数确定法”，确定各指标因子评语集的隶属度 $Y=\{Y_1, Y_2, Y_3, Y_4, Y_5\}$。

计算得到的权重及隶属度如表 5.2 所示：

表5.2 学科思维培养视域下教师胜任力评价权重及隶属度

评价目标	因素及权重	因子及权重	Y_1	Y_2	Y_3	Y_4	Y_5
学科思维培养视域下教师胜任力	专业知识素养（X_1）0.2	深厚的学科知识基础（X_{11}）0.25	0.32	0.43	0.11	0.14	0.00
		思考意识与探索能力（X_{12}）0.30	0.44	0.20	0.20	0.16	0.00
		知识整合与转化能力（X_{13}）0.25	0.33	0.21	0.22	0.14	0.10
		学科前沿动态的敏锐洞察（X_{14}）0.20	0.36	0.21	0.20	0.13	0.10
	教学技能（X_2）0.2	创新的教学设计能力（X_{21}）0.35	0.28	0.24	0.18	0.20	0.10
		引导学生思维发展的技巧（X_{22}）0.35	0.15	0.30	0.25	0.20	0.10
		评估与反馈能力（X_{23}）0.30	0.32	0.44	0.10	0.07	0.07
	思政教学能力（X_3）0.15	思政元素的挖掘能力（X_{31}）0.45	0.35	0.30	0.15	0.15	0.05
		思政教育内容的融入能力（X_{32}）0.55	0.40	0.25	0.20	0.10	0.05
	个人特质（X_4）0.15	积极的学习态度（X_{41}）0.32	0.20	0.34	0.18	0.23	0.05
		耐心与责任心（X_{42}）0.32	0.19	0.31	0.25	0.20	0.05
		反思与自我提升（X_{43}）0.36	0.35	0.35	0.15	0.07	0.08
	专业态度（X_5）0.15	对教育事业的热爱（X_{51}）0.33	0.34	0.29	0.18	0.12	0.07
		对职业的尊重与敬畏（X_{52}）0.33	0.30	0.30	0.20	0.14	0.06
		对学生的关怀（X_{53}）0.34	0.35	0.44	0.12	0.07	0.02
	技术应用能力（X_6）0.15	信息技术与学科教学的融合（X_{61}）0.55	0.24	0.27	0.34	0.11	0.04
		数据分析与评估能力的提升（X_{62}）0.45	0.28	0.22	0.29	0.13	0.08

如表 5.2 所示，学科思维培养视域下教师胜任力评价指标体系有两层指标因子。根据该表中各指标因素和因子的权重、隶属度，按照多层次模糊综合评价计算步骤，进行第二层的运算，得到：

$$B_1 = A_1 \circ R_1 = [0.25 \quad 0.30 \quad 0.25 \quad 0.20] \circ \begin{bmatrix} 0.32 & 0.43 & 0.11 & 0.14 & 0.00 \\ 0.44 & 0.20 & 0.20 & 0.16 & 0.00 \\ 0.33 & 0.21 & 0.22 & 0.14 & 0.10 \\ 0.36 & 0.21 & 0.20 & 0.13 & 0.10 \end{bmatrix}$$

$$= [0.367 \quad 0.262 \quad 0.183 \quad 0.144 \quad 0.045]$$

$$B_2 = A_2 \circ R_2 = [0.35 \quad 0.35 \quad 0.30] \circ \begin{bmatrix} 0.28 & 0.24 & 0.18 & 0.20 & 0.10 \\ 0.15 & 0.30 & 0.25 & 0.20 & 0.10 \\ 0.32 & 0.44 & 0.10 & 0.07 & 0.07 \end{bmatrix}$$

$$= [0.247 \quad 0.321 \quad 0.181 \quad 0.161 \quad 0.091]$$

$$B_3 = A_3 \circ R_3 = [0.45 \quad 0.55] \circ \begin{bmatrix} 0.35 & 0.30 & 0.15 & 0.15 & 0.05 \\ 0.40 & 0.25 & 0.20 & 0.10 & 0.05 \end{bmatrix}$$

$$= [0.378 \quad 0.273 \quad 0.178 \quad 0.123 \quad 0.050]$$

$$B_4 = A_4 \circ R_4 = [0.32 \quad 0.32 \quad 0.36] \circ \begin{bmatrix} 0.20 & 0.34 & 0.18 & 0.23 & 0.05 \\ 0.19 & 0.31 & 0.25 & 0.20 & 0.05 \\ 0.35 & 0.35 & 0.15 & 0.07 & 0.08 \end{bmatrix}$$

$$= [0.251 \quad 0.334 \quad 0.192 \quad 0.163 \quad 0.061]$$

$$B_5 = A_5 \circ R_5 = [0.33 \quad 0.33 \quad 0.34] \circ \begin{bmatrix} 0.34 & 0.29 & 0.18 & 0.12 & 0.07 \\ 0.30 & 0.30 & 0.20 & 0.14 & 0.06 \\ 0.35 & 0.44 & 0.12 & 0.07 & 0.02 \end{bmatrix}$$

$$= [0.330 \quad 0.344 \quad 0.166 \quad 0.110 \quad 0.050]$$

$$B_6 = A_6 \circ R_6 = [0.55 \quad 0.45] \circ \begin{bmatrix} 0.24 & 0.27 & 0.34 & 0.11 & 0.04 \\ 0.28 & 0.22 & 0.29 & 0.13 & 0.08 \end{bmatrix}$$

$$= [0.258 \quad 0.248 \quad 0.318 \quad 0.119 \quad 0.058]$$

故第一层的模糊关系矩阵 R 为：

$$R=\begin{bmatrix}B_1\\B_2\\B_3\\B_4\\B_5\\B_6\end{bmatrix}=\begin{bmatrix}0.367 & 0.262 & 0.183 & 0.144 & 0.045\\0.247 & 0.321 & 0.181 & 0.161 & 0.091\\0.378 & 0.273 & 0.178 & 0.123 & 0.050\\0.251 & 0.334 & 0.192 & 0.163 & 0.061\\0.330 & 0.344 & 0.166 & 0.110 & 0.050\\0.258 & 0.248 & 0.318 & 0.119 & 0.058\end{bmatrix}$$

教师胜任力评价因素的权重即权向量 A 为：

A= [0.20 0.20 0.15 0.15 0.15 0.15]

相应地进行第一层的运算，得到教师胜任力最终评语集：

B= [0.305 0.296 0.201 0.138 0.060]

根据计算得到的评语集 B，按照最大隶属度原则，确定 Z 教师学科思维培养视域下教师胜任力综合为“优秀”等次。Z 教师表现得最好的具体因素有“1. 专业知识素养”“3. 思政教学能力”及“6. 技术应用能力”。

七、本章小结

本章以具体的“高程测量原理”等课程为例，结合前面四章的理论分析，从学科思维培养视域下的教学目标设定、学科思维培养视域下的教学设计分析、学科思维培养视域下的课堂引导能力、学科思维培养视域下的课程思政能力、学科思维培养视域下的教学反思与课程评价、胜任力评价案例，详细探讨了学科思维培养视域下的教师在教学各方面如何应用和实践。

在学科思维培养的视域下，教学目标的设定是教学活动的起点和基础，它直接关系到教学内容的选择、教学方法的运用以及教学评价的实施。明确的教学目标不仅为教师提供了清晰的教学方向，也为学生提供了明确的学习导向。通过设定科学合理的学科思维培养目标，可以有效地激发学生的学科兴趣，培养他们独立思考和解决问题的能力，进而提升学生的综合素养。

教学设计的核心理念是以学生为中心，注重学生的主体性和创造性。在学科思维培养的视域下，教学设计应关注学生的个体差异，尊重其思维方式的多样性，通过设计开放性的问题、情境和活动，激发学生的思维活力，培养其独立思考和解决问题的能力。

课堂引导能力包括课前准备、前课回顾与新课导入、新课讲授、学科前沿与拓展延伸、巩固提高与启发思考。课前准备是课堂引导的基础。前课回顾有助于巩固学生的旧知，为新课学习奠定基础。新课导入则应简洁明了，迅速吸引学生的注意力、激发其学习兴趣。在新课讲授环节，教师要注重知识的内在逻辑和学生的认知规律，采用多种教学方法和手段来呈现知识内容。教师要注重将学科前沿知识和拓展内容融入课堂教学，以拓宽学生的视野、激发其创新思维。巩固提高环节旨在帮助学生巩固所学知识，提升学科思维能力。提升课堂引导能力需要教师在教学实践中不断积累经验，反思和改进自己的教学策略。教师还应积极参加各种培训和交流活动，学习先进的教学理念和方法，不断提升自己的专业素养和教学能力。本章详细分析了以上内容，并提出了相应的课堂引导能力提升策略。

在学科思维培养的视域下，课程思政应注重培养学生的社会责任感、创新意识和团队协作能力等综合素养。在课程思政实践中，教师要深入挖掘专业课程中的思政元素。提升课程思政能力，需要教师具备较高的政治素养和敏锐的社会洞察力。教师还应注重更新自己的知识储备和教学理念，将最新的社会热点和思政元素不断融入课堂教学之中。此外，教师还应积极参加各种思政培训和交流活动，不断提升自己的课程思政设计和实施能力。

在学科思维培养的视域下，教师还应注重对自己的教学行为、教学效果和学生的学习情况进行深入反思。课程评价应注重对学生学科思维能力的培养情况进行全面评估。

本章还结合第四章的构建的评价机制，采用多层次模糊综合评价方法对团队某教师的教学胜任力进行了评价。评价结果表明，该教师属于较高胜任力水平。这也验证了我们构建的评价指标体系能对学科思维培养视域下教师胜任力情况进行较为准确、科学的描述和评估。

第六章

政策支持与保障体系

从前几章的分析中可以看出，当前教师学科思维培养胜任力的提升面临诸多挑战。

首先，尽管学科思维在教育教学中的重要性日益凸显，但现有的教师培训体系往往侧重于知识传授和教学技能的提升，对学科思维的培养却缺乏系统性和针对性。这导致教师在教学设计、课堂组织和学生引导等方面难以有效运用高阶思维方法，影响了教学质量的提升和学生思维能力的培养。所以政策层面需要出台专项文件，明确学科思维胜任力的培养目标、路径和评估标准，为教师提供清晰的方向和指导。

其次，教师在实际教学中面临繁重的教学任务和考核压力，难以有足够的时间和精力进行学科思维的深度反思与提升。现有的教师培训项目多为短期集中式，缺乏持续性和连贯性，无法满足教师长期发展的需求。为此，政策应提供专项经费和资源支持，建立长效的教师学科思维培养机制，包括定期培训、实践反思和评估反馈等环节，确保教师能够在教学实践中不断深化和拓展学科思维能力。

政策支持为教师学科思维培养提供了明确的方向和动力。教育政策不仅规定了教师要具备的知识、技能和素养，还引导教师教育机构在课程设置、教学方法和实践环节等方面进行改革，以适应新时代教育教学的要求。通过政策引导，可以确保教师培养工作有的放矢，培养出的教师能够更好地理解并应用学科思维，从而在教学实践中培养学生的思维能力。

保障体系的建设也是提升教师学科思维培养胜任力不可或缺的一环。一个完善的保障体系应该包括培训机制、评价机制、激励机制、支持机制和交流机制等多方面。培训机制可以确保教师接受定期的专业培训，更新教育理念和教学方法；评价机制则有助于教师了解自身不足，找到改进方向；激励机制能够激发教师的积极性和创造性，使其更有动力地投入教育工作中；支持机制则提供必要的教学资源和研究平台，为教师学科思维培养提供有力支撑；交流机制则促进教师之间的良性互动和学习，共同提升学科思维培养胜任力。

本章系统地分析政策支持和保障体系，以期为教师学科思维培养胜任力的提升提供明确的方向、持续的动力和有力的保障。

一、政策支持

政策支持是教师胜任力提升的重要保障。政府和教育行政部门通过制定和实施相关政策，为教师提供专业发展、教学创新等方面的指导和支持，从而推动教师胜任力不断提升。

（一）顶层设计，明确方向

1. 制定专项政策文件

政府应出台一系列旨在提升教师胜任力的政策文件，明确教师胜任力的内涵、构成要素以及提升路径，为教师胜任力发展提供方向指引。这些政策文件应涵盖教师培训、教学评估、职称评定等多个方面，为教师胜任力的提升提供全面指导。例如，可以制订《教师胜任力提升行动计划》，明确各级教育行政部门、学校以及教师在提升胜任力方面的责任和义务，确保政策的有效实施。

2. 纳入教师队伍建设规划

将学科思维培养纳入教师队伍建设的整体规划，明确各级各类学校教师学科思维培养的目标任务和保障措施。

政府应加大对教师培训体系的投入，建立多层次、多形式的培训制度，满足教师不同发展阶段的需求。一方面，可以依托高校、研究机构等优质教育资源，开展高水平的教师培训项目，促进教师业务素养和教学能力的提高。另一方面，可以结合学校实际情况和教师教学需求，制订如鼓励学校自主开展校本培训等个性化的培训方案。在培训内容上，重点突出学科思维培养方面的训练。以增强学科思维能力为目的，帮助教师掌握先进的教学思想和教学方法。例如，邀请知名学者、优秀教师，组织专家讲座、教学座谈会等活动，为教师提供学习交流平台。

3. 加强政策宣传解读

通过多种渠道、多种形式加大学科思维培养政策的宣传和解读力度，提高教师、学校及社会对学科思维培育重要性的认识。在宣传解读政策时，应充分利用线上线下相结合的方式。线上方式通过教育部门的官方网站、社交媒体平台、在线教育论坛等发布政策解读文章、视频讲座和案例分析，帮助教师和学校深入理解政策内涵。线下方式可以通过组织政策宣讲会、研讨会和工作坊，邀请教育专家和一线教师分享经验，从而确保政策的落实。

（二）优化课程设置，强化实践

1. 改革教师教育课程体系

为了强化教师的学科思维培养能力，师范院校与教师培训课程应当积极增设相关课程。为教师提供系统的学科思维培养理论与实践指导，助力其胜任力全面提升。首先可以引入“学科思维方法论”相关课程，旨在深入剖析各学科独特的思维方式与逻辑结构，帮助教师理解并掌握如何运用学科思维解决问题，从而为学生树立思维典范。还可以增设“学科思维教学设计与实施”相关课程，该课程将聚焦于如何将学科思维融入日常教学，指导教师设计富有启发性的教学活动，有效提升学生的学科思维水平，确保教师能够将理论知识转化为实践能力。

2. 开发优质教学资源

组织专家对案例库、教学录像、网络课程等学科思维培养的优质教学资源进行开发，为教师提供丰富的学习资料，并且要确保资源的科学性、实用性和创新性。例如，开发涵盖不同学科的案例库，为教师提供丰富的教学情境，帮助他们更好地引导学生进行思维训练。制作高质量的教学视频，为教师提供直观的学习实例，展现学科思维训练的教学方法与技巧。同时，开发在线课程能够突破时间和空间的限制，方便教师随时随地进行学习和交流。这些资源不仅能够提升教师的学科思维培养能力，还能为学生创造更具启发性的学习环境，以推动教育质量整体提升。

3. 强化实践教学环节

为了深化教师对学科思维培养的理解与应用，必须加强师范生和在职教师的实践教学环节。具体而言，可以组织教师观摩优秀教学案例，通过近距离观察与分析，直观感受学科思维在教学中的实际运用；定期举办教学研讨会，鼓励教师围绕学科思维培养展开深入交流与探讨，共同解决教学实践中遇到的问题。此外，还应为教师提供丰富的实践机会，如设计并实施以学科思维为核心的教学活动，通过亲身实践，不断反思与调整教学策略，从而将学科思维培养的理论知识扎实地转化为教学实践中的有效行动。

（三）完善评价机制，强化结果应用

1. 建立学科思维评价体系

研究制定科学合理的学科思维评价指标体系，将学科思维培养纳入教师教学质量评价和学生学业评价体系。

首先，学科思维评价指标体系的建立需要综合考虑教师教学和学生学习等多方面因素，确保评价的全面性和科学性。例如，在教师教学质量评价中，

应将学科思维培养作为重要指标，通过课堂观察、教学案例分析等方式，评估教师在教学过程中是否有效引导学生进行思维训练。

其次，学生学业评价也应从单一的知识考核转向综合能力评估，增加对学生思维能力的考查，如批判性思维、创造性思维等。通过将学科思维培养纳入评价体系，能够为教师提供明确的教学导向，激励教师创新教学方法，同时也为学生提供更全面的发展空间，促进学生综合素质的提升。

2. 创新评价方式方法

为了准确衡量教师的学科思维培养能力和学生的学科思维发展水平，需采用多元化的评价方式。具体而言，有以下两点。

首先，可以进行课堂观察，直接了解教师在实际教学中如何渗透学科思维；进行案例分析，深入剖析教学活动中的思维培养亮点与待改进之处；展示学生作品，从中评估学生运用学科思维解决问题的能力。

其次，在评估主体上实现多元化，引入学生评价以获取第一手学习反馈，同行评价促进教师间的相互学习与借鉴，专家评价确保评估的专业性和权威性。这种全面而客观的评估体系，有助于精准定位教师与学生的成长点，推动学科思维培养的持续优化。

3. 强化评价结果运用

将学科思维评价结果作为教师职称评定、绩效考核、评优评先的重要依据，激励教师不断提升学科思维培养能力，形成有效的激励约束机制。这一举措能够从根本上引导教师重视学科思维培养在教学中的重要性，推动教师在日常教学中积极创新教学方法，注重培养学生的高阶思维能力。

（四）建立激励机制，激发动力

激励机制是提升教师胜任力的关键，能有效地激发教师的积极性和创造力。通常有物质和精神两个层面。

1. 物质层面

设立专项奖励基金，是对教师的最直接的肯定。这笔基金专项用于奖励那些在教学实践中积极探索、勇于创新，且在提升学生学科思维能力方面取得突出成绩的教师。奖励的形式可以多样化，既包括现金奖励，也可以涵盖教学资源的倾斜、学术研究的资助等。

提高教师的薪资待遇，特别是对那些在教学和科研方面表现突出的教师，可以进一步巩固和扩大教师队伍的稳定性和向心力，吸引更多优秀人才投身该项事业。

为教师提供科研经费支持。科研是教师专业成长的重要途径，也是提升学科思维培养胜任力的关键所在。通过设立科研经费专项，鼓励教师开展与学科思维培养相关的研究和实践，不仅可以提升教师的专业素养和教学能力，还能够推动教育实践的创新和发展。

2. 精神层面

举办教学竞赛、教学研讨会等活动，这些活动是教师展示自己教学成果和经验的重要平台。在竞赛和研讨中，教师们可以相互学习、相互借鉴，共同提升学科思维培养的胜任力。这些交流和分享，不仅能够提升教师的教学技能和学科素养，还能够促进教育实践的创新和发展。

设立荣誉称号，如“学科思维培养优秀教师”“教学创新奖”等，对教师们在学科思维培养方面做出突出贡献进行荣誉上的肯定。这些荣誉称号不仅是对教师辛勤付出的认可，更是对其职业价值的彰显。

通过校园媒体、社交媒体等渠道，广泛宣传优秀教师的先进事迹和教学经验。这些宣传不仅能够树立榜样，激发其他教师的积极性和创造力，也能够提升整个教师队伍的凝聚力。

3. 职业发展激励

职业发展激励的核心是向教师提供多样化的职业发展机会，包括参加国内外学术交流、进修学习等。通过参与这些活动，教师可以拓宽视野、增长见识，了解国内外教育领域的最新动态和研究成果。这些活动还可以促进教师的业务成长，促进教师学科思维培养方面教学能力的提升。

二、保障体系

保障体系是教师胜任力提升的重要支撑。学校、教育行政部门以及社会各界应共同努力，为教师提供全方位的支持和服务，确保教师胜任力提升工作的顺利开展。

（一）组织保障

1. 加强组织领导

在推进学科思维培养工作的过程中，加强组织领导是确保各项工作有序开展的关键。首先，要成立学科思维培养工作领导小组，由教育行政部门、高校、科研机构、中小学等多方面组成。本小组的成员要涵盖教育政策制定者、学科专家、教育研究者以及一线教师，以确保各方面的声音都能被充分听取。领导小组的主要职责是统筹协调各方力量，制订学科思维培养的总体规划和实施方案，确保各项工作能够高效、有序地推进。

在领导小组中教育行政部门要起到带头作用，在制定有关政策、经费保障、监督各项工作落实等方面，要负主要责任。高校、科研单位则要发挥自己的学术优势，为帮助教师理解和掌握学科思维的核心内涵及其培养方法提供理论支持和实践指导。

2. 明确职责分工

确保各项工作平稳推进的重要保障是明确各方的职责分工。作为政策制定者和资源提供者，教育行政部门负责制定学科思维培养的总体规划和政策框架，并对各项工作的落实进行必要的经费、资源保障和监督。具体而言，教育行政部门要制定学科思维训练的标准及考核制度，做到有章可循、有据可依，确保各项工作有的放矢。

在学科思维培养工作中，高等学校和科研机构要承担理论学习和实践指导的职责。高校要组织有关学科的专家对不同学科思维训练的有效途径和方法进行理论研究，对学科思维的培养方式进行探索。科研机构对这些方法的有效性也要通过实证研究加以验证，并给出改进建议。

学校管理层要在学科思维培养中制订具体的实施计划，并对各学科教师的职责、任务予以明确，再进行有针对性的培训支持。而教师则要把学科思维的培养贯彻到每一节课上，通过教学设计、课堂引导以及学生指导等方式来完成。另外，学校还要建立对教师教学效果的定期考核、反馈意见及改进建议的学科思维培养考核机制。

3. 加强督导评估

监督考核机制要包括两个环节，即定期督导检查和评估反馈。

督导检查要定期组织专家督导队伍对学科思维培养情况进行检查，由教育行政部门牵头，按照既定计划，确保各项工作扎实推进。评估反馈则是通过科学的评估工具和方法评价学科思维培养效果并提供改进意见，由高校和科研单位负责。在督导检查环节，教育行政部门应制定详细的督导标准和检查流程，确保督导工作有章可循。督导团队应由教育专家、学科专家和一线教师组成，通过实地考察、课堂观察、教师访谈等方式，全面了解学科思维培养工作的落实情况。督导团队要及时发现问题，并提出改进建议，确保各项工作能够不断优化。

在评估反馈环节，高校和科研机构要开发科学的评估工具，对学科思维培养的效果进行量化评估。评估工具包括教师的教学设计、课堂组织、学生思维能力等多个维度，保证评价结果具有综合性、客观性。评估结果要及时向教育行政部门反馈，帮助其了解工作中的不足，并提供改进建议。此外，评估结果还应作为政策调整和资源分配的依据，确保学科思维培养工作能够持续改进并取得实效。

（二）经费保障

1. 加大经费投入

各级财政部门应将学科思维培养工作视为教育投资的重点领域，予以高度重视和充足支持。要根据实际需求，合理规划并逐年增加对学科思维培养工作的专项经费投入。这些资金应专项用于教师培训，以提升教师的学科素养和教学能力，特别是其在引导学生形成批判性思维、创造性解决问题等方面的能力；用于课程开发，鼓励创新课程设计，融合跨学科知识，培养学生的综合思维能力；用于资源建设，包括数字化教学资源、实验室设备等，为学生提供丰富的学习材料和实践平台；以及用于课题研究，支持教师及科研人员深入探索学科思维培养的有效策略和评估体系。这一系列的投入，能够为学科思维培养工作的全面展开奠定坚实的物质基础。

2. 拓宽经费来源

鼓励社会力量参与学科思维培养工作，拓宽经费来源渠道形成政府主导、社会参与的多元化经费保障机制。包括但不限于：吸引企业赞助，特别是那些注重人才培养和创新发展的高科技企业，可通过校企合作项目等形式，共同资助学科思维培养的相关活动；设立教育基金会，接受社会捐赠，用于支持特定的学科思维培养项目或研究；以及探索教育债券、教育信托等金融工具，拓宽教育融资渠道，为学科思维培养工作提供更加灵活的资金支持。通过这些措施，可以有效缓解经费压力，为学科思维培养工作注入更多活力。

3. 加强经费管理

经费的有效管理是实现资源优化配置、确保学科思维培养工作高质量推进的关键。因此，必须建立健全经费管理制度，从预算编制、执行监控、审计评估到绩效反馈，形成闭环管理。具体而言，应明确经费使用的原则和范围，确保每一分钱都用在刀刃上，特别是要加大对教师培训、课程研发等关键环节的支持力度；实施严格的预算执行和监控机制，定期审查经费使用情况，及时调整和优化支出结构；引入第三方审计机构，对经费使用进行独立审计，确保公开透明，防止资源浪费和滥用；建立绩效评价体系，根据学科思维培养工作的成果和效益，对经费使用情况进行评估，作为后续经费分配的重要依据。通过这些措施，不仅能够提高经费的使用效益，还能增强社会各界对学科思维培养工作的信任和支持。

（三）师资保障

1. 加强专家队伍建设

加强专家队伍建设是确保各项工作科学有效开展的重要保障。组建学科思维培养专家队伍，由包括高校专家、教研员和一线优秀教师在内的多方面专家组成。专家团成员应具有深厚的学科背景、丰富的教学经验和较高的理论研究水平，以确保在学科思维培养工作中能够提供全方位的智力支持，为学科思维培养工作提供有针对性的指导。

高校专家在专家团队中应起到理论引领作用，负责学科思维培养的理论研究和方案设计。他们应结合学科特点，深入探讨学科思维的核心内涵及其培养路径，为教师提供理论指导和实践建议。教研员则要起到桥梁的作用，负责将高校专家的理论研究成果转化为可操作的教学策略，帮助教师通过工作坊、研讨会等形式理解和掌握这些策略。作为学科思维培养的具体实施者，一线优秀教师要负责在日常教学中融入理论和方法，并通过实践反馈对学科思维培养方案进行不断优化和完善。

2. 培养骨干教师队伍

为确保教师交流合作取得实效，必须推动教师交流合作常态化。

一是教育行政部门应制定教师交流合作的制度和计划，明确教师交流合作的目标、内容、形式和时间安排，确保教师交流合作有章可循。例如，可以规定每学期教师至少参加一次校际教学观摩活动、一次区域教学研讨会等，将教师交流合作纳入教师专业发展的考核指标体系，激励教师积极参与交流合作。

二是学校应积极营造教师交流合作的良好氛围，鼓励教师开展跨学科、跨年级的教学合作与交流活动，支持教师与兄弟学校教师建立长期的交流合作关系。例如，学校可以设立教师交流合作专项经费，支持教师参加校外交流合作活动。

此外，为促进教师之间相互学习、共同成长，要建立教师交流合作成果的分享机制，在交流中定期组织教师进行收获与心得的分享，促进教师之间的相互学习。

3. 加强教师交流合作

教师交流合作的最终目的是实现学科思维培养的经验和成果的共享与推广。通过教师之间的交流与合作，打破学校与地区之间的壁垒，促进更多的学校和教师参与到学科思维培养工作中来。

比如，教师可以将自己学科思维训练方面的优秀教学案例、教学设计和教学课件等资源通过交流合作平台进行分享，供其他教师参考和学习，从而提高教学资源的利用效率。在区域内开展学科思维培养成果展示活动，组织教师参观学习优秀学校的学科思维培养工作成果，从而推广先进的教学模式和方法。

4. 构建多层次、多阶段的教师培训体系

构建多层次、多阶段的教师培训体系是提升胜任力的关键。这个体系应包括新教师培训、在职教师进修、骨干教师研修等多个层次和形式。培训内容应涵盖学科思维培养、教学方法创新、信息技术应用等多方面。例如，通过搭建研修网络、虚拟教研室等平台，为教师提供沉浸式的学习环境。学校应建立教师研修档案，推行积分管理，促进教师能力的长期发展。

提升胜任力依托于构建多层次、多阶段的师资培养体系。这一体系应包括多个层次和形式，如新教师的培养、在职教师的进修、骨干教师的进修等。培养的内容要覆盖很多方面，比如，学科思维的培养、教学方式的创新、信息技术应用。通过搭建研修网络、虚拟教研室等平台，为教师提供身临其境的学习环境。

三、社会与学校协同机制

社会与学校协同机制是教师胜任力提升的重要保障。政府要推动学校与企业、协会等机构的合作，形成教师专业发展的共同体。加强社会与学校的联系与合作，可以为教师提供更多的学习和发展机会，为教师胜任力的提升创造良好的环境。

（一）社会参与，形成合力

教师胜任力的提升需要多方协同。学科思维培养视域下，教师胜任力的提升不仅依赖于教育系统内部的改革与创新，还需要广泛的社会参与，形成多方合力。社会参与能够为教师提供丰富的实践机会和资源，帮助教师将理论知识与实际应用相结合，从而提升其教学能力和学科思维培养的实效性。

1. 加强社区教育合作

作为社会基本单元，社区承载着丰富的教育资源和社会需求。教师通过对社区的合作，把教学内容与社区实际结合起来，能够深刻地了解社区的需要和发展趋势。例如，学校可与社区合作开展社会调查、志愿服务、文化传承等活动，有助于帮助学生在实践中培养学科思维、增强解决实际问题的能力。在社区教育合作中，教师不仅是知识的传授者，更是学生与社区之间的桥梁。通过与社区的互动，教师也可以更好地理解学生的实际需求，以便调整教学策略，设计更具针对性的教学活动。

2. 建立校企合作机制

学校应积极与企业建立合作关系，共同开展教师培训、教学实习等活动。企业作为社会经济发展的重要力量，拥有丰富的实践资源和前沿技术。通过校企合作，教师可以了解企业的实际需求和发展趋势，将理论知识与实践相结合，提升教学能力和实践能力。例如，学校可以与企业合作开展教师培训项目，邀请企业专家为教师讲解行业前沿技术和发展趋势，帮助教师更新知识结构，提升教学水平。在校企合作中，教师不仅可以获得丰富的实践机会，还可以将企业的实际案例引入课堂，帮助学生理解理论知识的实际应用。校企合作为教师提供了与企业专家交流的机会，帮助教师了解行业动态，提升其学科思维培养的能力。通过校企合作，教师可以更好地将理论知识与实践相结合，以提升教学的针对性和实效性。

3. 加强舆论宣传

舆论宣传是营造全社会关注和支持学科思维培养良好氛围的重要手段。学校应充分利用报纸、电视、网络等媒体，广泛宣传学科思维培养的重要性和典型案例，提升社会对学科思维培养的认知度和支持度。通过舆论的宣传，可以让更多的社会大众了解学科思维培养的意义和价值，共同关注和支持学科思维培养。

4. 鼓励社会力量参与

学校在学科思维培养中要为学生提供丰富的实践机遇与资源，要积极鼓励社会力量诸如企业、社会团体及公益类团体等参与到学科思维培养当中来。比如学校可以和企业一起合作开展实践项目，邀请社会团体和公益组织参与学科思维培养活动。

学校应注重社会力量参与时资源的整合和优化，确保社会力量能够为学科思维培养工作提供实质性的支持。学校还应建立与社会力量的长期合作机制，确保学科思维培养工作能够持续、稳定地推进。

（二）建立资源共享机制，拓展校外教育资源

构建资源共享机制与拓展校外教育资源，是提升教师学科思维培养胜任力的有效途径。不仅能够丰富教师的学习资源，拓宽其专业视野，还能够促进教师与社会的深度互动，提升其实践教学与创新能力，为培养具有深厚学科素养与卓越思维能力的学生奠定坚实的基础。

1. 构建资源共享机制

资源共享机制的目的是打破传统教育资源的封闭性，在学校和社会之间实现资源的有效整合和共享。这一机制不仅为教师提供了广阔的学习和发展平台，而且有利于资源的优化配置和利用效率的提高。

学校要积极与企业、高校、研究机构等建立深度合作关系，共享实验室、实训基地等实践教学资源，在真实或模拟的工作环境中增强学科思维培养的有效性，同时，与高校、研究机构的学术资源共享，如科研成果、学术期刊、数据库等，有助于教师紧跟学科前沿、更新知识结构、提升学术素养。

2. 拓展校外教育资源

校外教育资源是教师专业成长不可或缺的重要补充。学校应主动拓展与高校、研究机构、文化场馆等的合作网络，为教师提供多元化的学习机会。通过与高校、研究机构的紧密合作，邀请知名专家学者来校举办讲座、研讨会，或组织教师参与其举办的学术会议、工作坊等，不仅能够使教师接触到最新的教育理念和研究成果，还能激发其学术热情，促进教学反思与创新。

（三）开展联合培训与研修活动

联合培训与研修活动是学科思维培养视域下教师胜任力提升的重要抓手。通过与企业、高校和研究机构的深度合作，能够为教师提供丰富的学习资源和发展平台，促进教师在实践能力、学术水平和研究能力等方面全面提升。

在学科思维培养的视野下，教师不仅需要具备扎实的学科知识和教学技

能，还需要具备跨学科的视野、实践能力和创新思维，联合培养和研修活动可以为教师提供多样化的学习和发展机会，打破学校与社会的隔阂，实现资源的优化配置和优势互补。

教师通过与企业合作开展的教师培训课题，能对行业前沿技术及实际应用场景有一个深入的认识。比如，企业可为教师提供实习基地，安排专业技术人员进行指导，帮助教师将理论知识与实际应用相结合，以增强教师解决实际问题的能力。这种以实践为导向的培训，可以使教师在课堂教学中对学生的学科思维训练起到更好的引导作用。

（四）加强社会监督与评估

在学科思维培养视域下，教师胜任力的提升不仅依赖于教育系统内部的改革与创新，还需要广泛的社会参与和监督。建立社会监督与评估机制既能促进学校教育教学工作的公开性和公信力，又能及时发现和解决合作中的问题，促进社会与学校合作的不断完善与优化，所以是一项十分必要的工作。

1. 建立社会监督机制是确保社会与学校合作顺利进行的重要保障。

学校可以邀请社会各界人士参与学校的教育教学活动和合作项目，包括家长、企业代表、社区领袖、教育专家等。通过社会监督，学校可以及时了解社会各界的意见和建议，调整和优化教育教学策略，确保学科思维培养工作能够满足社会的实际需求。例如，学校可以定期举办开放日活动，邀请社会各界人士参观学校，了解学科思维培养的具体实施情况，并提出改进建议。

2. 建立评估机制是确保社会与学校合作取得实效的重要手段

学校应与社会各界合作，制定科学的评估标准和评估工具，对社会与学校合作的成果和效益进行评估和反馈。评估的内容应包括许多维度，包括教师的教学成绩、学生的学科思维能力、合作项目的实际成效等，确保评估结果全面、客观。通过对评估的开展，学校可以及时发现合作中的问题和不足，并根据评估结果进行改进和优化。例如，学校可以定期组织评估会议，邀请社会各界人士参与，共同讨论评估结果，并提出改进建议。

学校通过社会监督和评估机制，对合作中出现的问题及时发现并加以解决，促进社会与学校合作持续改进和优化。未来的工作中，要不断加大社会监督和考核力度，确保社会与学校的合作能够顺利开展并取得实效，为促进教师胜任能力的提高、为促进学生学科思维能力的增强，做出积极的贡献。

可见，政策支持、保障体系以及社会与学校协同机制是教师胜任力研究的重要支撑。政府、教育行政部门、学校以及社会各界应共同努力，为教师胜任力的提升提供全方位的支持和服务。通过加强政策支持、完善保障体系、推动社会与学校协同机制的发展，可以为教师胜任力的提升提供坚实的外部环境和内在动力，从而更好地推动学科思维培养和教育质量的提升。

四、本章小结

本章详细探讨了政策支持与保障体系在教师学科思维培养胜任力提升中的重要性。

首先，通过分析当前教师培训体系存在的问题，如缺乏系统性和针对性的学科思维培养、教师繁重的教学任务和考核压力等，指出了政策支持和保障体系建设的必要性。这些问题不仅影响了教师教学质量的提升，也阻碍了学生思维能力的培养，因此，从政策层面出发，为教师提供明确的方向和动力显得尤为重要。

政策支持方面，本章强调了政府和教育行政部门应制定专项政策文件，明确教师胜任力的内涵、构成要素以及提升路径。通过将这些政策纳入教师队伍建设规划，可以确保各级教育行政部门、学校以及教师在提升胜任力方面有明确的责任和义务。政策宣传解读也是关键一环，通过多种渠道和形式提高教师、学校和社会对学科思维培养重要性的认识，有助于形成共识，推动政策的有效实施。

保障体系的建设为教师胜任力提升提供了有力支撑。组织保障方面，加强组织领导、明确职责分工以及加强督导评估等措施，可以确保学科思维培养工作的有序开展和高效推进。经费保障方面，加大经费投入、拓宽经费来源以及加强经费管理，为学科思维培养工作提供了坚实的物质基础。师资保障方面，加强专家队伍建设、培养骨干教师队伍以及加强教师交流合作，有助于提升教师的专业素养和教学能力，促进教师之间的良性互动和学习。

社会与学校协同机制也是教师胜任力提升的重要保障。本章提出了加强社会参与、形成合力，构建资源共享机制和拓展校外教育资源等措施。通过加强社会监督与评估，可以确保社会与学校合作的顺利进行并取得实效，为教师提供更多的学习和发展机会，创造良好的环境。

从前面的分析中我们看到，在教师学科思维培养能力的提升过程中，政策支持和保障体系扮演着至关重要的角色。政府、教育行政部门、学校以及社会各界应通力合作，为教师提供全方位的支持和服务，确保教师胜任力提升工作的顺利开展。

通过加强政策支持、完善保障体系、推动社会与学校协同机制的发展，可以更好地推动学科思维培养和教育质量的提升，为学生的全面发展奠定坚实的基础。

第七章

结论与展望

一、研究总结与主要发现

在本书中，我们分析了学科思维、胜任力和教师胜任力的内涵，探讨了学科思维培养与教师胜任力之间的关系，讨论了当前教师学科思维培养的现状、存在的问题及其对教学质量的影响，构建了学科思维培养视域下教师胜任力模型。通过对大量文献的梳理以及案例的深入剖析，得出以下主要结论。

（一）学科思维培养与教师胜任力的内在关联

我们深入探讨了学科思维培养与教师胜任力之间的内在关联。研究发现，学科思维培养不仅是教育现代化的必然要求，更是教师胜任力提升的核心要素。学科思维的培养要求教师具备深厚的学科知识基础、灵活的教学策略运用能力以及对学生思维发展的敏锐洞察力。这些能力的综合体现构成了教师在学科思维培养视域下的胜任力框架。

我们发现，教师的教学目标设定、教学设计、课堂引导、课程思政、教学反思与课程评价共同作用于学科思维培养的效果。教师的教学目标设定明确，为学科思维培养奠定坚实的基础；教学设计科学合理，促进知识系统构建；课堂引导灵活有效，激发学生主动思考；课程思政有机融合，培养正确价值观；教学反思深刻及时，不断优化教学策略；课程评价多元全面，反馈学习成效。这些要素共同作用，显著提升了学生的学科思维能力，促进了全面发展。

学科思维的培养能够帮助教师更好地理解学科本质，掌握学科知识的内在逻辑，从而在教学中引导学生进行深度学习和高阶思维训练。学科思维培养存在差异化需求，不同学科对思维的要求各异，如理科强调逻辑推理和实证分析，文科则注重批判性思维和创造性表达。所以学科思维培养应根据不同学科的特点设计差异化的培养方案，确保教师能够掌握并运用适合本学科的思维方法。

（二）教师学科思维培养胜任力的现状与挑战

研究揭示了学科思维培养中教师胜任力的现状和面临的挑战。从教师自身来看，一些教师在学科知识更新上存在滞后现象，难以满足学科思维培养对前沿知识的需求。教师自身的学科思维存在局限性，这直接影响了学生思维培养的效果。部分教师受传统教学模式和思维定式的影响，难以有效激发学生的创新思维和跨学科思考能力。教师的个人经验、认知习惯和心理倾向也可能限制其学科思维的灵活性。

教师在教学设计能力、教学引导等方面也存在差异，有些教师在思维培养目标上未能完全融入教学活动，教学活动与思维训练脱节。在课堂管理上，有的教师在有限的时间内难以完成思维训练任务，缺乏对课堂节奏的把控能力。不少教师未能有效地将反思成果转化为教学改进措施，教师的教学反思能力也亟待提高。

学科思维教学资源尚待改进。当前的教学资源在种类和数量上存在不足，难以满足多样化的教学需求。许多学校在教学资源的开发和管理上投入不足，导致资源种类单一、管理混乱，甚至部分资源内容过时或不准确，影响了学科思维培养的质量。

此外，一些学校对学科思维培养的重视程度不够，对教师缺乏系统的培养制度，对教师的培养缺乏激励机制。比如，有的学校没有给教师提供专门的学科思维培训，造成教师在学科思维训练上的专业性指导不够。另外，对教师教学质量的考核仍偏重于知识传授，忽视了对学生思维能力的考查，学校的评价机制未能充分体现学科思维培养的导向性。

（三）提升教师学科思维培养胜任力的策略与路径

我们在研究的过程中，提出了多种策略和路径来提升教师学科思维的培养能力。

1. 强化教师更新和拓展学科知识的能力

帮助教师及时了解学科发展最新动态，提高学科知识水平，通过组织教师参加学科前沿培训、学术研讨等活动。比如，高校可以定期邀请学科专家为教师举办讲座，分享学科研究的最新成果；教育行政部门可以组织教师参加跨区域的学术交流活动，拓宽教师的学术视野。

2. 优化教师的学科思维教学设计能力

学校应组织教师开展教学设计研讨活动，引导教师将学科思维培养目标融入教学设计中。例如，学校可以设立教学设计工作坊，邀请优秀教师分享学科思维教学成功案例，帮助其他教师提升教学设计水平。教育行政部门可以开发专门的教学设计指导手册，为教师提供具体的教学设计思路和方法。

3. 强化教师的课堂引导能力

通过开展课堂引导培训和观摩活动，帮助教师提升课堂节奏把控能力。例如，学校可以组织教师观摩优秀教师的课堂教学，学习其学科思维课堂管理技巧；教育行政部门可以开发学科思维课堂管理培训课程，为教师提供系统的培训指导。

4. 提升教师的教学反思能力

学校应建立教师教学反思制度，鼓励教师定期撰写教学反思。例如，学校可以设立教学反思分享会，可以通过组织教师交流反思学科思维教学成果，促进教师之间相互学习，共同进步。

最后，为提升教师学科思维胜任力，亟须政策支持和保障体系的建设。在政策层面，我们应明确学科思维胜任力的培养目标，制定科学的评估标准，并提供专项经费和资源支持。在保障体系上，学校还应建立健全教师学科思维培养的长效机制，包括系统化培训、实践反思和评估反馈等环节，确保教师能够在教学实践中不断提升自己的学科思维胜任力。

二、研究的局限性与后续展望

本研究在理论分析与实践探索方面取得了一定的成果，为学科思维培养提供了有益的参考。然而，在研究过程中也存在一些不足之处，主要体现在以下几方面。

首先，样本数量相对有限。这可能导致研究结果的代表性和普适性受到一定影响。在未来的研究中，需要进一步扩大样本范围，提高研究的可靠性和有效性。

其次，理论构建能力有待提升。本研究在理论框架的构建上虽然有一定的基础，但在深度和广度上还存在不足。对于学科思维培养的理论体系、影响因素、作用机制等方面的探讨还需要更加深入和系统，以形成更加完善的理论体系。

在未来的研究中，我们将继续深入探讨教师在学科思维培养方面的胜任力问题，以期取得更加丰硕的成果。以下是我们对未来研究的几点展望。

（一）深化教师胜任力理论研究

尽管本研究已经取得了一定的成果，但在教师胜任力理论方面仍有待进一步深化和完善。未来研究可以从以下几个维度推进教师胜任力理论的发展。

1. 需要进一步厘清教师胜任力的核心内涵

当前研究对教师胜任力的界定仍存在一定分歧，未来可以结合教育实践的发展需求，从知识基础、能力结构、专业素养等多个层面，构建更加全面、动态的教师胜任力概念框架。

2. 应当深入探讨教师胜任力的构成要素及其相互关系

可以采用结构方程模型等量化研究方法，揭示专业知识、教学技能、职业态度等要素之间的相互作用机制。

3. 需要加强学科思维的理论研究

学科思维的内涵和外延需要进一步明确和深化，未来的研究可以结合不同学科的特点，深入探讨学科思维的核心要素和培养路径。

（二）拓展实证研究范围和方法

在未来的研究中，我们将进一步拓展实证研究的范围和方法，以构建更加系统和全面的研究体系。

一方面，我们将扩大样本量，确保研究样本具有充分的代表性和广泛性。在教师样本的选择上，我们将考虑教龄、职称、学科背景等多样性因素，以获得更具普遍意义的研究结论。

另一方面，我们将采用更加多元化的研究方法和技术手段，突破单一量化研究的局限。在现有问卷调查和统计分析的基础上，我们将引入深度访谈、课堂观察等质性研究方法，深入了解教师在学科思维培养中的具体实践和真实体验。同时，我们将开展行动研究，与一线教师建立研究共同体，通过“计划—行动—观察—反思”的循环过程，探索有效的教学改进策略。

此外，我们还将运用现代技术手段，如课堂录像分析、教学行为编码等，对教师的课堂教学进行微观分析，以获取更加客观、细致的研究数据。通过多种研究方法的有机结合，我们将从不同维度、不同层面，全面把握教师在学科思维培养方面的实际表现，深入探究其影响因素，为教育实践提供更加科学、可靠的依据。

（三）关注学科思维培养的实践应用

学科思维培养的最终目标是提升教师的教学质量和学生的思维能力。未来的研究可以结合教学实践，探讨如何将学科思维培养的理论和方法应用于实际教学中，提升教师的教学效果和学生的学习成果。

首先，研究应当聚焦于学科思维培养与课堂教学的深度融合。通过开发具有学科特色的思维培养教学模式，设计相应的教学活动和评价体系，帮助教师将抽象的思维培养目标转化为具体的教学行为。

其次，应当重视教师专业发展中的思维培养能力提升。研究可以探索建立系统的教师培训机制，通过工作坊、教学观摩、案例研讨等形式，帮助教师掌握学科思维培养的具体方法和策略。可以开发教师自我评估工具，促进教师对自身思维培养实践的反思和改进。

最后，研究需要关注学生在学习过程中的思维发展轨迹。通过长期的跟踪研究，建立学生思维能力发展的评估指标体系，为教师调整教学策略提供依据。可以运用学习分析技术，收集和分析学生的学习数据，及时发现思维培养中的问题并提供个性化指导。

（四）关注教师学科思维培养的长期效果

学科思维培养是一个循序渐进、不断深入的长期过程，其效果的充分显现往往需要时间的积累与沉淀。所以今后的研究要通过系统的跟踪研究，特别关注教师学科思维培养对教育教学质量影响深远的长远效果。

首先，可以建立长期的教师专业发展追踪机制。选择不同发展阶段（如新手教师、成熟教师、专家型教师）的教师作为研究对象，通过 3~5 年甚至更长时间的跟踪观察系统记录教师在学科思维培养方面的成长轨迹。研究可以重点关注教师在教学设计、课堂实施、教学反思等环节中思维品质的提升，以及这种提升对学生学习效果产生的持续影响。

其次，研究需要关注学科思维培养效果的可持续性。通过对比分析参与不同培训项目、采用不同培养策略的教师群体，探究哪些因素能够促进教师思维能力的持续发展。还可以建立教师学习共同体，观察教师间的相互影响和协同发展，为构建长效培养机制提供依据。

最后，应当重视研究成果的实践转化。基于长期追踪研究获得的数据和结论，建立动态的反馈和改进机制，及时调整培养策略和实施方案。通过持续的“研究—实践—改进”循环，不断提升学科思维培养的科学性和有效性，最终实现教师专业发展和教育质量提升的双重目标。

在未来的发展中，我们应继续深化对教师胜任力研究的认识和理解，不断探索和实践新的方法和路径。我们也应关注教师胜任力提升过程中的问题和挑战，及时进行调整和优化。唯有如此，我们才能不断提升教师的专业素养和教学能力，为培养具有创新精神和实践能力的人才做出更大的贡献。

参考文献

一、专著

1. 北京大学课程思政教学研究中心 . 北京大学课程思政示范课程案例集 [M]. 北京：北京大学出版社，2023.

2. 布卢姆 . 教育目标分类学・第一分册・认知领域 [M]. 罗黎辉，丁证霖，石伟平，等译 . 上海：华东师范大学出版社，1986.

3. 陈华栋 . 课程思政：从理念到实践 [M]. 上海：上海交通大学出版社，2020.

4. 陈祥春，徐强，王磊 . 思维课堂与学科思维 [M]. 广州：广东人民出版社，2017.

5. 陈至立 . 辞海（第七版）[M]. 上海：上海辞书出版社，2022.

6. 程金龙 . 课程思政融入中学地理教学协同机制研究 [M]. 北京：社会科学文献出版社，2023.

7. 丁翠娟，姜荣 .“思想道德与法治” 教学融入本土资源的思考 [M]. 北京：光明日报出版社，2024.

8. 丁雪峰，殷婕，郭真 . 教育数字化转型研究与实践 [M]. 成都：四川大学出版社，2024.

9. 杜建青 . 引导学生讨论：讨论式学习的组织与实施 [M]. 北京：世界知识出版社，2022.

10. 恩格斯 . 自然辩证法 [M]. 中央马克思恩格斯列宁斯大林著作编译局，编译 . 北京：人民出版社，2018.

11. 冯光伟 . 课堂教学设计理论与实践 [M]. 北京：科学出版社，2024.

12. 冯旭芳 . 高职院校工科专业教师实践教学胜任力研究 [M]. 浙江：浙江大学出版社，2022.

13. 高见 . 高校教学管理理论与实践研究 [M]. 北京：光明日报出版社，2023.

14. 高静毅 . 高校思想政治理论课教学研究 [M]. 北京：光明日报出版社，2024.

15. 格尔森 . 如何激活学生思维：激励学生学习与思考的 187 个教学工具 [M]. 郑晓梅，译 . 北京：中国青年出版社，2022.

16. 格尔森 . 如何设计深度学习的课堂 [M]. 刘卓，刘雯睿，吕瑶，译 . 北京：中国青年出版社，2022.

17. 格尔森 . 如何在课堂上使用反馈和评价 [M]. 何嘉琦，译 . 北京：中国青年出版社，2024.

18. 郭俊义 . 思维机器与机器思维 [M]. 福州：福建教育出版社，1990.

19. 何敢滨 . 大学英语教学面面观 [M]. 北京：光明日报出版社，2022.

20. 黄光雄，蔡清田 . 核心素养：课程发展与设计新论 [M]. 上海：华东师范大学出版社，2017.

21. 姬昌 . 全本周易 [M]. 北京：北京出版社，2006.

22. 加涅 . 学习的条件和教学论 [M]. 皮连生，王映学，郑葳，译 . 上海：华东师范大学出版社，1999.

23. 贾积有 . 人工智能与教育 [M]. 北京：北京大学出版社，2024.

24. 经济合作与发展组织 . 教育数字化转型：人工智能、区块链和机器人技术如何赋能 [M]. 李永智，译 . 上海：上海教育出版社，2023.

25. 老子 . 道德经 [M]. 张景，张松辉，译 . 北京：中华书局，2021.

26. 李虹 . 知识管理视域下高校教师胜任力研究 [M]. 北京：中国社会科学

出版社，2024.

27. 李文辉 . 基于核心素养的跨学科学习 [M]. 重庆：西南大学出版社，2022.

28. 李晓云 . 审辩式思维的教学实践 [M]. 北京：光明日报出版社，2023.

29. 李云梅 . 课程思政建设路径与典型教学实施范例 [M]. 北京：光明日报出版社，2023.

30. 李占宣，郑秋菊，王晓 . 主体参与教学研究——以计算机教学为视角 [M]. 北京：光明日报出版社，2021.

31. 李臻 . 新时代高校教师胜任力研究——新时代高校教师师德师能“双提升”发展机制研究 [M]. 北京：旅游教育出版社，2021.

32. 廖宏建 . 数智时代混合教学胜任力：模型与发展 [M]. 上海：复旦大学出版社，2024.

33. 林淑建，林彦杰 . 哲理语源——学生学科思维与辨证写作 [M]. 福州：福建教育出版社，2020.

34. 卢金，乔治，库库罗瓦 . 给教师的人工智能教育 [M]. 柴少明，译 . 上海：华东师范大学出版社，2024.

35. 马斯洛 . 动机与人格 [M]. 赵巍，译 . 广州：世界图书出版公司，2023.

36. 马扎诺，肯德尔 . 教育目标的新分类学（第 2 版）[M]. 高凌飚，吴有昌，苏峻，译 . 北京：教育科学出版社，2000.

37. 皮亚杰 . 发生认识论原理 [M]. 王宪钿，译 . 北京：商务印书馆，1981.

38. 钱学森 . 关于思维科学 [M]. 上海：上海人民出版社，1986.

39. 钱学森科学技术思想研究丛书编委会 . 现代科学技术体系总体框架的探索 [M]. 北京：科学出版社，2022.

40. 邱芬 . 高校体育教师胜任力研究 [M]. 武汉：武汉大学出版社，2015.

41. 塞尔登，阿比多 . 第四次教育革命：人工智能如何改变教育 [M]. 吕晓志，译 . 北京：机械工业出版社，2020.

42. 邵朝友，张斌 . 指向核心素养的形成性评价 [M]. 济南：山东科学技术出版社，2022.

43. 申晓腾 .“人工智能”思想政治教育研究 [M]. 北京：中国社会科学出版社，2024.

44. 斯金纳 . 科学与人类行为 [M]. 王京生，译 . 北京：中国人民大学出版社，2023.

45. 谭立新 . 思维至上：“五思”学科思维教学案例 [M]. 湘潭：湘潭大学出版社，2021.

46. 汪馥郁 . 课堂中的逻辑味道——让理引导教与学 [M]. 北京：人民大学出版社，2013.

47. 王明友 . 教师课堂教学艺术漫谈 [M]. 北京：光明日报出版社，2016.

48. 王强 . 教师胜任力发展模式论 [M]. 上海：华东师范大学出版社，2011.

49. 王英龙，曹茂永，刘玉，等 . 课程思政：我们这样设计 [M]. 北京：清华大学出版社，2020.

50. 威金斯，麦克泰格 . 追求理解的教学设计（第二版）[M]. 闫寒冰，宋雪莲，赖平，译 . 上海：华东师范大学出版社，2017.

51. 维果茨基 . 思维与语言 [M]. 李维，译 . 北京：北京大学出版社，2010.

52. 郗厚军 . 新时代高校青年教师思想政治工作研究 [M]. 北京：社会科学文献出版社，2021.

53. 亚里士多德 . 工具论 [M]. 刘叶涛，译 . 上海：上海人民出版社，2018.

54. 阳爱民 . 模糊分类模型及其集成方法 [M]. 北京：科学出版社，2008.

55. 杨传华 . 胜任力 [M]. 北京：北京大学出版社，2025.

56. 于国辉 . 国际视野下的高校思政课教学研究：基于海外中国学研究成果的教学应用 [M]. 北京：光明日报出版社，2023.

57. 余文森 . 核心素养导向的课堂教学 [M]. 上海：上海教育出版社，2017.

58. 钟启泉，崔允漷 . 核心素养与教学改革 [M]. 上海：华东师范大学出版社，2018.

59. 朱永新 . 新时代中国教育的 100 条建议 [M]. 北京：新华出版社，2023.

二、期刊论文

60. 安富海 . 人工智能时代学与教形态变革的依据与路径 [J]. 教育科学研究，2020（8）.

61. 白静，马利邦，王祥，等 . 人文地理与城乡规划专业实践课程思政改革路径初探 [J]. 地理教学，2024（12）.

62. 白倩 . 由知识通达思维：融入发生建构思想的教学设计 [J]. 当代教育科学，2022（5）.

63. 卞丹丹，宗序亚 .“中国金师” 理念下职教涉农类教师胜任力要素再构及提升路径 [J]. 河北职业教育，2023，7（4）.

64. 蔡红梅，许晓东 . 高校课堂教学质量评价指标体系的构建 [J]. 高等工程教育研究，2014（3）.

65. 蔡敏，张丽 . 大学生参与教师教学评价的调查研究 [J]. 高等教育研究，2005（3）.

66. 曹恩国，陈华强，黄姝然，等 . 建构主义学习理论下在线设计教育的交互方法研究 [J]. 包装工程，2022，43（24）.

67. 曹国永，王海平 . 着力提升大学教师在线教学能力 [J]. 中国高等教育，2022（20）.

68. 曾杰 . 试论社会思维学的对象和体系 [J]. 学术交流，1994（5）.

69. 陈斌，滕丽，肖福安，等 . 地理科学专业“海洋地理学”课程思政元素构建与融入 [J]. 南京师大学报（自然科学版），2023，46（S1）.

70. 陈梅香 . 情境学习理论与我国当前高校教学改革 [J]. 江苏高教，2008（2）.

71. 陈诗吉 . 指向学科思维发展的高中地理探究问题类型及其设计 [J]. 中学地理教学参考，2022（9）.

72. 陈应娣 . 基于布卢姆认知教育目标分类理论有效提升思想政治教育过程性评价方式 [J]. 佳木斯大学社会科学学报，2022，40（4）.

73. 仇晓春，肖龙海 . 教师数字胜任力框架研究述评 [J]. 开放教育研究，2021，27（5）.

74. 崔允漷，王中男 . 学习如何发生：情境学习理论的诠释 [J]. 教育科学研究，2012（7）.

75. 戴汝为 . 钱学森对系统科学、思维科学的重大贡献 [J]. 交通运输系统工程与信息，2002（3）.

76. 戴汝为 . 系统科学与思维科学交叉发展的硕果——大成智慧工程 [J]. 系统工程理论与实践，2002（5）.

77. 戴汝为 . 现代科学技术体系与大成智慧 [J]. 中国工程科学，2008（10）.

78. 单凤娟 . 论思政课教师信息化教学能力提升 [J]. 中学政治教学参考，2022（31）.

79. 邓丽群，孙山 . 地方高校工科青年教师教学能力提升研究——基于“大工程观”教育理念 [J]. 四川轻化工大学学报（社会科学版），2020，35（2）.

80. 邓若男，王向东 . 地理学科逻辑的基本内涵、价值意蕴及应用策略 [J]. 天津师范大学学报（基础教育版），2024，25（2）.

81. 丁丽萍 . 布卢姆的“教育目标分类理论”在我国的研究和实践 [J]. 网络财富，2010（1）.

82. 董瑞杰 . 地理学科思维能力培养的必要性与目标架构 [J]. 中学地理教学参考，2023（10）.

83. 杜洪晴 . 布鲁姆教育目标分类理论下英语专业课程思政研究 [J]. 海外英语，2022（17）.

84. 段荣娟，刘文惠 . 系统科学视域下的外语教学反思 [J]. 系统科学学报，2021，29（4）.

85. 范红凤 . 柯尔伯格道德认知发展理论对我国大学德育的启示 [J]. 黑龙江高教研究，2007（2）.

86. 方建锋，王克宇，房欲飞 . 国家数字大学：国际视野、本土构想与未来进路 [J]. 开放教育研究，2025，31（1）.

87. 冯徽徽，王威，邹滨，等 . 基于知识图谱的测绘类课程思政建设现状分析 [J]. 测绘通报，2023（S2）.

88. 冯明，尹明鑫 . 胜任力模型构建方法综述 [J]. 科技管理研究，2007(9）.

89. 冯霞，谭明，陈颖 . 大学英语教师信息技术与课程整合能力自主发展研究 [J]. 教育与职业，2015（31）.

90. 冯向东 . 批判性思维教育融入大学创新型人才培养的机理、理念和路径 [J]. 高等教育研究，2023，44（10）.

91. 高瑜珊，汪琼 . 教师教学能力提升类 MOOC 的探索与实践 [J]. 电化教育研究，2017，38（10）.

92. 葛仁霞 . 提升新时代高校教师党支部书记胜任力 [J]. 中国高等教育，2019，（Z2）.

93. 郭丽君，廖思敏 . 智能时代大学教学生态系统：演化逻辑、现实隐忧与发展向度 [J]. 现代大学教育，2023，39（4）.

94. 郭丽君 . 高校教师教学行为选择的制度逻辑与作用机制——基于教学管理制度类型的分析 [J]. 大学教育科学，2021（2）.

95. 郭天炜 . 基于学科竞赛模式的教师教学能力提升探讨——评《高校教师教育教学技能》[J]. 热带作物学报，2021，42（7）.

96. 郭文革 . 高等教育质量控制的三个环节：教学大纲、教学活动和教学评价 [J]. 中国高教研究，2016（11）.

97. 郭玉英，姚建欣 . 基于核心素养学习进阶的科学教学设计 [J]. 课程·教材·教法，2016，36（11）.

98. 郝兆杰，潘林 . 高校教师翻转课堂教学胜任力模型构建研究——兼及"人工智能"背景下的教学新思考 [J]. 远程教育杂志，2017，35（6）.

99. 何妃霞 . 挑战与机遇：人工智能时代大学教师学术职业的多元化发展 [J]. 高教探索，2022（2）.

100. 何齐宗，熊思鹏 . 高校教师教学胜任力模型构建研究 [J]. 高等教育研究，2015，36（7）.

101. 何齐宗，赵志纯 . 高校教师教学胜任力的调查与思考 [J]. 中国大学教学，2018（7）.

102. 何齐宗 . 我国高校教师胜任力研究：进展与思考 [J]. 高等教育研究，2014，35（10）.

103. 何云峰 . 大学“研究性教学”的发展路向及模式建构 [J]. 中国大学教学，2009（10）.

104. 胡思源，郭梓楠，刘嘉 . 从知识学习到思维培养：ChatGPT 时代的教育变革 [J]. 苏州大学学报（教育科学版），2023，11（3）.

105. 胡艳曦，官志华 . 国内外关于胜任力模型的研究综述 [J]. 商场现代化，2008（31）.

106. 黄成林 . 国外教师教学质量评价发展的研究及启示 [J]. 清华大学教育研究，2006（6）.

107. 黄福涛 . 创新人才培养与研究型教育模式论略 [J]. 高等教育研究，2024，45（05）.

108. 黄顺基 . 钱学森现代科学技术体系思想的产生、发展与科学意义（上）[J]. 辽东学院学报（社会科学版），2008（5）.

109. 黄涛，戴强，黄昌春，等 . 地理学大类平台课程开展课程思政的设计与实践——以“水文与水资源学”为例 [J]. 南京师大学报（自然科学版），2023，46（S1）.

110. 黄扬杰 . 高校教师胜任力与创业教育绩效研究 [J]. 高等教育研究，2020，41（01）.

111. 江晓峰 . 基于建构主义理论的“生活地理”教学模式探讨 [J]. 科技资讯，2012（21）.

112. 蒋瑾，姜浩哲，黄志成 . 人工智能时代教师教育的隐忧与消解——来自弗莱雷对话教育思想的启示 [J]. 教师教育研究，2022，34（5）.

113. 蒋永贵 . 指向高阶思维发展的会学深思及其教学实现 [J]. 上海教育科研，2022（10）.

114. 柯清超，黄灿，米桥伟，等 . 教育强国建设中数字化何以塑造教育发展新优势 [J]. 现代远程教育研究，2025，37（1）.

115. 乐会进，蔡亮文 . 促进深度学习的翻转课堂研究：认知负荷理论的视角 [J]. 教学与管理，2019（12）.

116. 李逢庆 . 混合式教学的理论基础与教学设计 [J]. 现代教育技术，2016，26（9）.

117. 李军，曾琳 . 高等教育数字化质量评估：基于经合组织的经验 [J]. 现代远程教育研究，2025，37（1）.

118. 李琳颖 . 课程思政融入研学旅行的路径探析——以乡土地理研学为例 [J]. 中学地理教学参考，2023（27）.

119. 李明斐，卢小君 . 胜任力与胜任力模型构建方法研究 [J]. 大连理工大学学报（社会科学版），2004（1）.

120. 李明媚，成希，罗娟 . 人工智能时代的高等教育之变与不变 [J]. 黑龙江高教研究，2020，38（2）.

121. 李深海 . 工程思维下的高校第二课堂育人路径探究 [J]. 低碳世界，2024，14（12）.

122. 李思思，李莎莎 . 高等教育如何面对人工智能时代？——以乔瑟夫·奥恩的《防止“机器人化”：人工智能时代的高等教育》为切入 [J]. 高教探索，2020（11）.

123. 李伟 . 多维视角下高校教师教学能力提升研究——评《高校教师教学手册》[J]. 化学教育（中英文），2019，40（12）.

124. 李翔，李响，葛文，等 . 类比军训历练，铸就编程硬功——地理信息系统实践类课程思政改革研究 [J]. 测绘通报，2023（S2）.

125. 李晓梅，王鹤岩，刘阳 . 基于情境学习理论的高校思想政治理论课实践教学设计 [J]. 思想政治教育研究，2014，30（4）.

126. 李秀云 . 认知发展理论视域下的大中小学心理健康课程一体化教学探索 [J]. 思想教育研究，2024（10）.

127. 李雪珊 . 基于建构主义理论的教学策略初探——以《高等数学》课程教学为例 [J]. 西南师范大学学报（自然科学版），2014，39（2）.

128. 李彦垒 . 数字包容理念下乡村教育数字化转型：挑战与应对——基于 H 大学在 X 县的数字支教探索 [J]. 河南大学学报（社会科学版）,2025,65(1).

129. 李迎，范文翔，张一春 . 基于认知负荷理论的问题式教学探究 [J]. 数字教育，2019，5（4）.

130. 李智 . 建构主义视域下的“翻转课堂”教师角色探析 [J]. 教学与管理，2015（27）.

131. 梁怡佳，张鹏，沈荣宇，等 . 地理师范专业“气象学与气候学”课程思政建设的探索 [J]. 南京师范大学学报（自然科学版），2023，46（S1）.

132. 林淑玲 . 生态文明教育视角下“生物地理学”课程思政的教学探索 [J]. 南京师大学报（自然科学版），2023，46（S1）.

133. 林蔚，李晓生，李淑华，等 . 基于布卢姆教育目标分类理论的课程目标应用研究 [J]. 高师理科学刊，2021，41（6）.

134. 林宪生 . 建构主义学习理论下的地理教学模式探讨 [J]. 大连教育学院学报，1999（1）.

135. 刘福 . 改革开放以来中国思维科学建设的历程与展望——兼评钱学森关于思维科学体系的设想 [J]. 长沙理工大学学报（社会科学版），2019，34（1）.

136. 刘家春 . 教育技术发展的外部动力探究 [J]. 上海师范大学学报（教育版），2000，29（3）.

137. 刘军仪 . 美国研究型大学本科生科研的价值诉求——基于情境认知与学习理论的视角 [J]. 复旦教育论坛，2010，8（2）.

138. 刘芩，李文兵 .“双师型”教师认定标准下教师胜任力：模型构建与培养策略 [J]. 职教通讯，2024（4）.

139. 刘天英，瞿逢重，吴锋，等 . 基于情境学习理论的海洋类专业认识实践创新探索——以浙江大学海洋学院为例 [J]. 大学教育，2024（16）.

140. 刘欣欣 . 提高形势与政策课教学实效性的探讨——以应用型大学为例 [J]. 山西财经大学学报，2010，32（S2）.

141. 刘艳 . 教师学科理解的内涵、层次及其深化 [J]. 当代教育科学，2023（1）.

142. 刘叶云，李雪 . 我国高校教师胜任力评价指标体系的构建 [J]. 湖南师范大学教育科学学报，2010，9（2）.

143. 刘友武，张武威 . 探究叙事理论和认知负荷方法对大学新生线上学习的影响 [J]. 安徽开放大学学报，2024（2）.

144. 刘志军，徐彬 . 我国课堂教学评价研究 40 年：回顾与展望 [J]. 课程 . 教材 . 教法，2018，38（7）.

145. 卢世伦 . 建构主义学习理论在中学地理教学中的应用探讨 [J]. 西南师范大学学报（自然科学版），2009，34（3）.

146. 禄小敏，闫浩文，苏小宁，等 . 课程思政背景下测绘类专业数据库课程教学改革探究 [J]. 测绘通报，2023（S2）.

147. 罗兰，雷鸣强 . 高校教师选聘标准研究述评 [J]. 江苏高教,2020(9）.

148. 骆舒寒，林世员，冯晓英，等 . 教师培训助力教师信息化教学能力提升——基于培训成效的年度比较研究 [J]. 中国电化教育，2021（6）.

149. 马建峰，邓立治 . 大学本科研究型教学的三层次教学模式探讨 [J]. 大学教育，2017（5）.

150. 马愿愿，王后雄 . 理科教师教学反思实证研究特点与展望 [J]. 化学教育（中英文），2021，42（19）.

151. 莫彦涵，廖伟业，黄丽元，等 . 基于建构主义学习理论的地理学习策略研究——以人教版“工业区位因素及其变化”为例 [J]. 中学地理教学参考，2021（14）.

152. 缪海涛 . 基于认知功能理论的大学英语教学模式改革——评《大学英语教学模式改革与发展研究》[J]. 高教探索，2020（8）.

153. 潘有志 . 高校教师教学激励机制的现实困境与路径重塑 [J]. 西部素

质教育，2021，7（22）.

154. 彭明芳，谢华．地方高校青年教师教学能力提升策略研究 [J]. 中国成人教育，2016（12）.

155. 彭清思，程健，张铭灿，等．美国地理数字教科书的编制案例及启示 [J]. 地理教学，2025（1）.

156. 钱学敏．钱学森对教育事业的设想——实行大成智慧教育培养全面发展的新人 [J]. 西安交通大学学报（社会科学版），2005（3）.

157. 秦国锋，丁志军，王力生，等．立足能力建设，持续推进实验贯通 [J]. 实验技术与管理，2020，37（5）.

158. 邱百爽，章昊，张颖．高校教师双线混融教学胜任力调查 [J]. 开放教育研究，2023，29（4）.

159. 屈廖健．培养未来教师：美国密歇根大学教师发展中心研究生教学能力提升项目研究 [J]. 高教探索，2019（9）.

160. 瞿媚，杨斐．对当前学生评价存在问题的思考——基于教育目标分类理论视角 [J]. 沈阳教育学院学报，2011，13（6）.

161. 申超，石佳悦．如何为本科生创设学术情境——美国一流大学学术卓越人才培养的着力点 [J]. 江苏高教，2022（7）.

162. 申超，姚超．本科生中的“科创英才”是如何“炼成”的？——情境学习理论的视角 [J]. 复旦教育论坛，2023，21（5）.

163. 孙有中，唐锦兰．人工智能时代中国高校外语教师队伍建设路径探索：“四新”理念与“四轮”驱动模式 [J]. 外语电化教学，2022（3）.

164. 谭诚．嬗变与提升：“双一流”建设视野下高校教师核心胜任力建构的理路与进路 [J]. 江苏高教，2024（4）.

165. 谭培文，邝文聪．高校思想政治教育数字化发展的机制、矛盾及其化解 [J]. 黑龙江高教研究，2025，43（2）.

166. 汤舒俊，刘亚，郭永玉．高校教师胜任力模型研究 [J]. 教育研究与实验，2010（6）.

167. 万欣，户清丽 . 基于课程思政的地理研学课程设计——以“陕西洛川黄土国家地质公园”为例 [J]. 中学地理教学参考，2023（20）.

168. 王朝云，唐明月 . 情境学习理论嵌入网络视角下创业学习研究 [J]. 广西社会科学，2018（9）.

169. 王光荣 . 维果茨基的认知发展理论及其对教育的影响 [J]. 西北师大学报（社会科学版），2004（6）.

170. 王国亮，詹建国 . 翻转课堂引入体育教学的价值及实施策略研究 [J]. 北京体育大学学报，2016，39（2）.

171. 王怀军，李宇卿，刘振杰，等 . 地理科学（师范）专业课程思政教学设计与实践——以遥感概论课程为例 [J]. 高教学刊，2025，11（2）.

172. 王建伟，王小刚，蒋亮 . 西部“双非”高校教师教学能力提升现状及对策 [J]. 北方民族大学学报，2023（6）.

173. 王晶 . 研究性学习的教学方式设计与政策支持 [J]. 南京林业大学学报（人文社会科学版），2008，8（4）.

174. 王娟 .PBL 教学法在大学英语听说教学中的应用 [J]. 大众文艺，2018（9）.

175. 王琳 . 新时期高校教师队伍建设实践探索——评《新时代高校教师胜任力研究》[J]. 教育发展研究，2023，43（23）.

176. 王陆，赵宇敏，张薇 . 突破与重构：教师教学行为改进的理论模型 [J]. 电化教育研究，2022，43（8）.

177. 王朋娇，段婷婷，蔡宇南，等 . 基于 SPOC 的翻转课堂教学设计模式在开放大学中的应用研究 [J]. 中国电化教育，2015（12）.

178. 王素芳，蔡中祥，张晶，等 . 自然地理学课程思政总体设计与实现路径 [J]. 高教学刊，2025，11（S1）.

179. 王晓红 . 提升高校思政课教师胜任力研究 [J]. 学校党建与思想教育，2022（3）.

180. 王艳芬，王刚，陈世海，等 . 建构主义学习理论的教学模式研究与实践——以通信电子电路课程为例 [J]. 实验室研究与探索，2018，37（7）.

181. 王英 . 试论钱学森的思维科学理论构想 [J]. 烟台大学学报（哲学社会科学版），1999（4）.

182. 王章豹 . 教学名师的卓越教学特质 [J]. 中国大学教学，2021（4）.

183. 韦岚，陈士林 . 人工智能时代大学教师的角色定位研究——技术整合视角 [J]. 高校教育管理，2021，15（5）.

184. 韦书令，文梦丹，刘权纬 . 人工智能视域下开放大学教师的信息素养提升：挑战、技术支持与实施策略 [J]. 成人教育，2020，40（10）.

185. 魏红 . 我国高校教师教学评价发展的回顾与展望 [J]. 高等师范教育研究，2001（3）.

186. 邬智，胡冰玉，李秋奇 . 基于情境学习的多媒体教学设计策略 [J]. 中国大学教学，2010（8）.

187. 吴有昌 . 马扎诺教育目标分类学与 SOLO 分类学的比较研究 [J]. 华南师范大学学报（社会科学版），2018（4）.

188. 邢永芹 . 创新思维培养的四重关系 [J]. 思想政治课教学，2023（11）.

189. 熊思鹏，何齐宗 . 高校青年教师教学胜任力的调查与思考 [J]. 教育研究，2016，37（11）.

190. 徐光超 . 试论建构主义理论视野下大学语文教育改革 [J]. 中国成人教育，2009（21）.

191. 徐海玲 . 建构主义学习理论在地理教学设计中的启示——以“季风环流”一节为例 [J]. 教育现代化，2018，5（30）.

192. 徐鹏 . 跨学科学习：基于学科立场的审视与反思 [J]. 中学语文教学，2024（1）.

193. 徐求 . 情境学习理论在大学体育教学中的应用 [J]. 教育与职业，2009（33）.

194. 徐哲，白文新 . 基于建构主义理论的地理合作学习模式 [J]. 陕西师范大学学报（自然科学版），2005（S1）.

195. 许锋华，胡先锦 . 学生学科理解：内涵意蕴、困境审思及发展理路 [J]. 教育科学研究，2023（11）.

196. 杨程 . 高校教师在线教学能力提升：历程、困境及展望 [J]. 高等工程教育研究，2021（3）.

197. 杨春鼎 . 努力创建形象思维学的科学体系——钱学森教授关于思维科学的论述读后 [J]. 枣庄师专学报，1985（1）.

198. 杨帆，何雨璇，夏之晨 . 反思会持续改善教师的课堂行为吗？——基于对不同教学理念教师的追踪调查 [J]. 华东师范大学学报（教育科学版），2022，40（10）.

199. 杨启亮 . 为教学的评价与为评价的教学 [J]. 教育研究，2012，33（7）.

200. 杨世玉，刘丽艳，李硕 . 高校教师教学能力评价指标体系建构——基于德尔菲法的调查分析 [J]. 高教探索，2021（12）.

201. 杨琰 . 高校教师科研胜任力模型的构建研究 [J]. 科技管理研究，2021，41（3）.

202. 于明含，丁国栋，高广磊，等 . 布鲁姆教育目标分类理论对林业专业硕士培养的启示 [J]. 中国林业教育，2019，37（1）.

203. 袁振国 . 重塑未来——教育数字化之于教育强国建设的突破性意义 [J]. 教育研究，2024，45（12）.

204. 詹泽慧，李通德 . 科学高阶思维的本质探寻与分层解构 [J]. 远程教育杂志，2024，42（3）.

205. 张宝庆，孙立华，吴星 . 基于建构主义学习理论的工程图学实践 [J]. 工程图学学报，2011，32（5）.

206. 张建勋，朱琳 . 基于 BOPPPS 模型的有效课堂教学设计 [J]. 职业技术教育，2016，37（11）.

207. 张丽华，胡梦珺 . 土壤地理学课程思政建设与实践 [J]. 地理教学，2024（4）.

208. 张露，陈实，揭毅 . 基于建构主义学习理论的美国高中人文地理实践教学设计案例评析——以“规划一座城市的未来”为例 [J]. 地理教学，2018（1）.

209. 张文强 . 建立教师课堂教学评价体系促进学生发展 [J]. 中国高等教育，2013（10）.

210. 张勇，徐文彬 . 论教师的教学判断 [J]. 教学与管理，2020（28）.

211. 张志刚，廖颖，黄涛，等 . 高等师范院校课程思政探索与实践——以“地球概论”课程为例 [J]. 南京师大学报（自然科学版），2023，46（S1）.

212. 赵光，孙伟锋，仲璟怡 .“课程思政”视域下高校教师胜任力模型构建研究 [J]. 南京社会科学，2020（7）.

213. 赵军，戴沈艳，刘子豪，等 .“土壤地理学”课程思政教学改革探索 [J]. 南京师大学报（自然科学版），2023，46（S1）.

214. 赵蒙成 . 情境学习理论视野中的考试：原理与策略 [J]. 教育科学研究，2011（7）.

215. 赵明仁，王嘉毅 . 促进学生发展的课堂教学评价 [J]. 教育理论与实践，2001（10）.

216. 赵秀芳 . 运用建构主义学习理论指导地理新课程教学 [J]. 福建地理，2006（2）.

217. 赵彦彬，巩红丽 . 基于情境学习理论的成人女性有效学习策略 [J]. 成人教育，2011，31（11）.

218. 赵云建，许明雪，左昭，等 . 教师技术应用反思的现实图景、问题剖析与优化路向——基于教学反思文本的实证分析 [J]. 中国电化教育，2023（7）.

219. 赵长林，李明玉 . 对知识教育批判问题的文化省思——兼对知识教育与核心素养内生逻辑的思考 [J]. 当代教育科学，2022（4）.

220. 郑贝佳 . 基于胜任力特征分析的高校教师招聘甄选体系——以某高校理工科教师招聘甄选实践为例 [J]. 中小企业管理与科技（上旬刊），2015（5）.

221. 郑东辉 . 深度学习分层的教育目标分类学考察 [J]. 全球教育展望，2020，49（10）.

222. 郑卫政 . 内隐学习理论视角下的大学英语教学策略 [J]. 职教论坛，2010（26）.

223. 郑缘，吕立杰 . 学科思维的内涵、素养功能及培养策略 [J]. 课程 . 教材 . 教法，2024，44（8）.

224. 钟志贤 . 大学教学模式改革的十大走向 [J]. 中国高教研究,2007(1）.

225. 钟子盈，刘恭祥 . 基于建构主义学习理论的地理时空综合思维培养——以人教版“区域生态环境建设”为例 [J]. 中学地理教学参考，2020（24）.

226. 周晓航，任维平 . 高校教师个性化教学的实践困境及其破解之维 [J]. 黑龙江高教研究，2020，38（3）.

227. 周勇，杨铁贵，汪善勤，等《地理信息系统》多媒体网络教学站点的设计 [J]. 华中农业大学学报（社会科学版），2003（4）.

228. 周月玲，谢泉峰 . 人工智能时代教师角色的转变——基于我国教师角色传统表征体系的分析 [J]. 教育科学研究，2021（2）.

229. 朱海阳 . 建构主义学习理论指导下的地理教学设计 [J]. 中学地理教学参考，2007（10）.

230. 朱虹，刘晓陵，胡谊 . 社会文化观下的教育心理思想——维果斯基的机能性系统分析视角 [J]. 全球教育展望，2013，42（3）.

231. 朱佳斌，刘群群，莫妮卡 · 库克斯 . 认知发展理论在高等工程教育实践中的应用探析——基于留美中国工程博士认知发展的实证研究 [J]. 高等工程教育研究，2016（1）.

232. 朱婧雯，朱文辉 . 马扎诺教育目标分类学：跨学科主题学习设计可行的理论支点 [J]. 教育科学研究，2024（1）.

三、学位论文

233. 陈鸿雁 . 高校思想政治理论课教师胜任力研究 [D]. 河北工业大学，2011.

234. 郝涛 . 新时代高校思想政治理论课教师胜任力研究 [D]. 哈尔滨工程大学，2023.

235. 姜玉莲 . 技术丰富课堂环境下高阶思维发展模型建构研究 [D]. 东北师范大学，2017.

236. 柯婷 . 高中地理课堂引导行为诊断研究 [D]. 华中师范大学，2017.

237. 李虹 . 知识管理视域下高校教师胜任力研究 [D]. 东北师范大学，2022.

238. 罗清旭 . 批判性思维理论及其测评技术研究 [D]. 南京师范大学，2002.

239. 施春梅 . 新时期大学生思想政治教育认知结构研究 [D]. 东北师范大学，2020

240. 王强 . 知德共生：教师胜任力发展研究 [D]. 华东师范大学，2008.

241. 王苡锟 . 中学地理课程思政教学设计研究 [D]. 云南师范大学，2024.

242. 项成芳 . 胜任力的理论与实证研究 [D]. 南京师范大学，2003.

243. 徐海燕 . 基于名师工作室的中小学心理健康教育教师胜任力提升策略研究 [D]. 吉首大学，2022.

244. 徐建平 . 教师胜任力模型与测评研究 [D]. 北京师范大学，2004.

附录

调查问卷

调查问卷（以地理学科为例）

尊敬的老师：

您好！我们正在开展一项关于学科思维培养视域下教师胜任力的研究，旨在深入了解教师在培养学生（地理）学科思维能力方面的现状与挑战，以进一步提升教学质量。您的参与对本研究至关重要。本问卷旨在收集您对学科思维培养的看法、实践经验及面临的挑战。

请您根据自身实际情况，真实、客观地填写问卷。问卷中每道题目都是单选题，请您选出最适合当前情况的一个答案。您的回答将会严格保密，仅用于研究分析。

感谢您的宝贵时间和支持！

学科思维培养视域下教师胜任力课题组

1. 具有地理专业知识 [单选题]

○完全符合　○基本符合　○一般　○基本不符合　○完全不符合

2. 能够传授地理学知识与技能 [单选题]

○完全符合　○基本符合　○一般　○基本不符合　○完全不符合

3. 具备探索地理现象及其原理的能力 [单选题]

○完全符合　○基本符合　○一般　○基本不符合　○完全不符合

4. 能有效解决地理教学过程中遇到的问题 [单选题]

○完全符合　○基本符合　○一般　○基本不符合　○完全不符合

5. 具有丰富的教学和课堂活动设计经验 [单选题]

○完全符合　○基本符合　○一般　○基本不符合　○完全不符合

6. 能够将复杂的地理知识简单化，便于学生记忆 [单选题]

○完全符合　○基本符合　○一般　○基本不符合　○完全不符合

7. 始终践行终身学习的理念 [单选题]

○完全符合　○基本符合　○一般　○基本不符合　○完全不符合

8. 时刻关注地理学科动态发展趋势 [单选题]

○完全符合　○基本符合　○一般　○基本不符合　○完全不符合

9. 能够创新地理教学方法 [单选题]

○完全符合　○基本符合　○一般　○基本不符合　○完全不符合

10. 具备培养学生创新思维的能力 [单选题]

○完全符合　○基本符合　○一般　○基本不符合　○完全不符合

11. 在教学过程中能够合理设计问题和教学活动 [单选题]

○完全符合 ○基本符合 ○一般 ○基本不符合 ○完全不符合

12. 具备引导学生从不同角度思考问题的能力 [单选题]

○完全符合 ○基本符合 ○一般 ○基本不符合 ○完全不符合

13. 具备自我反思能力并能够及时解决问题 [单选题]

○完全符合 ○基本符合 ○一般 ○基本不符合 ○完全不符合

14. 能够准确评估学生学习情况 [单选题]

○完全符合 ○基本符合 ○一般 ○基本不符合 ○完全不符合

15. 能够在地理教学中践行课程思政教育理念 [单选题]

○完全符合 ○基本符合 ○一般 ○基本不符合 ○完全不符合

16. 能够在教学中进行思政元素挖掘 [单选题]

○完全符合 ○基本符合 ○一般 ○基本不符合 ○完全不符合

17. 具有把思政元素融入专业课的意识 [单选题]

○完全符合 ○基本符合 ○一般 ○基本不符合 ○完全不符合

18. 具备地理专业课思政教学技能 [单选题]

○完全符合 ○基本符合 ○一般 ○基本不符合 ○完全不符合

19. 对地理学科始终保持不断学习的心态 [单选题]

○完全符合 ○基本符合 ○一般 ○基本不符合 ○完全不符合

20. 具有与同事合作研究教学的能力 [单选题]

○完全符合 ○基本符合 ○一般 ○基本不符合 ○完全不符合

21. 能够在教学中尊重学生的想法 [单选题]

○完全符合 ○基本符合 ○一般 ○基本不符合 ○完全不符合

22. 为人亲和，对学生有耐心 [单选题]

○完全符合　○基本符合　○一般　○基本不符合　○完全不符合

23. 拥有较强的自控能力，面对问题理性思考 [单选题]

○完全符合　○基本符合　○一般　○基本不符合　○完全不符合

24. 在教学能力、技能等各种方面有清晰的自我认知 [单选题]

○完全符合　○基本符合　○一般　○基本不符合　○完全不符合

25. 能够保持对教育事业的热情 [单选题]

○完全符合　○基本符合　○一般　○基本不符合　○完全不符合

26. 不断提升自己的地理素养和教学水平 [单选题]

○完全符合　○基本符合　○一般　○基本不符合　○完全不符合

27. 认为从事地理教育工作是非常重要的 [单选题]

○完全符合　○基本符合　○一般　○基本不符合　○完全不符合

28. 具有较强的职业认同感（职业态度）[单选题]

○完全符合　○基本符合　○一般　○基本不符合　○完全不符合

29. 能够了解学生的身心发展规律 [单选题]

○完全符合　○基本符合　○一般　○基本不符合　○完全不符合

30. 具有正确的教师观、学生观 [单选题]

○完全符合　○基本符合　○一般　○基本不符合　○完全不符合

31. 能够熟练掌握各种教学软件 [单选题]

○完全符合　○基本符合　○一般　○基本不符合　○完全不符合

32. 能够合理运用信息技术进行教学 [单选题]

○完全符合 ○基本符合 ○一般 ○基本不符合 ○完全不符合

33. 能够运用信息技术将学生的学习成果可视化 [单选题]

○完全符合 ○基本符合 ○一般 ○基本不符合 ○完全不符合

34. 能够根据学生的学习情况及时调整教学方法与手段 [单选题]

○完全符合 ○基本符合 ○一般 ○基本不符合 ○完全不符合